读客®文化

一生的旅程

迪士尼CEO自述批量打造超级IP的经营哲学

[美] **罗伯特·艾格** 乔尔·洛弗尔 著
靳婷婷 译

文匯出版社

献给薇罗：没有你，这段旅程就无从实现。

凯特、阿曼达、麦克斯，还有威尔：感谢你们的爱与理解，

也感谢你们给予我的每一份喜悦。

献给迪士尼成千上万的新老演职人员和员工：

我对你们的骄傲和感激之情永无止境。

目　录

第二部分

领　导

序 言

2016年的6月，我又一次来到中国，这是我在18年里第40次来访，也是我在过去半年中的第11次。此次来华，是为了监管上海迪士尼乐园开园前的最后筹备工作。当时，我已担任迪士尼公司首席执行官11年，原本打算在为上海迪士尼揭幕后就退休。我已经历了一段激动人心的旅程，而这家乐园的诞生，则是我职业生涯中最为重大的成就。选在这时引退，时机似乎很合适，然而，人生不会总是按照你的预想展开，无从预期的事情时有发生。直到创作这本书的时候，我仍在管理这家公司[1]，这就是例证。而从更为深远的意义

1　艾格于2020年2月25日起卸任首席执行官，担任公司执行董事长。

上来说，那一周在上海所发生的事情，则更能说明问题。

乐园开幕定在6月16日周四。第一批重要来宾预定于同一周的周一到场：包括迪士尼董事会成员和重要高管及其家属、创意伙伴、投资人以及华尔街的分析师。当时已有一支大型国际媒体代表团入驻，还有更多人陆续而来。那时，我已经在上海待了两周，靠着肾上腺素冲刺。我于1998年第一次来华选址，是项目唯一一个从第一天起就参与进来的人，也早已迫不及待地想要把成果展示给全世界了。

打从华特·迪士尼在加州阿纳海姆搭建起迪士尼乐园算起，61年[1]间，我们的乐园已遍布奥兰多、巴黎、东京以及香港。虽然奥兰多的迪士尼世界至今仍是我们最大的主题乐园，但与所有其他乐园相比，上海迪士尼乐园则处于一个不同的量级。这是迪士尼公司历史上投资最大的一个项目，虽然数字不能用来说明全部问题，但以下数据能让大家对其规模感知一二。上海迪士尼乐园耗资近60亿美元，占地面积963英亩[2]，规模约为加州迪士尼乐园的11倍。在其施工期间的各个阶段，共有多达1.4万名工人入驻园区。我们在中国6个城市举行了招募活动，挖掘千名歌手、舞者以

1　加州阿纳海姆的迪士尼乐园于1955年7月17日开幕，此处的61年以2016年上海迪士尼开幕为节点计算。

2　约为390公顷。

及演员参演我们的舞台剧和街头秀。在打造这座乐园的18年间，我拜访过三任中国国家主席、五任上海市市长以及不计其数的党委书记。

我们针对土地协议、合伙人分账以及管理职责进行了不计其数的谈判，大到中国工人的安全舒适，小至能否在开幕时“剪”彩，统统都要考虑。打造这座乐园不仅为我上了一堂地缘政治课，也是一个不断在全球扩张的可能性以及文化帝国主义的危险性之间找寻平衡点的过程。其中巨大的挑战，便是营造出“原汁原味迪士尼，别具一格中国风”的体验，这句话我对项目团队不断重复，俨然成了每位成员的口号。

6月12日周日的傍晚，我和上海团队的其他成员得知，距离奥兰多迪士尼世界15英里[1]的“脉动夜总会”发生了一起大规模枪击案。在奥兰多拥有7万多名员工的我们，在恐惧中等待着当晚是否有自家员工在场的信息。当时，我们的安全主管罗恩·艾登（Ron Iden）与我们同在上海，他立即开始给在美国的安全领域联系人打电话。我们刚听到消息的时候，正值晚北京12小时的奥兰多将近破晓之时。罗恩说，他会在我明早起床时给出更多的信息。

我翌日的第一项活动是在早餐会上给投资者做演示。然后，我

1　约为24公里。

要和《早安美国》的罗宾·罗伯茨（Robin Roberts）拍摄一段长时间的访谈，其中包括带罗宾及团队参观乐园和游乐设施。接下来，我要与中方官员开会商讨开幕式的流程，与迪士尼董事会成员和高管共进晚餐。最后，还要为我主持的夜间开幕庆典音乐会进行彩排。在我处理工作的间隙，罗恩不时地给我提供最新信息。

我们得知，枪击案共造成50多人死亡、将近相同数量的人受伤，袭击者是一个名为奥马尔·马丁（Omar Mateen）的男子。罗恩的安全团队将马丁的名字在我们的数据库中进行比对，发现他曾在枪击案发生的几个月前以及前一周周末两次来到乐园的神奇王国。他上次来访时在迪士尼市中心特区[1]蓝调之屋附近的乐园入口外踱来踱去的影像，被闭路监控记录了下来。

接下来得到的消息对我的震动之大，是在我整个职业生涯中都鲜有的。直到将近两年后，在马丁的妻子被指控为谋杀从犯（后被宣判无罪）的庭审上，这条消息才被公之于众，但实际上，联邦调查员在当时便已告知罗恩，确信迪士尼世界曾是马丁的首选目标。他们在枪击现场发现了马丁的手机，并确认在当晚稍早时，手机一直在通过我们的一个信号塔反射信号。他们仔细观看闭路监控录像，发现了马丁又一次在蓝调之屋附近的乐园入口处徘徊的

1　奥兰多迪士尼世界的购物餐饮娱乐区。

影像。当天晚上有一场重金属音乐会，因此额外安排了五名武装警察执行安保，可以看到，在对周边环境进行了几分钟的调查后，马丁朝自己的车返回。

监控摄像头捕捉到了马丁所持的两把枪支：一支半自动来复枪和一支半自动手枪。枪支被藏在一辆婴儿手推车中，车里还放着一条尚未拆封的婴儿毛毯。调查员推测，马丁的原计划是将枪支盖在毛毯下，推至入口，然后掏枪袭击。

时任华特迪士尼乐园和度假区主席的包正博（Bob Chapek）[1]当时也在上海，一天下来，罗恩不断提供新的信息，而我则与包正博交流意见。大家仍在焦急等待着确认案发现场是否有自家员工，而现在，我们还要担心迪士尼世界曾是犯人目标的消息会不会很快不胫而走。倘若如此，这不仅会是一条爆炸性新闻，也会对当地的公众造成一记感情重创。在这种高压时刻，分享无法对其他任何人透露的信息而形成的情谊是坚不可摧的。对于身为首席执行官所遇到的每次突发事件，我都感恩于身边团队的能力、镇定以及大度。包正博首先采取的行动，就是将奥兰多迪士尼世界总裁乔治·卡罗格里迪斯（George Kalogridis）从上海派回奥兰多，以便给他在当地的团队提供更多管理上的支援。

1 于2020年2月25日起开始担任华特迪士尼公司第七任首席执行官。

根据马丁手机上的数据，一回到车里，他便开始搜索奥兰多的夜总会。他驱车来到搜索显示的第一家夜总会，但适逢门前施工，造成交通拥堵。搜索显示的第二个结果便是“脉动”，也就是他最终血洗的地方。随着调查细节的一点点展开，我一面为枪击事件的受害者们担惊和痛心，同时也感到了一种“鬼使神差躲过一劫”这样令人作呕的释然感，庆幸罪犯因我们安排的安保人员而却步。

常有人问我，工作中最让我彻夜难眠的会是什么。开诚布公地说，我很少因工作而焦虑烦恼。不知这是我独特的脑化学在起作用，还是要归因于少年时期因复杂的家庭环境而生成的心理防御机制，抑或是多年自律所致——我猜，可能是以上所有因素组合而成的结果吧——反正，我一般不会在事情出差错时太过焦虑。我习惯把坏消息当成可以处理和解决的问题，是可以主动掌控的东西，而不是降临于身的事情。即便如此，我十分清楚迪士尼被视为袭击目标会带来怎样的象征意义，无论多么警惕也不能做到万无一失，这个领悟沉重地压在我的心头。

真正遇上意外发生的时候，我们会本能地对问题进行筛选分拣，这时，就必须依靠自己内心的“紧迫刻度尺”。其中有些是需要放下一切去处理的紧急事件，有些则会让你告诉自己：这件事情很严重，必须得立刻处理才行，但我需要先抽离出来专注处理其他事情，然后再回头应对此事。有的时候，你虽然是所谓的“领头人”，但也必须清楚，在当下你可能什么也做不了，因此也就不应干涉。你要信赖你的团队，让他们去完成自己的工作，而你则应把精力集中在其他紧急的事情上。

身在距离奥兰多半个地球的上海的我，也是这样告诉自己的。这是自1971年迪士尼世界开园后公司最为关键的一步棋。在公司近100年的历史中，像这样一个让我们投入如此之多且成败关系如此之大的项目，我们还是第一次遇到。我没有选择，只能划分界限，将注意力集中在开幕式最后准备阶段的细节之上，我把信赖寄托在奥兰多团队身上，也寄望于我们公司既有的工作章程。

我们有一个能够查找员工行踪的系统，以备在遇到不测时使用。如果有坠机事件、龙卷风，或是山火，我便能得到信息，知道有谁行踪不明，有谁必须从家中撤离，有谁失去了亲友或宠物，有谁的财产遭到了损毁。我们在全球的员工远超20万名，因此只要遇到灾难，那么自家员工受到牵连的概率就不会太小。2015年巴黎恐怖袭击之后不到几小时，我就得知与我们合作的一家广告公司有员工遇害。2017年秋天拉斯维加斯枪击事件发生之后，我立即得知我们有60多名员工在当晚参加了露天音乐会，其中有50人认识被杀或受伤的受害者，中弹者有3人，而一名洛杉矶迪士尼乐园的员工则不幸身亡。

上海时间周二的早晨，我们获知在夜总会枪击案中身亡的受害者中有两名是我们的兼职员工，还有几名是员工的朋友或亲人。我们的创伤心理咨询师开始行动起来，他们与受到波及的人取得联系，并提供了心理咨询服务。

我在乐园开幕式前几天的日程安排已经精确到了以分钟计数的程度：带团参观乐园，搜集反馈意见，参加彩排并对开幕式表演给出最终建议；主持股东、厂家以及董事会成员的午餐和晚餐以及会议；与中方重要人士会面，以示应有的尊重；为上海市儿童医院捐献“欢乐屋”；练习一段部分英文部分普通话的简短开幕式演讲。其中有一些时间供我化妆、换衣，或是见缝插针地吃口东西。周三的早晨，我带领着大约100名贵宾参观乐园，在场的有杰瑞·布鲁克海默[1]（Jerry Bruckheimer）和乔治·卢卡斯（George Lucas），我的一些直接下属及其家属，以及我的夫人薇罗和孩子们。大家都头戴耳麦，我则一边带领他们穿过乐园，一边通过麦克风讲话。

我仍清晰地记得，大家正走到探险岛和宝藏湾之间的时候，包正博走过来把我拉到一边。我本以为他要给我提供更多关于枪击案的调查信息，于是凑过身去，好让对话不被别人听见。“奥兰多

1　好莱坞金牌制片人，出品《加勒比海盗》《犯罪现场调查》等作品。

出了一起鳄鱼袭击事件，”包正博低声说道，“一条鳄鱼袭击了一名幼童，是一个小男孩。”

我站在人群之中，一边听包正博讲述他目前所知的信息，一边掩饰着逐步加剧的恐惧。袭击事件于晚上8：30发生在乐园的大佛罗里达人度假酒店，现在上海的时间是上午10：30，也就是说，袭击发生在两小时前。“我们还不知道孩子的情况如何。”包正博说。

我本能地开始祈祷，无论如何，孩子也不能死。而后，我又开始翻找脑中关于乐园历史的记忆。这种事情以前发生过吗？根据我的了解，在乐园开放的45年间，从来没有一位顾客受过袭击。我开始在脑中勾勒酒店的环境。包正博告诉我，袭击发生在度假区的海滩上。我在大佛罗里达人酒店入住了多次，对海滩情况非常熟悉。那儿有一处潟湖，但我从没见过任何人在里面游过泳。等等，不对。一个男人在湖中去取他的孩子弄丢了的气球的画面浮上脑海，这大概是5年前的事儿。我记得拍了一张他一手拿着气球游回岸边的相片，还暗自好笑，觉得父母为了自己的孩子真是什么事都做得出。

参观结束后，我等候着更多的消息。对于什么信息上报到我这里、什么信息由别人处理，我们是有相应规定的，一般来说，我的团队会等到他们核实完消息的真实性后再告知我（而我有时则会指责他们没有尽快把坏消息报告给我，这也让他们深感委屈）。这一次的消息虽然立刻就传给了我，但我却迫不及待地想要知道更多。

夜总会枪击案后被我们派回的乔治·卡罗格里迪斯恰好于鳄鱼袭击发生前后着陆，他立马开始着手处理，将不断获取的信息传达给我们。我很快就获知，男孩失踪了，而搜救队还没有找到尸体。男孩的名字叫作雷恩·格雷福斯（Lane Graves），两岁大。格雷福斯一家住在大佛罗里达人度假酒店，原计划到海滩上参加预先安排好的电影之夜，但电影因闪电取消，于是格雷福斯一家以及其他几家人决定待在海滩上，让孩子们在旁玩耍。雷恩提着一只桶在海边盛水。正值黄昏，一条浮上水面捕猎的鳄鱼恰好潜伏在浅水区。鳄鱼咬住男孩，把他拖入水中。乔治告诉我，格雷福斯一家是从内布拉斯加州来到迪士尼世界的。一个紧急救援小组正与他们在一起，我也认识小组里的几位成员。他们都是救援好手，有他们在场，我觉得很欣慰，但这对于他们，无异于一场挑战极限的考验。

我们在上海的“梦想开幕”音乐晚会也在同一晚举办，音乐会由一支500人的管弦乐队演奏，另有闻名世界的钢琴家郎朗担任钢琴弹奏，阵容还包括一众中国最受尊重的作曲家、歌手以及音乐家。在音乐会之前，我为中方官员和来访贵宾们主持了一场晚餐会。我虽然竭尽全力地将注意力放在自己的职责上，但心里却不断牵挂着身在奥兰多的格雷福斯一家。举家来到迪士尼世界却偏偏在此遭遇如此不可想象的劫难，这个念头如一片乌云一般，笼罩了一切。

6月16日周四，开幕当天。我在清晨4点起床，试图通过运动整理思绪，然后漫步到同层的一间休息室，与我们的首席传讯官泽尼亚·穆哈（Zenia Mucha）会面。泽尼亚已经与我共事了十多年，和我一起经历了高峰和低谷。她是个严厉之人，如果觉得我犯了错误便会直言不讳地当面告诉我，也总是处处为公司的最高利益着想。

消息已经广泛传播开来，我希望迪士尼的回应由我亲自传达。我看到，有的公司会在危急之下派出一名“公司代言人”来进行官方发声，我一向认为这种方法不但冷漠，还显得有些没胆。许多企业的体系都会将首席执行官隔离并保护起来，有时甚至过了头，我下定决心，在这次的问题上绝不这样做。我告诉泽尼亚，我必须发表一篇声明，她立刻表示这样做是正确的。

对于这样一件事，几乎说什么都词不达意。即便如此，在休息室里，我仍尽量真诚地将心中的感受传达给了泽尼亚。我谈到了作为一名父亲和祖父的体验，也说到这体验让我对于受害者父母难以想象的悲痛感同身受。交谈结束15分钟后，我们的声明发了出去。我回到房间，开始为开幕式作准备。薇罗已经起床出门，孩子们还在睡觉。然而，我无论如何也无法着手去做接下来该处理的事情，几分钟后，我又一次打通了泽尼亚的电话。她接起电话，我对她说：“我必须得跟这家人通个话。”

这一次，我本以为泽尼亚和我们的总法律顾问艾伦·布雷费曼（Alan Braverman）会反对我的提议。这件事可能会演化为一个复杂的法律问题，而作为律师，则自然想将发表任何可能加重法律责任的言论的可能性限制在最低。但在这件事上，两人都明白这是我必须做的，没有任何人给我施加阻力。“我帮你找联系电话。”泽尼亚对我说。不到几分钟的时间，我就收到了杰伊·弗格森（Jay Ferguson）的电话号码，他是受害者父母马特·格雷福斯（Matt Graves）和梅丽莎·格雷福斯（Melissa Graves）的好友，事发后，他立即飞到奥兰多去陪两人。

我坐在床沿，拨打了电话号码。我不知道该说些什么，等到杰伊接通电话时，我介绍了自己的身份，并告知对方我现在身在上海。我说：“不知道他们愿不愿意跟我说话，但如果他们愿意，我希望能够表达我的同情。如果他们不愿意，我会把话告诉您，请您向他们转达。”

“稍等我一下。”杰伊说道。我听到电话后有人在交谈，突然，免提电话那头传来了马特的声音。我什么也没想，就一股脑儿继续说了下去。我把在声明中的话重述了一遍，表示我是一个父亲，也是一个祖父，他们正在经历的痛苦，是我无法想象的。我告诉他，我希望他能从作为公司一把手的我这里亲耳听到，我们会尽自己的一切所能来帮助他们渡过难关。我把我的直线号码给他，告诉他有任何需求都可以打电话找我，然后我问他，有没有什么我现在能为他们做的事情。

他回答说：“答应我，我儿子的死不是徒劳无益的。”说这句话时，他已泣不成声，我能听见，梅丽莎也在后面哭泣。“答应我，你会尽一切力量，不再让这种事发生在任何一个孩子身上。”

我答应了他。我知道，从律师的角度来看，我应该对自己说的话多加慎重，应该考虑到这句话从某种程度上来说其实是在承认我方的疏忽。在公司体系中工作了这么久，你会习惯于给出墨守法律条文的官气十足的回应，但是在那一刻，我对所有这一切都不在乎了。我再一次告诉杰伊，无论他们有什么需求，都可以打电话找我，然后我们便挂了电话。我坐在床沿，身体不住地颤抖。我早已泪如雨下，双眼的隐形眼镜都被冲了出来，在我抓瞎般地摸索着眼镜时，薇罗走了进来。

我说：“我刚和孩子父母通过话。”我不知道该如何形容自己此时的感受。她走过来，用双臂将我抱住，问我她能做些什么。“我必须得坚持下去。”我说。但是，我的身心已经被掏空了。在前两周里支撑着我的肾上腺素、这个项目对我的所有意义以及与全世界分享这座乐园所带来的欢愉，全都枯竭殆尽了。按照计划，30分钟后，我将要会见中国国务院副总理、美国驻华大使、中国驻美大使、上海市委书记以及上海市市长，还要带领他们参观乐园。

但我感觉自己已经动不了了。

最后，我联系了我的团队，让他们来酒店休息室见我。我知道，如果把刚才的对话讲给他们听，我一定会再次落泪，因此，我用寥寥数语带过，并把自己对马特·格雷福斯的承诺告诉了包正博。“这件事就交给我们吧。”包正博说完，立刻把话传给了他在奥兰多的团队（他们采取的行动非同凡响。奥兰多迪士尼世界共有几百个潟湖和沟渠以及几千条鳄鱼，不到24小时，他们就在面积为两个曼哈顿之大的乐园里四处拴起绳子，扎起栅栏，并竖起标牌）。

我出发与贵宾们会面，和他们一起乘坐游乐设施、摆姿势合影。我强颜欢笑，把预定流程一项项往前推进。表面所见往往并不是内部实情的真实反映，这件事，便是个鲜明的例子。按照日程计划，参观结束后，我要在乐园里聚集的数千名游客和全中国电视机前数以百万计的观众面前发表演讲，然后剪断彩带，正式对全世界打开上海迪士尼乐园的大门。迪士尼入驻中国内地是一件大事，来自全球各地的媒体工作人员悉数到场。习近平总书记和奥巴马总统都写来贺信，我们计划在开幕仪式上宣读。我非常清楚整件事情的重要性，但即便如此，电话中马特·格雷福斯声音里的悲痛，却仍然在心头挥之不去。

我从国务院副总理身边走开时，我们的中方合作伙伴上海申迪集团的董事长追上来抓住我的胳膊，问道：“你不会提奥兰多的事儿的，对吗？今天可是喜庆的一天，是大喜的日子。”我向他保证，不会说任何让大家扫兴的话。

不到半小时后，我一个人坐在迪士尼城堡的长沙发上，等待着舞台总监提示我上台演讲。我本来已经把准备好的演讲中普通话部分的台词熟记于心，但现在脑子里却是一片模糊。没错，这是个大喜的日子，对在如此长的时间里为了这一天的到来而在项目上挥洒汗水的所有人而言，对能够与我和千万美国儿童一样编织游览迪士尼乐园美梦的中国游客而言，这一天意义非凡，而我，也必须努力专注于此。这一天的确是个大喜之日，但同时，这也是我职业生涯中最痛苦的一天。

我在同一家公司工作了整整45个年头：其中的22年在ABC（美国广播公司）度过，另外的23年是1995年ABC被迪士尼收购后在迪士尼度过的。作为华特于1923年建立公司后的第六任首席执行官，在过去的14年间，我一直从事着管理迪士尼的美差。

困难甚至悲伤的日子当然时有发生。但套用别人的话来说，对我而言，这仍然是世界上最快乐的一份工作。我们打造电影、电视剧、百老汇音乐剧、游戏、服装、玩具和书籍；我们建造公园、游乐设施、酒店和游艇；每一天，我们都会在遍布全球的14座乐园中组织游行庆典、街头表演和音乐会。我们是快乐的制造者。即便是在这么多年后的今天，我有时仍然会禁不住纳闷：这一切到底是怎么发生的？我怎么会如此幸运呢？以前，我们曾把主题乐园里规模最大、最为刺激的娱乐设施叫作“E票设施”[1]，想到这份工作，我的脑海里就会浮现这个词。而我，就仿佛是在这座名为“迪士尼公司”的巨型E票娱乐设施上畅游了14年一般。

但同时，迪士尼所在的世界，也是一个由季度收益报告、股东期望值以及运营一家在全球各国几乎均有业务分布的企业所带来的其他数不胜数的责任所组成的世界。在最悠闲的日子里，这份工作仍然要求你具有不断调整适应的能力。你一会儿要与投资方策划企业增长策略，一会儿要与幻想工程师们一起观看主题乐园的巨型新奇游乐设施的设计方案，一会儿要针对一部影片的粗剪给出批评建议，一会儿又要商讨安全举措、董事会治理、门票票价以及薪资额度。工作的日子充满了挑战和变化，也是一场关于如何归类处理的永无止境的历练。先挑出一件事情处理——迪士尼公主在现今世界的特质有哪些，该如何将这些特质在我们的产品中展现？然后，把这件事放在一边，将注意力转向下一件事：漫威在

1　在早期的迪士尼乐园，客人支付象征性的费用进园，然后单独购买游乐设施和景点门票。迪士尼将其游乐设施进行从“A”到“E”的分级并提供相应的票，乘坐价格最贵且最受欢迎的设施，需要使用E级票。

未来8年里该推出哪些影片？以上叙述的还是事情按计划展开的罕见情况。而那些让人猝不及防的危机和差错也总会突如其来，这一点，上文所述的那一周已让我们看得清清楚楚。虽然这些突发事件很少像那一周里发生的事件一样惨痛，但让你猝不及防的事情，却总是时有发生。

不仅迪士尼公司如此，任何公司和组织也不能幸免于难。意外总会发生。从最简单的角度来说，这本书的内容是告诉大家如何以一套有助于培养优势和管理劣势的原则来指引自己前进。在很长一段时间里，我一直不肯动笔写这本书。直到不久前，我甚至会避免公开谈论我的“领导原则”或任何相关的理念，因为我觉得自己还没有真正做到“知行合一”。然而，45年的职业生涯——尤其是过去14年的经历让我逐渐认识到，我的理念不只对我有用，也能对其他人有所助益。

无论你是经营一家企业、管理一支团队还是与他人携手朝着共同目标努力，这本书都可能对你有所帮助。从踏入职场的第一天起，我就一直置身于传媒和娱乐行业之中，但是对我而言，本书中的理念的用途包罗万象：鼓励冒险和培养创造力；搭建彼此信赖的文化环境；推动自身深刻而持久的好奇心并激发周围人的好奇；拥抱和接受变化，而不是对其充耳不闻；永远带着正直和诚实在世上前行，即便这意味着面对难以直面的困难。这些理念虽然抽象，但我希望这些在漫长的职业生涯中对我意义重大的故事和实例，能够让书中的理念在大家眼中变得更加具体和贴近现实。这不仅包括来自世界各地的立志成为企业总裁的读者，也包括所有希望在职业生涯甚至个人生活的道路上减少恐惧和更加自信做自己的读者。

这本书的大部分信息都是按照年代顺序编排的。自ABC入职的第一天起，我一共经历了20种职位和14位老板。我既担任过日间肥皂剧等级最低的工作人员，也管理过一家曾打造出有史以来最具革新性的电视节目（以及一部最为臭名昭著的崩盘剧）的电视台。我曾两次亲身经历自己所在的公司被人收购，也曾并购和融合数家其他的公司，包括皮克斯、漫威、卢卡斯影业以及最近完成收购的二十一世纪福克斯。我与史蒂夫・乔布斯共商娱乐业未来大计，也成了乔治・卢卡斯的星球大战故事的拥有人。我每一天都在思考科技在如何重新定义我们创造、传播以及体验内容的方式，也在深思我们如何既适应当代观众，又能忠于一家有着近百年历史的品牌。为了在这个品牌和全球数十亿受众之间搭建桥梁，我努力工作，谨慎前行。

在这一切将要画上句号的时候，回望一路所学到的东西，我总结出了以下十条真正的领导力中不可或缺的原则。希望它们于你，就如同于我一般大有助益。

乐观。一位优秀的领导人最为重要的特质之一就是乐观，也就是对于可能获得的成就抱有符合现实的热情。即便是在困难的抉择和不甚理想的结果面前，一位乐观的领导者也不会落入消极的情绪之中。一言以蔽之，消极主义者是无法给人们以鼓舞和动力的。

勇气。勇气是冒险的根基，在不断变化和不断被颠覆的产业中，冒险必不可少，创新关乎生死，而人们只有在拥有勇气时才能实现真正的创新。这不仅适用于并购、投资和资本分配，在创意决策上更是如此。对于失败的恐惧，会将创意扼杀。

专注。将时间、精力、资源分配在最为重要和最有价值的策略、问题以及项目上，这一点至关重要，频繁且清晰地传达你的优先事项，这一点也极为关键。

果断。无论多么困难的抉择，都应该且能够及时作出。领导者需要在鼓励多样化观点和作出决断并付诸行动之间找到平衡点。长期的踟蹰不决不仅会降低效率，还会适得其反，对团队士气也会造成严重的破坏。

好奇。深刻而持久的好奇心能够帮助我们挖掘到新的人员、地点以及创意，也能让我们感知并理解市场及其日新月异的态势。而通往创新的道路，就始于好奇心。

公正。强大的领导力中包含着待人的公平公正。同情心是必不可少的，平易近人亦不可或缺。犯了无心之过的人应该得到第二次机会，而待人过于严苛会滋生出恐惧和焦虑，进而阻塞沟通、扼杀创新。没有什么比充斥着恐惧的文化更能荼毒一家企业或机构了。

慎思。慎思是优秀领导力中最被人低估的一个因素。它指的是获取知识，使得提出的观点或作出的决定更具可信度，也更趋于正确。简而言之，这个原则就是潜心花时间去孕育富有见地的观点。

真诚。诚恳待人，真心示人，不要做任何伪装。真相和真诚是尊重和信赖的摇篮。

追求极致，追求完美。这条原则并不意味着为达完美不惜一切代价，而是在告诉大家拒绝接受平庸、拒绝为某事的“差强人意”找借口，如果你认为能把某事做得更好，那就花精力去打磨。如果你的工作是打造产品，那你要做的，就是去创造伟大。

诚信。对一家机构而言，没有什么比成员的品质和产品的质量更重要的了。无论大小，任何事务都应设立崇高的道德标准，这就是一家企业成功的基石。换一种说法，这一原则就是：你如何做一件事，就会如何做一切事。

第一部分

学　习

第一章

从零开始

这本书并不是一本自传，但谈到在职业生涯中对我助益颇多的特质，就不能不回顾我的童年。有些特质是我与生俱来的，有些习惯是我素来坚持的，这是神秘莫测的先天和后天因素共同使然的结果（比如说，我从记事起就一直是个早起的人，也一向珍惜在全世界尚未醒来之前的那几个独属于我的钟头）。而其他的特质和习惯，则是我在人生旅途中有意抉择的结果，与许多人一样，这些抉择从一定程度上是我对父母作出的反应，尤其是我那才华横溢而又充满矛盾、对我人生影响最深的父亲。

毫无疑问，我对世界的好奇来自父亲。我们有一间书房，里面满满排列着放满了书的书架，这里的每本书，父亲都读过。直到上了高中，我才正正经经成了一个爱书之人，之所以能最终爱上读书，全要归功于他。他拥有从“每月一书”俱乐部订购的所有美国文学巨匠的成套完整作品——包括菲茨杰拉德、海明威、福克纳以及斯坦贝克等等。我会从书架上父亲的《夜色温柔》《丧钟为谁而鸣》或是其他几百本著作中取下一本，如饥似渴地阅读，而父亲则会鼓励我阅读更多。我们还会在晚餐时讨论世界大事，只有10岁的时候，我就会抓起前院草坪上的《纽约时报》，在其他人起床之前倚在厨房的餐桌前阅读。

我们一家住在长岛的一座错层式房子里，所在的小镇叫作“奥欣赛德”，主要由工薪阶层构成。我是两个孩子中的哥哥，妹妹比我小3岁。我的母亲和蔼而慈爱，直到我上高中之前，她一直是位家庭主妇，后来又在当地初中的学校图书馆找了一份工作。我的父亲是一位从战场上退下来的海军退伍老兵，在几支“不太知名的”大型乐团里吹小号，但他觉得自己永远不可能靠着当音乐家真正立足，因此从来也没想要全职做音乐。他在宾夕法尼亚大学的沃顿商学院主修市场营销，第一份工作是为一家食品加工公司做营销，由此进入了广告领域。他成为麦迪逊大街上一家广告公司的客户经理，经手的客户包括老密尔沃基啤酒以及宾士域保龄球等，但最终还是丢了饭碗。他换了几家广告公司，但位置总是不升不降。等到我10岁或11岁的时候，父亲调动的次数之多，连我也开始纳闷起其中的原因来。

父亲一向热衷于政治，非常偏向于自由主义一派。有一次，他决意去参加华盛顿游行和马丁·路德·金的演讲，上司拒绝批给他一天的假期，但他还是执意去了，也因此丢了工作。我不知道他是先辞了职然后去参加了演讲，还是因在被告知不能去后依然故我而被炒了鱿鱼，但是，这样的结局，出现了不止一次。

我为父亲的坚强性格和政治理念感到自豪。他对于何为正确和公平抱有强烈的观点，总是站在弱势群体一边。但与此同时，他很难控制自己的情绪，经常会说出给自己招惹麻烦的话来。我后来得知，父亲被诊断患了躁狂症，为了治病，他已经尝试过包括电痉挛在内的数种疗法。作为长子，我首当其冲地受到了他情绪波动的影响。我从没有因为他的喜怒无常而感觉到危险，却能很敏锐地体察到他的阴暗一面，也为他感到揪心。我们永远猜不到晚上回到家的是哪一个父亲，我坐在家里二楼自己的房间里，听着父亲开门关门和走上楼梯的声音，便能分辨出回家的是开心的爸爸还是忧伤的爸爸，这一幕，我记忆犹新。

有时，父亲会在走过我的房间时查看我的情况，用他的话来说，这是为了确保我“正在有效利用时间”，意思是说我要么是在阅读，要么是在做作业或是在做能通过某种方式让自己变得“更好”的事情。他希望我和妹妹能开心玩耍，但对他而言，明智利用时间并集中精力朝目标前进也很重要。我确信，我在时间管理上的小心谨慎（有的人或许会称之为偏执），就是从他那里学来的。

我从小就觉得自己有责任成为家庭稳固的重心，甚至连家里的修修补补之事也应由我负责。若是有什么东西坏了，母亲便会叫我去修理，而我从儿童时期起就学会了如何修理任何需要修理的东西。我觉得从某种程度上来说，我对于科学技术的好奇心也来源于此。我喜欢使用工具，喜欢拆装东西，也热衷于搞懂器物运作的方式。

我的父母都是爱发愁的人，两人都带有一种有什么不测就要发生的气场。不知是先天基因的机缘巧合还是后天学会的对父母焦虑的应激，我在这方面一向与他俩相反。除了人生中几个屈指可数的意外，我从来不会对未来产生过多的焦虑，也从来不会对尝试和失败抱有太多的不安。

随着年岁的增长，我越发体会到了父亲对自己的失望。他度过了充满遗憾的一生，将自己视为一个失败者。从一定程度上来说，之所以激励我们如此努力和追求高效，就是为了让我们有可能获得他从未有过的成功。由于父亲在工作中的动荡，只要想要任何零花钱，我就必须得自己找工作。我从八年级的时候就开始打工，铲过雪，看过孩子，还在一家五金店里干过搬运工。15岁的时候，我在我的校区找到了一份暑期清洁工的工作。工作职责包括先将每间教室里的每一台暖气机清洁干净，然后再擦洗每张课桌的桌底，确保桌底在新学年开始时不粘有口香糖。把口香糖从1000张课桌的桌底清除下来可以磨砺性格，或者至少能帮我更好地忍受枯燥，反正总归有点用处吧……

我考上了伊萨卡学院，大一和大二两年里，我几乎每个周末的晚上都在当地的必胜客做比萨。我在高中的成绩大多是B，也有几个A，但对学术研究却从来没有兴趣。然而上了大学后，我却突然摸着了门道。我下定决心，要努力学习并尽力汲取更多的知识，我想，这也与父亲有关——因为，我无论如何也不愿意体验与父亲同样的失败感。对于“成功”是什么，我并不明晰，对于金钱和权势我也没有明确的愿景，但我下定决心，决不能度过抱憾的一生。我告诉自己，无论人生如何展开，我决不允许自己在绝望中苦干，也决不允许自己陷入缺少满足感的泥潭。

父亲没能过上更幸福的生活，母亲也因此受累，但除此之外，早年的生活并没有给我留下太多的痛苦。真希望父亲能够对自己感到更加自豪。小的时候，我和妹妹从未缺少爱的滋养。我们的头顶永远有房顶为我们遮风，餐桌上也一直有食物供我们果腹，但除此之外，我们几乎没有什么闲钱能做其他事了。假期的时候，我们通常不是驱车到某个无聊的地方，就是去离家几分钟远的海滩。我们有足够的衣服能穿得像样，但并不够穿得体面；如果我在秋天把裤子穿烂了，父母一般会打上补丁让我继续穿，直到我们有钱买新裤子为止，而这，有时就意味着要等几个月的时间。我从没有感觉到贫穷，也没有人把我当成穷人看。但我们家境其实远比表面看起来更清贫，随着年龄增长，我才渐渐意识到这一点。

担任了迪士尼的首席执行官后，我带着已过暮年的父亲在纽约共进午餐。我们聊到了他的心理健康问题，也说到了他对人生的看法。我告诉他，我非常感激他和母亲为我们兄妹所做的每一件事，也很感激他们教会我们的伦理道德和给予我们的关爱。我告诉他，这已经足够，甚至绰绰有余了，我也希望，自己的感激之情能够稍稍消解一些他的挫败感。我明白，许多在职业生涯中对我有所助益的特质都是父亲带给我的。但愿，这一点他也能明白。

我在ABC的职业生涯始于1974年的7月1日，那时，我在ABC电视台担任演播总监。在那之前，我曾在纽约伊萨卡的一家小型有线电视台做了一年的天气预报员和新闻特稿通讯员。那一年在迷茫中痛苦打拼（且表现平平）的经历，让我放弃了自15岁起就一直拥有的梦想：成为一名电视新闻主播。若说为伊萨卡的观众每日播报天气的经历教会了我一项不可或缺的技能——传播坏消息的技能，我可不全是在说笑。从那一年10月直到次年4月那漫长阴冷的六个月的时间里，我可绝算不上镇上最讨人喜欢的人。

我能到ABC，要多亏鲍勃叔叔的视力出了问题。做完眼睛手术后，这位我崇拜有加的叔叔在曼哈顿一家医院里住了几天，他的室友是ABC的一位低层主管，不知为何，他想让叔叔相信自己是电视台里的大人物。他躺在病床上假装接听电话，仿佛电视台真的有一些只有他才能拍板的决定似的，而我的叔叔还当真信了。在那人出院之前，叔叔告诉他说侄子正想在纽约的电视制片领域找一份工作。那人把电话号码给了叔叔，告诉他："让你侄子给我打个电话。"

我当真联系了他，而他则措手不及，一时没反应过来我究竟是谁。根据叔叔为我描述的情形，我本以为对方是一位权力直通公司顶层且影响力巨大的电视台高管，而他实际远非如此。但难能可贵的是，他还是在他负责的"制片服务"这个小部门为我争取到了一次面试机会，不久之后，我便被雇为了部门的工作室主管。

这份职位的周薪是150美元，在ABC的权力金字塔上几乎处于垫底的位置。无论是游戏节目、肥皂剧、脱口秀、新闻节目还是电视电影[1]，凡是ABC巨大的曼哈顿摄影棚制作的节目中的苦力活，都交给我们六七人的团队完成。我被分配到一批电视节目中担任打杂工作:《我的孩子们》《只此一生》《莱恩的希望》《1万美

1　由电视台制作或最初进行发行的电影，与院线电影相比，电视电影质量一般较低。

元金字塔》《金钱迷宫》《一决胜负》《迪克·卡维特秀》，杰拉尔多·瑞弗拉（Geraldo Rivera）主持的《晚安美国》，还有哈里·里森纳（Harry Reasoner）主持的《ABC晚间新闻》。

这份工作的职责非常简单：哪里有需要，就要做到随叫随到。一般来说，这就意味着需要在清晨4：30来到摄影棚，进行“打光测试”。肥皂剧的内景一般会在开拍前夜搭好，而我的工作，就是在离太阳升起还有相当长的时间之前为灯光技术指导和布景人员开门，以确保灯光设备在导演和演员到场进行第一场排演时已经架设完毕。我要与所有的木工、道具师、电工、化妆师以及发型师进行协调，为所有人开门，并确保每个人都领到了当天的通告单。我要记录大家的工时、不满以及违反工会条例的情况。我要确保工作餐已经备好，还要确认空调已把摄影棚降到了可以在火热的灯光下拍摄的温度。这份差事一点也不光鲜，却让我摸清了这些节目里里外外的门道。我学会了专业的术语，也认识了将一档节目搬上荧幕的每一个工种。我还学会了忍受电视制片高强度的工作时长和挑战极限的工作量，而这种对待工作的态度，从那时起就一直伴我左右。这，或许是我最重要的收获。

直到今天，我仍然几乎每天都会在清晨4：15起床，但我现在这样做是有私心的：这样我就能在白天的职责袭来之前腾出时间思考、阅读和锻炼了。这样的作息时间虽然不适用于所有人，但无论你选择如何腾出时间，每天创造空间让你的思绪远离眼前的工作职责尽情徜徉，以一种不像每天为工作排序时那么受束缚的更富创意的方式来一一分拣脑海里的思绪，这些都是至关重要的。我已学会了珍惜早晨独处的时间，我也坚信，如果不在清晨伊始的几小时里远离那些在一天接下来的时间里占据大量精力的电邮、短信以及电话，我在工作上的效率和创意也会大打折扣。

当时的电视行业与今天相比有很大的差异，从某些方面来说要更胜一筹。当时的竞争不那么复杂，而世界的碎片化也没有这么严重。当然，当时的行业中盛行着一种几乎人人通用的美国式叙事法，它建立在社会对于某种基本事实的共同信仰之上。但是从其他许多方面来看，当时的行业其实不如今日。举例来说，当时的行业对于现今看来不可接受的粗鲁无礼抱有一种视而不见的容忍。毫无疑问，与我相比，女性和弱势群体的成员在日常所遇到的不公待遇当然是无法与现在相提并论。但即便是对我而言，处在食物链的最底端就意味着要偶尔遭受别人随意为之的侮辱，而放在今天，这样的侮辱是足以让人丢掉饭碗的。

给大家举一个将当时的情况体现得淋漓尽致的例子：当时，《ABC晚间新闻》栏目在美国东部时间的傍晚6点播出，录制完毕后，主持人哈里·里森纳和他的一位绰号“白爷”的舞台总监便会离开录制现场，在西区67街“艺术家酒店”的酒吧里休息（《ABC晚间新闻》节目就是在这家老酒店改造后的宴会厅里录制的）。每天晚上，哈里都会点上一杯加冰和柠檬皮的双份超干必富达马提尼。

我的一项职责便是等待制片人回看录影，如果节目在稍晚一点的时区播出之前需要更新信息或进行修改，我就要把话传给哈里和摄制组。一天晚上，哈里已经准备好要继续喝他的第二杯马提尼了，他让我跑回电视台，问问制片人情况如何。我硬着头皮走进控制室，说道：“哈里让我来看看节目怎么样了。”制片人一脸蔑视地看着我，然后拉下裤子拉链，掏出阴茎，问我：“我不知道，你告诉我它看上去怎么样。”45年后回想起这一幕，我仍然感到义愤填膺。虽然我们已越发认识到在工作场所打造公平、平等、零侮辱的待人方式的需求，但这条路，我们还是走得太久了。

1974年秋天，我被派入《盛事》演唱会摄制组工作。这是弗兰克·辛纳屈（Frank Sinatra）在麦迪逊广场花园[1]举办的一场演唱会，由ABC在黄金时段进行现场直播。我担任的是现场的演播总监，也就是说，我必须守在现场，听候麦迪逊广场花园为数众多的舞台工作人员的差遣。这是一份美差，对我而言还有着重大的意

1 位于美国纽约州曼哈顿中城区，曼哈顿分为上、中、下三个城区。

义。在家里，父亲常在唱机上一遍又一遍地播放辛纳屈的唱片。直到今日，父亲站在起居室里和着辛纳屈的低吟吹着小号的样子，仍然清晰地印在我的脑海中。

能跟辛纳屈同在一座房子里参加他的排练，能够为确保演唱会顺利进行而尽我的微薄之力——我简直不敢相信自己的好运。最为激动人心的时刻发生在演唱会预定开始的几小时前，一位助理制片让我赶紧出去买一瓶漱口水，然后以最快的速度送到辛纳屈先生的化妆间。我跑到几个街区外上城区的一家药店，买了一瓶我能找到的最大瓶装的李施德林。一路上我都在想，辛纳屈嗓子有恙，而整场直播的成败，可都压在我的肩上！

我手拿着漱口水，忐忑不安而气喘吁吁地敲响了化妆间的门。门打开了，迎面站着的是一位高大威猛的保镖，他问我怎么会在这儿。我回答说："我是给辛纳屈先生送李施德林的。"

保镖还没来得及回话，我就从化妆间深处听到了那个熟悉的声音："让他进来。"不消片刻，我就站在了"董事长"[1]的面前。

"孩子，你叫什么名字？"

"我叫鲍勃[2]。"

"你是哪里人？"

1 弗兰克·辛纳屈的昵称之一，因为他在娱乐圈占有崇高的地位。

2 罗伯特·艾格昵称。

不知为何，我回答的是“布鲁克林”。布鲁克林是我出生的地方，5岁时全家搬到长岛前，我一直住在那儿。我想，我当时一定是希望在他面前表现得更接地气一点，而“奥欣赛德”这个地名总少了些情怀。

“布鲁克林哪！”辛纳屈说道，好像那是除了霍博肯[1]之外最好的地方一样，然后，他递给我一张崭新的百元钞票。演出结束后，他送给每一位工作人员一只精巧的金制打火机，上面还刻着“辛纳屈敬上”几个字。那100美元我几乎转眼就花掉了，但时至今日，那只打火机仍存放在我的书桌里。

《盛事》演唱会的制片人，由杰瑞·温特劳布（Jerry Weintraub）和咄咄逼人的43岁ABC体育部负责人鲁尼·阿利奇（Roone Arledge）担任。1974年的鲁尼，已经成为电视领域中的一位传奇高管，他在演播团队中安排了许多在ABC体育部为他效力过的制片人。演唱会的前一晚，大家进行了一次排练。霍华德·科赛尔（Howard Cosell）宣布演唱会开始，像介绍拳击手一样介绍辛纳屈出场（舞台也被布置得像是赛场中央的拳击场一般），然后，辛纳屈走上台来，一连演唱了将近两小时。

这是我第一次看到鲁尼工作中的状态。他将排练从头到尾看

1　美国新泽西城市，辛纳屈的出生地。

了一遍，并在结束后作出决定：几乎所有一切都得推翻重做。舞台需要重新设计，霍华德的开场白需要重新修改，灯光也需要作大幅度的调整。除此之外，鲁尼还表示，辛纳屈与观众互动的方式也要重新构思。

我一边完成我的杂事，一边看着所有一切在工作人员的怨声载道中被摧毁再被建起。毋庸置疑，与排练内容相比，在不到24小时后播出的那场演唱会简直判若云泥。我不知道鲁尼是怎样做到这一切的，但我后来了解到，这就是鲁尼的风格：绝不甘心接受“差强人意”。为了做到极致，顶着不容动摇的截止期限在最后一刻完成任务（且在此过程中把众人累得半死）也是家常便饭。

一回到肥皂剧和竞赛节目的无聊世界中，《盛事》演唱会的工作所带给我的兴奋感便烟消云散了。然而不久之后，我便被卷入了不得不去应付的闹剧之中。我所在的小部门的负责人是个营私舞弊、仗势欺人的人，他挪用部门的经费，雇用销售方和供货商为他自己和ABC的其他高管做私活（他美其名曰为“政府工作”），然后把回扣揣进自己的腰包。另外，他还会打着肥皂剧道具的名义购买家具，然后让舞台工作人员把所有家具都搬到他为一个情妇在中城区安置的公寓里。我被告知要对所有这些行为采取纵容态度，要么帮忙，要么视而不见，这让我反感到了极点。我开始询问部门里的一些同事，看看有没有任何我能采取的措施，而这消息竟被回传到了他的耳朵里。

一天，他把我叫到了他的办公室里。我一进门，他就立刻开始指责我违背了公司的规定。“你在搞什么鬼？”他问道，“听说你用公司的卡车往新公寓搬家了。”

实际上，公司的一辆皮卡车的使用权的确暂时在我手里，我对几个同事开玩笑说，也许我应该用这辆车把家具搬到我刚租好的公寓里。我根本没有这样做，而我也是这样告诉他的，但在那时我突然意识到，肯定有人告诉过他我是个爱找麻烦的人。

“你在散布有关我的流言。”他说道。我没有否认自己的确谈论过他，他先是死死地瞪了我一会儿，然后告诉我说：“你猜怎么样，艾格？你今后晋升无望了。”

他给了我两周的时间在别的部门找份工作，否则我在公司里就彻底玩儿完了。我当时只有23岁，却确信自己在电视领域的职业生涯已经走到了尽头。但我还是来到了ABC的招聘站——那个时代的招聘站，就是墙上挂着的一张剪贴板。在一个大约包含着25个我没有资格胜任的职位的列表中，我找到了ABC体育部的一个空缺职位的岗位介绍。我立刻打电话联系了我在辛纳屈演唱会上认识的同事，告诉他我现在遇到了麻烦。他让我到1330号来（ABC的总部在美洲大道的1330号），一个月后，我便被雇为了ABC体育部的演播运营总监。与我丢掉的那份工作相比，这个新职位只是稍稍光鲜了一点，但这却是改变我人生的重大转折。我觉得其中一部分要感谢弗兰克·辛纳屈，另一部分，还要归功于那个之后因挪用公款而被公司炒了鱿鱼的前上司。

在20世纪70年代和80年代的鼎盛时期，ABC体育部是整个电视网最能赚钱的部门之一，其中很大一部分原因是因为《周一橄榄球之夜》和《体育大世界》的超高人气。另外，部门旗下还拥有大学生足球赛、职业棒球大联盟比赛、职业高尔夫锦标赛、拳王争霸赛以及《美国运动名将》和《体育巨星》等一系列精彩的内容和节目。除此之外，每隔四年，ABC都要播放奥林匹克运动会，从1964年到1988年，几乎所有的奥林匹克比赛都是由ABC播出的。

体育部的工作人员是公司里的“酷孩子”，这一点从方方面面都能看出来：无论是穿着（身穿定制西服，光脚蹬古驰乐福鞋）、饮食（常常在午餐时搭配昂贵的葡萄酒和苏格兰威士忌）还是他们结交的好莱坞明星、著名运动员和政客。他们总是到异域风情浓厚之地出差旅游，经常乘坐协和式飞机到我们在巴黎的欧洲分部，然后再从那里出发到蒙特卡洛和圣莫里茨等地去报道当地的盛事。

我在部门得到了晋升，也终于在协和式飞机上有了自己的一席之地。这些出差的经历，尤其是在ABC《体育大世界》节目期间的经历，改变了我的人生。之前从未出过国的我，眨眼之间便成了环游世界的空中飞人［就像吉姆·麦凯（Jim McKay）在每周的节目开场白中低声吟诵的一样，我们“跨越全球，给您带来新鲜多样的体育盛事”］。每逢周末，我不是在夏威夷的冲浪冠军赛，就是在布拉格的花样滑冰赛，要么就是在布达佩斯参加举重比赛，或是在怀俄明州夏延参加夏延拓荒节的牛仔竞技赛。阿卡普尔科刚举行过悬崖跳水活动，基茨比厄尔的高山滑雪活动就开始了，而中国、罗马尼亚、苏联的体操比赛也早已排上了日程……

ABC体育部让我环游了世界，丰富了我的见识，也让我接触到了之前连想都没有想过的事物。第一次在巴黎吃精致法餐的时间和地点，第一次说出“蒙哈榭”[1]这个词的感觉，还有第一次驾驶奢华跑车穿越摩纳哥的体验，我至今记忆犹新。对一个在纽约奥欣赛德错层式房子里长大的孩子而言，这一切都让人有些恍然若梦。但实际上，这份工作的意义要远远超出其带来的奢华享受。我频繁造访第三世界，安排赛事报道，与态度强硬的政府组织协商，还要在腐败和欺诈成风的体系中寻找出路。我亲眼目睹了“铁幕”下人民的生活状态，体会到了他们每天都要面临的困难和挑战（在冬日夜里俯瞰因政府限电掐断电网而伸手不见五指的布加勒斯特的情景，我至今仍能记得）。我也看到，那里的人们的梦想，与普通美

1　蒙哈榭葡萄酒是世界上最著名且价格最高的葡萄酒之一。

国民众的梦想并没有什么区别。如果说当时的政客们想要力图将世界分化成两极或是培养出一种“相互对立”“非善即恶”的理念，那么我的见闻却告诉我，事实远非这样非黑即白。

毋庸置疑，这份极尽光鲜的职位带来的奢华生活是不负责任的（而这种情况最终也成了历史）。但在那时，ABC体育部运转于自己的轨道之上，不受对其他部门具有支配作用的条例的限制。而位于这轨道中心的人，便是鲁尼·阿利奇。20世纪60年代初，鲁尼受到委任管理ABC体育部，到我入职的时候，他已然成了电视圈的贵族。在广播历史上，他对人们体验体育电视节目的方式，产生了无人能及的颠覆性影响。

鲁尼明白，我们的首要职责是讲故事，而不只是播放赛事，想要讲好故事，就需要优秀的人才。他是我效力过的最好胜的人，也是一位不达目的不罢休的创新者，但是他也知道，自己的优秀程度取决于部署在身边的人的优秀程度。无论是吉姆·麦凯、霍华德·科赛尔、基斯·杰克逊，还是弗兰克·吉福德（Frank Gifford）、唐·梅雷迪斯（Don Meredith）、克里斯·申克尔（Chris Schenkel），或是主持滑雪节目的鲍勃·比蒂（Bob Beattie），抑或是主持赛车节目的杰基·斯图尔特（Jackie Stewart），把这些具有迷人魅力的人打造成为家喻户晓的人物的推手，就是鲁尼。

再借用《体育大世界》开场白中的一句台词，在我们所播报的体育赛事中，鲁尼所看到的，其实就是“体育竞技中的人性悲欢”。运动员们就是故事中不断展开的角色。他们来自何方？为了到达今天的位置，他们克服了怎样的困难？这场比赛与地缘政治中的云诡波谲有什么类似之处？比赛这个窗口是如何体现不同文化的？我们带入千百万美国观众起居室里的不仅仅是体育运动，而是世界格局，对此，鲁尼乐此不疲。

另外，在我所效力过的人中，鲁尼也是第一个利用科技创新对我们制作的内容和方式进行颠覆革新的人。反打镜头摄像机，慢速回放，利用人造卫星直播比赛——这些都是鲁尼的杰作。他想要尝试每一台新器材，想要突破每一个陈腐的格式。他总是在寻找与观众沟通和抓住观众注意力的新方式。而那条在我接下来的每一份工作中指引我的箴言，也是鲁尼教给我的：拼死创新，如果你做事的出发点是对新兴或未经测试的事物的恐惧，那么创新就无从谈起了。

此外，鲁尼也是一个严格的完美主义者。在初到体育部的那些年里，我几乎每个周末都是在66街的一个位于地下的控制室里度过的。我的工作内容包括接收来自世界各地的订阅内容，并送至制片人和剪辑师的手中，由他们进行剪辑和加入配音，然后播放。鲁尼常会现身于控制室，如果不亲自到场，他也会从所在地打来电话

（我们的每一间控制室里都有一台红色的“鲁尼专线电话”，活动现场的设备车中也不例外）。如果在家观看节目时发现了让他介意的地方（无论身在何处，他总是眼观一切），鲁尼便会打电话告知我们：这台摄影机的角度有偏差，那条故事线需要突出，我们可不能让观众猜出接下来要发生的事！

对于鲁尼而言，没有任何细节是可以忽略的。完美便是将一切微小细节做好的结果。就像我在辛纳屈演唱会上所见的一样，他会在播出前将整个节目撕成碎片，然后命令团队将一切推翻重做，即便这意味着大家要在一间剪辑室里工作到天亮也在所不惜，这样的例子，真是不胜枚举。他不爱大吼大叫，却依然严厉而苛刻，他会用非常清晰的语言表达问题所在，并说明他希望问题能够被解决，而对于解决问题所带来的牺牲，他却不以为意。节目是最重要的，节目是他的一切。对于鲁尼来说，节目要比打造节目的人更加重要，若想为他工作，你就得接受这一点。他那一丝不苟创造卓越的架势很能鼓舞士气。虽然让人既受累又沮丧（主要是因为鲁尼会等到制作过程快要完成的时候才给出评语或是要求修改），但整个过程还是给人很大启发，而且启发所带来的利益要远远超出不满情绪带来的弊端。大家都知道他对创造卓越的重视，也一心想要达到他的预期值。

鲁尼的信条很简单：“为了更好，不惜一切。”在我从鲁尼身上学到的东西之中，这句话对我的影响是最大的。在谈到领导力这个具体特性的时候，我为之取名为“追求极致，追求完美”。在实际操作中，这一原则涵盖了许多内容，也难以下定义总结。相较于一套准则而言，这实际上更像是一种思维模式。至少在我看来，这句话并不是指不惜一切代价地追求完美（鲁尼并不非常在意所谓代价），而是创造出一个拒绝接受平庸的环境。对于“没有足够的时间”“我没精力”“这样做会引出一段不愉快的谈话，我可不想参与”，或是其他许多我们可以用来说服自己“足够好”“已经足够”的借口，我们会出于本能地予以抵抗。

离开鲁尼的团队几十年后，我观看了一部叫作“寿司之神”的纪录片。片子的主人公是一位来自东京的名叫小野二郎的寿司大厨，他经营的寿司店不仅获得了米其林三星评价，也是世界上最难预订的饭店之一。影片中的他已年近90，但仍然坚持不懈地打磨自己的技艺。有人说，他是日语中“职人”精神的活生生的化身，而这种精神所指的，就是“对于某种事业精益求精的追求”。我在看片的时候便爱上了小野二郎，也对“职人”概念产生了浓厚的兴趣。2013年，我到东京出差，和几位同事一起来到了他的寿司店。我们与小野二郎见了面，他为我们制作了晚餐，看着他在35分钟的时间里动作娴熟地将19件精美绝伦的寿司一一摆好，我不禁肃然起敬、叹为观止（这样的速度是因为他要确保寿司上桌时米饭与体温相同。如果进餐时间过长，那么米饭的温度便会稍微降到37℃以下，对于小野二郎而言，这是无法接受的）。

我对这部片子喜爱有加，于是便在一次迪士尼拓展活动上为250名高管播放了其中的片段。通过小野二郎的例子，我希望他们能更好地了解我所说的“追求极致，追求完美”的含义。小野二郎让我们看到：对于所创造的产品抱有巨大的自豪感、既有追求完美的本能又有让人能够将这种本能贯彻到底的职业精神，是怎样的一种风貌。

在我与鲁尼的交流中，我最喜欢的一次发生在我刚刚在ABC体育部入职的时候。体育部是个体量较小的部门，我和鲁尼都在同一层办公，但在那时，鲁尼从未给我留下平易近人的印象。除了礼节性地打招呼外，他几乎意识不到我的存在。一次上厕所时，我发现他就站在我的旁边。没想到的是，鲁尼竟然开口问我：“最近怎么样？”

我惊得一时说不出话，短暂的沉默后，我回答道：“有的时候，我觉得能把头浮在水面上不至于溺水就已经够难的了。”

鲁尼双眼看向正前方，毫不犹豫地说：“那就找个长点儿的呼吸管。”说罢，他便收拾完毕，走了出去。

鲁尼是一个不喜欢借口的人。直到后来与他有了更加密切的合作后，我才发现人们口中他的“不达目的不罢休”是什么意思。他如果让你做什么事情，就会要求你穷尽一切可能的方法去达成目的。如果你回头告诉他你做过尝试但实在做不到，那么他就会告诉你：“再找别的路。”

1979年的国际乒乓球锦标赛将在朝鲜平壤举办。一天，鲁尼把我叫到他的办公室里对我说：“这次比赛应该很有意思。我们在《体育大世界》里做期报道吧。”我以为他是在开玩笑，因为想在朝鲜争取到赛事的直播许可是不可能的，这一点，他当然知道。

然而，他并没有开玩笑。

于是，我便踏上了环游世界争取许可的征程。第一站是在威尔士的首府加的夫会见国际乒乓球联合会的会长，由于不能进入朝鲜，我随后飞到北京与朝鲜代表团会面。经过了几个月的紧张交涉，就在眼看要达成协议的节骨眼儿上，我接到了美国国务院一位亚洲代表的电话。他告诉我：“你跟他们进行的所有交涉都是违法的，你触犯了美国禁止与朝鲜进行任何商务往来的严格禁令。”

看上去，这明显是死路一条。但我想起了鲁尼，想到了他告诉我再辟新路的样子。后来我们得知，国务院不但不反对我们进入朝鲜，反而鼓励我们带着摄像机在那里尽可能多拍素材。他们只是不允许我们付钱给朝鲜人购买许可或是跟他们签订协议罢了。我对朝鲜代表团解释了情况，他们怒不可遏，整个计划眼看就要土崩瓦解。最终，我想到了一个变通的方法，绕开主办国，通过国际乒乓球联合会获取拍摄的许可。朝鲜政府虽然没有拿到我们的经费，但还是同意让我们入境，就这样，我们成了几十年来第一支踏入朝鲜的美国媒体团队——这不啻为体育广播界的一个历史性时刻。鲁尼并不知道我为了达到目的花费了多少心血，但我知道，如果不是出于他对我的期望和想要让他刮目相看的渴望，做成这件事也就无从谈起。

在要求你的团队做出成绩和避免给他们灌输对于失败的恐惧之间寻找平衡点，是一件需要小心拿捏的事。几乎所有为鲁尼效力的人都希望能达到他的期望值，但我们也知道，他对于借口是没有任何耐心的，一旦觉得任何人的表现没有达到令他满意的标准，他便很可能会用其特有的刻薄甚至无情的方式对人进行攻击。

每周一的早上，体育部的高级主管们会聚集在一张会议桌旁，回看上周末的报道并为后续的内容做计划。其他人便会像名副其实的“后排议员”一样坐在会议室外圈的椅子上，等待着高管们对于我们刚做完的内容的点评和对接下来一周的指示。

在我刚进入《体育大世界》节目组不久——大约是在我和鲁尼进行完那次关于“呼吸管”的谈话前后，一天早晨，鲁尼走进会议室里，对整个团队厉声痛斥，责备大家错失了英国伟大中跑运动员塞巴斯蒂安·科（Sebastian Coe）在挪威奥斯陆田径赛中打破男子800米世界纪录的画面。一般来说，这样的新闻事件我们是不会错过的，但这次遇到了突发情况，我没能及时获取赛事的直播许可，因此没有来得及播出。我隐约感觉到这件事会在周一招来麻烦，但还是不切实际地幻想着整件事能悄无声息地糊弄过去。

然而我可没那么幸运。鲁尼环视了一圈坐在桌旁的高管团队，想要知道这件事是谁的疏忽所致。坐在外圈的我举起手来，表示错误在我。整个会议室鸦雀无声，二十多张脸都朝我转了过来。没有一个人吱声，会议继续进行，但在会议之后，很多人都走到我身边低声告诉我说："我真不敢相信你敢那样做。"

"我做什么了？"

"主动承认错误呀。"

"你什么意思？"

"从没有人主动认过错。"

鲁尼再也没有提过这件事，但我感觉，从那一刻起，他对我的态度有了转变，仿佛对我更加重视了。在刚开始工作的时候，我本以为这段经历中只包含着一条显而易见的经验，也就是在犯错时敢于承担责任的重要性。这道理没错，也的确很重要。无论是在工作还是生活中，越是能够诚实承认自己的错误，你就越能受到周围人的尊敬和信赖。避免犯错虽说不可能做到，但你能身体力行的，便是认识错误，从中吸取经验，并以身作则地让大家知道偶尔犯错并不是问题。但是，通过撒谎或遇事先为自己开脱而损害他人利益，却是绝不可取的。

这段经历中连带的另一条经验，是我在数年后真正踏上领导岗位后才完全理解的。这条经验简单得或许让你觉得不值一提，但其中包含的特质却罕见得让人吃惊：那就是以善待人，用公平和同理心对待每一个人。这并非让你放低期望，也不是让你传达犯错无足轻重的信息，而是让你打造出一个环境，让人们知道你是一个会倾听他人讲述事情原委、情绪稳定而处事公平，且会在别人犯下无心之过时给他们第二次机会的人（但如果对方不愿承认错误，把问题归咎于别人，或是因为违反道德之举而招致错误，那就是另一码事了，这样的错误，是不应被容忍的）。

ABC体育部的一些人生活在时刻担心会遭鲁尼责骂的恐惧之中，也因此避免冒险或不太敢放开手脚做事。我虽然从未有过这样的感觉，却亲眼目睹过别人身上的实例，也理解这种恐惧感来源于何处。鲁尼是一个喜怒无常的上司，时间一长，这种反复无常会对团队的士气造成严重的削弱。有的时候，他会让你感觉自己是整个部门最重要的人；但一转眼，他又会用尖刻的批评来打击你，或是出于并不太明确的理由在你背后捅刀。他懂得如何巧妙地挑拨人心，而我一直没弄明白这到底是有意而为的策略还是他的性格使然。鲁尼虽然才干过人且功成名就，但内心却是个缺乏安全感的人，而他抵抗自己不安的方式，便是把这种不安根植到周围人的心中。一般而言，这种方式都能收到效果，也会驱使人们愿意付出巨大的努力来迎合他，但有的时候，他也会把我逼到下定决心辞职不干的绝境。我并不是唯一一个有过这种念头的人。

然而，我最终还是没有辞职。我接受了鲁尼行使权威的方式，将其中有利的部分作为动力，也尽量不把有害的部分放在心上。我认为自己生来有股韧劲，而为鲁尼工作的经验则使之得到了进一步的历练。我为自己的努力而感到自豪，尤其是在一个身边很多人的教育背景和见识都胜我一筹的环境中。到了拿出真功夫的时候，我可以比任何人都更努力，了解到这一点对我而言非常重要，因为这让我将绝大部分的注意力放在了努力工作上，而不是去关注鲁尼喜怒无常的情绪。

直到回望过去之时我才意识到，我们取得的许多成绩其实并不需要付出如此的代价。鲁尼对于完美的追求成了我的动力，一直鼓舞着我前行。但除此之外，我从这段经历中还学到了另外一条经验：卓越和公平并不一定是互相排斥的。当时的我是说不出这样的话来的，很大一部分原因在于，当时的我一心想要做好自己的工作，完全没有考虑过自己如果在鲁尼的位置上会作出什么改变。但几年之后，当领导团队的机会来临之时，我不仅本能地意识到了追求完美的需求，也体会到了只关心产品而忽略员工的隐患。

第二章

在人才上押注

1985年3月，34岁的我刚刚升任ABC体育部副总裁，便听闻ABC的创始人、董事长兼首席执行官伦纳德·戈登森（Leonard Goldenson）同意将公司卖给规模要小很多的大都会通信公司。这家被称为“大都会”的公司，规模只有ABC的1/4，却以35亿美元的价格将我们收购。这个消息让ABC的每一个人都措手不及。一家像大都会这样的公司，怎能转眼之间就成了一家巨型电视网的东家呢？这些人是何来头？怎么可能发生这种事？

幕后推手，便是汤姆·墨菲（Tom Murphy）和丹·伯克（Dan Burke）。通过几年间的多次并购，他们将从纽约奥尔巴尼的一家小型电台起步的“大都会”公司逐步扩大。在汤姆的密友沃伦·巴菲特（Warren Buffet）的帮助下，两人通过35亿美元的并购将我们这家大出许多的公司吞并于旗下（就像汤姆·墨菲所说的一样，他们就像是“吞噬巨鲸的米诺鱼”）。

汤姆和丹与我们出身不同，在我们眼中，他们只是小人物而已。两人是地方电视台和广播台的老板，旗下还有包括几家中型规模报纸在内的不断扩张的出版公司。他们是常去教堂礼拜的天主教徒（他们在纽约的办公室设在麦迪逊大道上的一幢大楼中，那幢楼归纽约天主教大主教管区所有），没有什么社交经验，和好莱坞无甚瓜葛，还背着在钱上锱铢必较的名声。虽然不知道两人接手后的公司会变成什么样，但我们明白，我们所熟悉的一切都将不复存在。

正式的并购在1986年1月完成。之后不久，汤姆和丹在凤凰城举办了一次公司拓展活动。我的级别不够，因此没被邀请，但我事后从ABC的其他高管那里听到了不少非议，抱怨和讥笑毫无新意的拓展活动以及汤姆和丹那土得掉渣儿的价值观。之后我才意识到，当时的我们不过是在愤世嫉俗、自以为是罢了。在接下来的几年里，这些“毫无新意”的传统帮助我们在公司内部建立起了诚挚的同事友谊。汤姆和丹对于好莱坞的敬而远之，并不像许多ABC高管之前推测的那样是不谙世故的表现，这只是两人的本色罢了：他们是严肃正经的商务人士，专注于工作，对光鲜浮华毫无兴趣。

但有一点不可否认，运营如此体量的娱乐公司，是两人从未有过的体验。首先，他们从来没有管理过世界一流的高管。在这一点上，没有比他们与鲁尼的关系更能说明问题的例子了。大都会并购ABC时，鲁尼正担任体育部和ABC新闻部的主管，1977年他接手ABC新闻部时，节目的收视率正处于低迷阶段。他用改革ABC体育部的方式让新闻节目改头换面，将彼得·詹宁斯（Peter Jennings）、芭芭拉·沃特斯（Barbara Walters）、泰德·科佩尔（Ted Koppel）、黛安·索耶（Diane Sawyer）等旗下人气最旺的主播捧上神坛，并安排他们主持了一众的节目。他先是打造了《20/20》和《今晚世界新闻》，然后又以ABC对伊朗人质危机事件的报道为契机打造出《夜线》节目。曾将不屈不挠的拼搏精神和异乎寻常的视觉敏感灌入体育广播中的他，又将之带进了新闻报道之中，而整个部门也在他的带领下蓬勃发展。

汤姆和丹对鲁尼尊敬有加，深知他的才干和声誉，却对他有些忌惮。鲁尼的说话方式和所在的圈子都是两人所不熟悉的，而鲁尼也充分利用了这一点。他表现出一副孤傲的样子，有时甚至公开抨击两人。他不仅开会迟到，有时还会公然无视他眼中的两位“善于算计的主儿”所制定的一些公司政策。当时，我是体育部留下的最后一批“元老”中的一员，鲁尼也常常来和我谈心。有的时候，我会在一天末了接到他助理的电话，让我去一趟新闻部，等我赶到时，鲁尼便会拿出一瓶他钟爱的意大利白葡萄酒。在艾美奖奖杯的簇拥中，我们在他的办公室坐下，听他抱怨说汤姆和丹又如何招惹到了他："他们就是不懂行情，靠省钱是省不出成功来的。"

鲁尼坚信为了追求完美理应不惜代价，也不希望有任何人指使他为了达到某个专断的预算目标而改变做事的方式。他对于商业业绩毫不关心，但如果受人质问，他随时可以指着我们在那些年里创造的收入，辩解说大手大脚的花销不仅让我们能够做出精彩的内容，还能让节目营造出大气而光鲜的光环，吸引广告商们纷纷加入。

而汤姆和丹的工作方式却并不如此。他们一接手公司，就立马将我们已经习以为常的优厚待遇一一剔除。ABC总部门前排队等候高管的加长轿车不见了，搭乘协和式客机或是头等舱的美差没有了，报销金额没有上限的日子也一去不返。他们看到，我们所在的行业正在以一种台里许多人不愿接受的方式发生着改变，利润空间越来越小，竞争也越来越激烈。即便是在我们自己的公司内部，ESPN[1]已经开始站稳脚跟，而这，最终也对ABC体育产生了直接的冲击。

实际上，汤姆和丹并不是"不懂行情"的土老帽儿，而是能

---

1 Entertainment and Sports Programming Network，娱乐与体育节目电视网，时代华纳旗下的有线体育频道，于1979年成立。

够敏锐觉察风向的精明商人［应该在这里说明，如果觉得某笔钱必花不可，两人便会把钱花出去。从中获益最大的人就是鲁尼，因为两人曾批钱让鲁尼把黛安・索耶和大卫・布林克利（David Brinkley）分别从CBS[1]和NBC[2]挖过来，组成ABC新闻的全明星阵容］。

两人接手公司后，便立马告知鲁尼他们不希望体育和新闻部两个部门都由他兼顾。他们让鲁尼作出选择，鲁尼选择了新闻部，但也提出了一个条件，要求把1988年卡尔加里冬季奥运会播报的制片总监一职交给他。我本以为两人会从部门里挑人顶替鲁尼的位置（我还甚至想过这个人或许是我），但他们的人选却是丹尼斯・斯旺森（Dennis Swanson）。在成为饱受赞誉的ABC体育部负责人之前，丹尼斯曾为ABC担任过六七家地方电视台的管理工作［丹尼斯伟大而实至名归的壮举，便是在1983年把奥普拉・温弗瑞（Oprah Winfrey）送上了电视荧幕］。

一夜之间，我的上司便从历史上最成功的体育节目总监变成了一个从未在电视网或体育广播领域有过一分钟经验的人。与其他人一样，我的前上司吉姆・斯宾塞（Jim Spence）也没能接替鲁

1　Columbia Broadcasting System，哥伦比亚广播公司，美国三大商业广播电视公司之一。

2　National Broadcasting Company，美国全国广播公司，美国三大商业广播电视公司之一。

尼的职位。当汤姆和丹宣布将把丹尼斯调进体育部时，吉姆提出辞职，其他高管也步了他的后尘。吉姆后来进了ICM[1]，并在其中开创了体育部。我则选择了留下，希望能有机会之门为我敞开。然而，为丹尼斯工作了一小段时间后，我便打电话给吉姆，说我觉得在公司里已经没有什么机会了，我必须离开。吉姆邀请我加入他在ICM的团队，于是我们很快就拟好了一份协议。虽然在ABC尚有约在身，但我觉得公司应该会允许我解约，第二天，我带着向丹尼斯提出辞职通知的打算来到了办公室。

还没来得及约好与丹尼斯会谈的时间，我先与被他调来协助一起管理体育部的人力资源部主管史蒂夫·索罗门（Steve Solomon）聊了几句。我告诉史蒂夫，说我正打算辞职。他告诉我："我们得跟丹尼斯聊聊，他对你另有安排。"我来到丹尼斯的办公室，他对我说："告诉你个好消息，我准备把你升任为节目高级副总裁。我希望你能为ABC体育部的所有节目制订一份策划蓝图。"

一阵不知所措后，我终于开口："我本来是打算来告诉你我准备离职的。"

"离职？"

"说实话，我不觉得这里还有我的发展空间。"我解释说吉

1 International Creative Management, Inc.，国际创新管理公司，好莱坞艺人经纪业五大家族之一。

姆·斯宾塞正在ICM启动体育部，我已经做好决定，准备加入他的团队。

丹尼斯回答："我觉得那条路是错误的。"其中一个原因，是他不太确定公司会允许我就这样解约。"这对于你来说是个重大的机遇，鲍勃，我觉得你不该就这么放弃。"他给了我24小时的时间，让我给他一个答复。

晚上我回到家，和当时的妻子苏珊讨论了很长的时间。我们权衡了我为丹尼斯工作的顾虑和新工作带来的可能性，也谈到了我们的一双女儿，还讨论了待在一个熟悉的地方所带来的安全感和接受新的职位所带来的挑战。最终，我决定待在原来的公司，因为ABC体育在这些年来待我不薄，而我还不想太早放弃。

在我们的职业生涯和生活中会出现一些转折点，但在当时，这些转折点往往并不会显得非常显眼或举足轻重。当时的我并不确定所作的决定是否正确。说实话，待在原地不动或许是个比较安全的选择。而与此同时，我也并不想因为自尊心受创或有些看不起丹尼斯而冲动离开。即便最终要离职，也必须是因为眼前摆着一个好得让人无法拒绝的机遇，但ICM的工作并没有那么好。

事实证明，接受丹尼斯的邀请是我在职业生涯中作出的最正确的决定之一。我很快就发现，之前对他的判断是完全错误的。他是个既友善又有趣的人，拥有极具感染力的热情和乐观，最重要的是，他对自己所不懂的事情是有自知之明的。这个特质，在高管身上非常罕见。换作另一个人，若是处在丹尼斯的位置上，便很容易通过伪装权威或常识来对没有电视网工作经验的事实矫枉过正，但这不是丹尼斯的做事风格。在会议期间，大家有时会讨论到某个话题，而丹尼斯不但不会装懂糊弄过去，还会表示自己不懂，并请求我和其他人帮他解释。他常常会让我在与上级的谈话中牵头，自己则在旁坐视，还会抓住每一个机会在汤姆和丹的面前对我的优点大加赞赏。在播报冬奥会的准备阶段，丹尼斯委任我在汤姆、丹以及公司最高层管理者面前演示我们的策划方案。这对于我来说是个巨大的机会，也是丹尼斯从来不抢他人风头的完美例证。

丹尼斯就是这样一个人，一个天性慷慨的人，但从另一方面来说，这也是汤姆和丹所创造的企业文化使然。他们是我一辈子遇到过的最真诚的两个人，无时无刻不展露真实的自我。他们不咄咄逼人，没有必须压制的自负，也没有佯装出来的真挚。无论交谈的对象是谁，他们都会表现出同样的诚实和直率。他们的确是精明的商人（沃伦·巴菲特后来说，他俩“或许是世界上存在过，或是他有机会见证的最伟大的管理二人组”），却远远不止于此。我从他俩身上学到，发自内心的真诚友善与职业上的争强好胜并不是相互排斥的。更进一步地说，真正的诚信——对自己有自知之明，对正误有明确分辨，并将此作为行为的准则——本身就是一件秘密武器。他们信任自己的直觉，并且以敬待人，久而久之，他俩所遵从的价值观也逐渐在公司中体现了出来。公司里的许多人拿到的薪水都要比投靠竞争对手所能得到的低许多，我们知道这两人在钱上锱铢必较，但出于对两人的忠诚，大家还是选择了留下。

汤姆和丹的公司策略非常简单。他们对于控制成本非常警惕，对去中心化的企业结构坚信不疑。也就是说，他们不认为每个关键的决策都需要由他俩或是企业总部的一部分分析师来出马制定。他们将聪明、正直、努力肯干的人才招入公司，将这些人安排在责任重大的岗位上，然后给予他们完成任务所需的支持和自主权。他们在自己的时间上极尽慷慨，在需要时总能出面。因为这个原因，为两人效力的高管们总能清楚掌握他们的优先事项，而他们的专注，也为我们所有人提供了专注的条件。

1988年2月，我们来到卡尔加里进行冬奥会的播报。如事先的协商，制片总监由鲁尼担任，而我则是高级节目总监。这就意味着，在冬奥会漫长的筹备过程中，所有赛事转播时间的复杂安排、与奥运组委会和全球各地政府的沟通和协商，还有赛前播报内容的规划的协助工作，都要由我负责。比赛开始的几天前，鲁尼来到卡尔加里，把我叫到了他的套房里。“来吧，”他说，“跟我说说情况吧！”

距离上次我们共事已过了两年，但我瞬间感觉到一切都没有变——这既是好事，也是坏事。我们计划好在开幕式的前夜播放一段三小时长的冬奥会预告，几周以来，我一直在努力让鲁尼把注意力放在这件事上。在节目预定播出的前夜，他终于在到达卡尔加里之后把预告片看了一遍。“整个片子都不对，”他说，“既没有激情，也没有冲突。”一队人马彻夜奋战，把他提出的改变悉数落实，也赶上了播出的时间。毋庸置疑，鲁尼是对的，他在讲故事上的直觉仍一如既往地灵敏。但以这样的方式起步，不仅给人造成了巨大的压力，也又一次让我们看到，如此多不必要的压力和低效，都是因为某个人不愿给出及时的反馈所导致的。

我们的工作点搭建在卡尔加里郊区的一座空旷厂房里，里面另有几辆拖车和几间小型建筑物，作为制片和科技部门的工作人员的栖身之处。我们的控制室也安置在厂房里，鲁尼坐在他的“将军椅”里，而我则在后排负责统筹。在控制室的后面，是一间重要人物使用的玻璃监控室。在比赛期间，汤姆和丹以及几位董事会成员和贵宾就待在监控室里，观看我们工作。

开头的几天毫无差池地顺利度过，然而一夜之间，一切都变了。一股强大的钦诺克风[1]袭来，使得气温直升至16℃以上。高山

1　北美洲西部的焚风，一般可以在短时间内让温度从-20℃升高到10℃～20℃，之后温度又会回落至初始水平。

滑雪道上的积雪和雪车滑道上的冰层纷纷融化，比赛一个接一个地取消，而事实证明，那些按原计划举办的比赛对于我们来说也是个挑战，因为摄像机隔着大雾什么也拍不到。

接下来的几天里，每天早晨来到控制室时，我对于当天晚上到底该播放些什么内容几乎都是眼前一抹黑。这是个彰显乐观的必要性的绝佳例证。毋庸置疑，情况非常糟糕，但我不能将眼前的情况当作一场灾难，而是要将其视为一个需要解决的谜语，我要向团队传达：我们具有解决问题的能力和机智，也能够在紧急情况下创造出优秀的内容来。

原来安排给重磅奥运比赛项目的黄金档，现在只剩下一个个巨大的空缺，而我们面对的重大挑战，就是寻找节目将空缺填上。这就意味着，我们要与正在挣扎着解决自己排档危机的奥运组委会进行协商。比赛还没开始之前，我就已经把自己的面子用光了。冰球比赛的原始抽签结果，是让美国队在最开始的两场比赛中与世界上最强的两支队伍分别对战。我推测美国队会接连败北，而美国观众的兴趣也会在美国队被淘汰后出现跳崖式的骤降。于是，我飞往世界各地与各国的冰球联盟和奥运组委会会晤，说服他们重新抽签排序。而现在，我每天都要给卡尔加里的奥委会打好几个电话，恳求他们改变赛事安排，好让我们在黄金时间有东西可播。

每天晚上直播前与鲁尼的会面，几乎可以用滑稽来形容。每天下午，他都会来到控制室，然后问我："咱们今天晚上播点什么？"我会给出诸如"嗯，今天晚上有罗马尼亚和瑞典的冰球比赛"之类的答案，然后向他介绍少得可怜的改期比赛。由于没有想要播的比赛，我们每天都会派出一批制片人去寻找引人入胜而富有人情味的故事。接下来，他们会把这些故事片拼凑在一起，塞进当晚的节目空当中。牙买加的雪车队可谓是上天送来的福音，在70米和90米比赛中双双垫底的异想天开的英国跳台滑雪运动员"飞鹰艾迪"艾迪·爱德华兹（Eddie Edwards），也是一场及时雨。这无异于铤而走险，但也趣味无穷。唯一的出路，便是保持精神高度专注并在团队面前尽可能地表现出镇静，带着这样的认识去面对每天的挑战，给我带来了很大的满足感。

就这样，我们的方法竟然奏效了。节目收视率创造了历史高点，汤姆和丹也很满意。在被逼无奈下临时拼凑如此多的内容，由此而来的紧张刺激，也为鲁尼在体育广播界的辉煌事业画下了一个完美的句点。这也是ABC在持续了42年的"长跑"后所直播的最后一届冬季奥运会，在此届比赛后，我们的广播权限也告一段落。直播的最后一夜，节目结束后，几位工作人员留在控制室里喝香槟，为我们的努力而举杯庆贺，也为我们在最后关头化解灾难而开怀大笑。人们陆陆续续离开控制室返回酒店，屋里只剩下我一个人，我待在原地，呼吸着这一场恶战之后的岑寂与静谧。然后，我关灯，回家。

几周之后，我被通知与汤姆和丹会面。“我们想要更深入地了解你。”汤姆说。他告诉我，两人在卡尔加里对我进行了仔细的观察，我在压力下的表现给他们留下了深刻的印象。丹告诉我：“或许会有适合你的职位空出来。”他们想让我知道，他们正在注视着我。我首先冒出来的想法就是，或许我有机会荣升ESPN的总裁，但那次会议后不久，他们就把这个职位交给了当时ABC电视台的执行副总裁。我正在为又一次错失机会而闷闷不乐的时候，两人把我叫了过去，并把执行副总裁的工作交给了我。“我们想让你先在这个职位上待一段时间，”丹说，“我们有更长远的计划。”

我不知道他们所说的计划是什么，但他们刚刚给我的职位——ABC电视台的二把手——听起来并不太靠谱。当时的我已经37岁了，大部分时间都在做体育节目，而现在的我不仅要运营日间、深夜以及周六早晨的电视节目，还要管理整个电视网的商业事务。我在这一方面完全一无所知，但是汤姆和丹却表现得很自信，相信我在这个岗位上能够学习成长。

在整个职业生涯中，我的直觉一直告诉我去接受每一个机遇。其中一部分原因，只是普通的野心使然罢了。我想要不断进步、不断学习、不断实践，因此不愿错失任何让我能达到目标的良机，而与此同时，我也有向自己证明我有能力在不熟悉的领域中施展拳脚的愿望。

在这方面，汤姆和丹可谓完美的上司。他们不但把重视能力多过经验挂在嘴上，也相信应该把人员安排在能够激发当事人尚不自知的潜能的职位上。这并不意味着经验不重要，按照两人的话说，他们这是在“为脑力押注”，他们相信，如果把人才安排在能够成长的职位上，即便这是当事人并不熟悉的领域，局面也终究会打开。

汤姆和丹把我带进了他们的内部圈子里，不仅让我参与到他们的决策制定中，还会跟我倾吐他们对其他人的看法，其中就包括了曾任ABC娱乐总裁管理黄金档节目的布兰登·斯托达德（Brandon Stoddard）。布兰登是一位对电视节目颇有品位且有才干的高管，然而就像娱乐业里其他许多高管一样，他的性情与企业架构并不相容。布兰登对好莱坞了如指掌，在他眼里，汤姆和丹只是对他的业务毫无头绪的“电台伙计”而已。他难掩对于两人的蔑视，不愿去适应两人的做事方式，甚至懒得花心思去理解两人的初衷。不难想象，汤姆和丹也逐渐对他越来越不满，久而久之，一种相互之间的不信任和淡淡的敌意便滋生了出来。

一个周五的清晨，丹在位于纽约西区66街的ABC总部的餐厅与我对面而坐。几乎每天，我和他都会先于所有人来到办公室，也常常会在餐厅会面，互相分享彼此的最新信息。他把早餐餐盘放在桌上，说：“汤姆今天要飞一趟洛杉矶，你知道这是为什么吗？”

“不知道，”我回话说，“发生什么了？”

“他要去洛杉矶解雇布兰登·斯托达德。”

我虽然没有大吃一惊，但也没想到自己对于他们准备替换布兰登的计划竟没听到一点风声。他们解雇ABC娱乐总裁的消息，一定会在好莱坞掀起轩然大波。“你们准备怎么做？”我问道。

“我不知道，”丹回答说，“我们估计得走一步算一步了。”

汤姆在那个周五把布兰登解雇了，丹在那个周末飞抵洛杉矶与他会合，周一晚上，我在家里接到了丹打来的电话：“鲍勃，你在干什么呢？”

“我在给我的女儿做晚饭。”我回答说。

“我们想让你明天早上飞到洛杉矶来，你能过来吗？”

我回答说可以，然后他告诉我：“你上飞机之前，我有话想跟你说。我们想让你来运营ABC娱乐。”

“你说什么？”

“我们想让你来担任ABC娱乐的总裁。你来洛杉矶吧，我们聊聊。”

第二天早晨，我乘飞机去往洛杉矶，抵达后立即与两人见面。他们告诉我，与布兰登的周旋已经让两人忍无可忍了。他俩利用周末时间征求了很多人的意见，看看该由谁来接替他的职位。方案之一，是把职位交给两人喜爱和尊敬有加的研究部主管艾伦·沃泽尔（Alan Wurtzel）。他们拿这个方案与斯图·布隆伯格（Stu Bloomberg）商议。斯图曾任喜剧部门负责人，也刚刚被两人委任为ABC电视网的剧情片负责人。“这个方案行不通，”斯图告诉两人，“这是一份创意型的工作，你不能把这工作交给研究部的主管！”于是，两人问斯图说：“那你觉得鲍勃·艾格怎么样？”斯图回答说，他并不太了解我，但是所有人都对我处理冬季奥运会播报的方式印象深刻，据他所知，大家都很喜欢和尊重我。

斯图还告诉两人说他很愿意在我的管理下工作，这份背书对两人而言已经足够。“我们希望你能担任这个职位。”汤姆告诉我。我受宠若惊，但同时也知道，这个决定对于两人来说风险很大。让一个并非出身于娱乐圈的人来掌管ABC娱乐，这还是公司历史上的首例。还有哪家电视网会让出身于好莱坞之外的人来担任这个职位，我真是闻所未闻。我对他们说：“听我说，我很感激你们对我的信任。但自从大学的影视剧编剧课之后，我连一个剧本都没有读过。我对这方面的业务一无所知。”

两人用一如既往的慈父般的口吻给我回应。汤姆说：“哎哟，鲍勃，你肯定会做得很棒的。”

丹补充说：“鲍勃，我们想让你在这儿立足。我们希望，激战之后，你能带着你的盾牌离开战场，而不是搁在盾牌上被人抬出去。”

当天晚上，我和斯图·布隆伯格及泰德·哈伯特（Ted Harbert）共进晚餐，ABC黄金档的节目安排，就是这两位与布兰登一起制定的。我们计划由我来掌管ABC娱乐的运营，斯图和泰德则平分我下面二把手的工作。泰德负责节目安排和时间表，斯图来掌管内容策划。两个人都是娱乐圈经验丰富的老手，尤其是打造了包括《纯真年代》和《罗斯安家庭生活》在内的众多ABC当红热剧的斯图。对他们而言，对于这个完全不懂行却将要成为他们上司的人，就算表现出蔑视，也完全是无可厚非之举。但实际上，他们却是我所共事过的人里给予我最多支持的人，而他们的支持，从第一晚就表现了出来。我在晚餐席上表示，我离不开他们的帮助。他们理解这个行业，而我却一窍不通，但现在，我们的命运已经交织在了一起，希望他们能够给我耐心，让我在岗位上学习成长。斯图说：“鲍勃，别担心，我们会教你的。你会做得很棒的，相信我们吧。”

我飞回纽约，与妻子坐下商讨。在我飞赴洛杉矶之前，我们已经达成协议，在充分讨论之前，我是不会作出任何最终决定的。这份工作意味着我要搬到洛杉矶，但我们热爱在纽约的生活。我们刚刚装修了公寓，女儿们上了一所好学校，而最亲密的朋友也都在纽约。苏珊是WNBC[1]的新闻制片总监，也是那种绝不愿搬到其他任何地方居住的纽约人。我知道这个抉择对于她来说很困难，从内心来说，她是不愿走的。然而，她却给予了我巨大的支持。“生活就是一场冒险，”她告诉我，“如果不选择冒险的那条路，那就没有真正地活过。”

第二天，周四，汤姆和丹宣布了由我担任ABC娱乐新总裁的消息。三天之后，我坐上了飞往洛杉矶赴任的飞机。

1 W National Broadcasting Company，“W”全国广播公司，NBC的王牌频道。

第三章

知你不知（信你所知）

这感觉虽说不太像不背降落伞从高空跳下，但刚开始的时候也确实与自由落体十分相似。我告诉自己：你有任务在身。他们正指望着你能让这个部门有所起色，可不能拿你缺乏经验来当失败的借口。

面对这样的情况，你会怎样做呢？第一条原则，就是不要营造任何假象。你必须保持谦虚，不能把自己佯装成另一个人，也不能不懂装懂。虽说如此，你仍然处在一个领导者的位置上，因此不能让谦虚成了领导他人的绊脚石。这是我在今时今日所宣扬的一个理念，其中的分界线很微妙。你需要提出你必须提出的问题，不要有任何歉意地承认自己不懂的东西，并做好功课，以尽快学到必须学到的东西。没有什么比不懂装懂更能摧毁一个人的自信心了。拥有自知之明，不要假扮别人，这才是真正的权威和领导力的源泉。

幸运的是，我的身边有斯图和泰德。我完完全全地依赖于两人，尤其是在刚上任的日子里。他们采取的第一步行动，便是安排一系列看似没完没了的早午晚餐会议。在当时，任何一家三大电视网[1]的总裁都算电视圈里最有影响力的人物（这件事让我感觉难以置信），但对于行业内的每一个人而言，我都是一个巨大的问号。我对好莱坞的做事方式一无所知，对经营与创意者之间的人际关系或是如何与他们的经纪人打交道也毫无经验。我不理解他们的理念，也不懂他们的文化。对于他们来说，我只是一个由于某种莫名其妙的原因而突然对其创意生活产生巨大影响的纽约来的商人。就这样，每天，我都会与斯图和泰德为我安排的经纪人、代理、编剧、导演以及电视明星见面，在绝大多数的会议中，我都强烈地感觉到对方在对我极尽质问和试探，努力想搞清楚我到底是何来路，在这儿究竟有何目的。

我的任务就是不要让自尊心占了上风。我要做的，并不是使尽浑身解数给桌子对面的人留下一个好印象，而是抑制住假装知道

1 美国三大商业广播电视公司，分别是NBC、ABC以及CBS。

自己在做什么的冲动，并多向对方提问。我格格不入，这是无法掩盖的事实。我并没有受过好莱坞的历练，也没有夸张的性格或任何招摇的姿态。

我在好莱坞几乎举目无亲。对此，我可以选择自卑，但也可以让我那相较之下的质朴气质——也就是我的“反好莱坞范儿”——赋予我一种神秘的气息，成为我在尽量多吸收学习的过程中的利器。

来到洛杉矶后，我只有六周的时间来决定1989—1990季度黄金档节目的安排。第一天来到办公室，我就接到了需要阅读的厚厚一摞40份剧本。每天晚上，我都会把剧本带回家，然后尽心尽力地一点点通读，我一边在纸的边框处作批注，一边努力想象着眼前的剧本将如何转换成荧幕上的画面，同时怀疑着自己到底具不具备判断好坏的能力。我的注意力到底有没有放在该放的问题上？有没有什么别人一眼就能看出，而我却全然没有意识到的东西？刚开始的时候，这个问题的答案是肯定的。第二天来到办公室，我便会与斯图和其他工作人员一起对这摞剧本进行筛选。斯图很快就能把剧本解剖开来——“他在第二幕开头的动机不明显……”——而我则要一边回头在摊在我大腿上的纸页中翻找，一边暗想：等一下，第二幕？第一幕是在哪儿结尾的？（后来，斯图成了我最亲密的好友之一。有的时候，我的问题和经验不足会把他累得够呛，但他仍然耐心坚持向我传授重要的经验，他不仅教我如何阅读剧本，还培养我学会与创意者进行沟通。）

随着时间的推移，我开始意识到自己已将那些年观察鲁尼讲故事的诸多经验根植在了脑中。体育节目虽然与黄金档的电视节目有所不同，但是我已经在不知不觉中吸取了关于故事结构、节奏以及清晰度的宝贵经验。来到洛杉矶的第一周，我与制片人兼编剧史蒂文·布奇科（Steven Bochco）共进午餐，史蒂文已经为NBC打造了《希尔街的布鲁斯》和《洛城法网》两档热播大剧，并刚刚与ABC签订了一笔利润丰厚的合同，涉及10部连续剧。我对史蒂文提到，我很害怕读剧本，连行话都没学会，在短时间内对如此多部剧集作出判断的压力就已经落在了肩上。他并不以为意，能从像他这样的人那里听到如此劝解，我觉得很受宽慰。他说："鲍勃，这可不是高精尖科技。相信你自己。"

当时，ABC的黄金档节目中有几部很受欢迎的作品——包括《成长没烦恼》《成长的烦恼》《罗斯安家庭生活》《纯真年代》以及《三十而立》。但是作为第二名，我们与行业巨兽NBC之间的差距还很大。我的任务，就是缩小这个差距。我们在第一个季度增加了七八个新的节目，包括《凡人琐事》《生活在继续》（第一部将患有唐氏综合征的角色设为主角的电视剧），以及一炮而红、至今已播至第31季的《美国家庭滑稽录像》。

另外，我们也播出了史蒂文在ABC的第一部大获成功的作品。在我到任时，他刚刚递交了《天才小医生》的剧本，此剧的主角是一位在内科医生的角色和青春期之间寻找平衡的14岁医生。史蒂文给我看了当时十几岁的演员尼尔·帕特里克·哈里斯（Neil Patrick Harris）的录像，想推荐他出演主角。我告诉他我不太确定，因为我不认为尼尔能把这部戏撑起来。史蒂文非常客气但也直截了当地否认了我的观点，他和颜悦色地提醒我，我什么也不懂。他告诉我，这个决定主要由他来主导——不仅包括选演员，还包括一部剧的去留。他的合约规定，如果我们同意推进他的某个项目，那么他便能得到至少制作13集的承诺。如果我们否认了某个项目，就需要向他支付150万美元的封杀费。对此剧的批准是我对电视剧所作的首批决策中的一个，很幸运，史蒂夫对尼尔的判断是正确的。《天才小医生》在ABC强势播出了4季，也成为我与史蒂文长久合作和友谊的起点。

在第一季期间，我们还冒了一个比上文中的例子大许多的风险。只凭在好莱坞某家餐厅里写在餐巾背后的一纸概述，ABC剧情片的负责人便为大卫·林奇（David Lynch）和编剧兼小说家马克·弗罗斯特（Mark Frost）的试播集开了绿灯，当时的大卫已凭借其邪典电影《橡皮头》和《蓝丝绒》声名鹊起。这是一部百转千回的超现实剧情片，讲述了舞会皇后劳拉·帕尔默在虚构的太平洋西北部双峰镇被谋杀的故事。两小时长的试播集由大卫执导，第一次观看试播集的情形，至今仍历历在目，我暗忖道：我还从没看过这样的电视剧呢，我们必须把这部剧做下去。

按照惯例，那年春天，汤姆和丹以及其他几位高管来到洛杉矶参加试播季[1]筛选。《双峰镇》播放结束后灯光亮起，丹做的第一件事就是扭过头来看着我说："我不知道刚才看的到底是什么，但我觉得很棒。"汤姆的兴趣远没有丹的强烈，屋里其他常驻纽约的高管们也都同意汤姆的观点。对于电视网播出的电视内容来说，《双峰镇》太过怪异和阴暗了。

虽然对汤姆尊重有加，但我明白，这是一部重要的电视剧，值得我为之一搏。不得不去面对的改变正在发生，我们现在要竞争的，除了有线电视带来的更为大胆新潮的内容之外，还有崭露头角的福克斯电视网，而视频游戏和录像机的兴起就更不用提了。我觉得电视网的内容已经变得陈腐乏味而缺乏新意，有了《双峰镇》，我们就有机会将独具一格的内容搬上荧幕。在周围事物瞬息万变的时候，我们是不能安于因循守旧的。说到底，鲁尼的教诲也适用

1　一般从1月持续到5月，专业人士会在这一季预购并制作下一季试播集，进而选择继续制作还是放弃。

于此：拼死创新。在我的劝说下，他们最终同意，让我给一群比来自ABC纽约总部的中老年男士背景更加多样且年纪更轻的观众播放此片。看过试映的观众并不完全支持将此片搬上电视网，其中主要原因就在于片子太过与众不同，但恰恰是在“与众不同”这个原因的驱动下，我们为片子亮了绿灯，并制作了7集内容。

我决定将片子定在“季中”播出，时间选在1990年的春天而非1989年的秋天。每一季都会不可避免地出现几部失败的剧集，而我们则会保存一些剧集作为替补。与秋季开播的内容相比，这些替补剧集担负的压力要稍小一些，因此对于《双峰镇》来说不失为最佳策略。于是，我们便以春季开播为目标开始了制作，在这几个月的时间里，前几集的粗剪版本陆续传来。汤姆已经提前几个月给我下达了制作许可，但在看完几集之后，他还是给我写来一封信表示：“这内容不能播出。如果搬上荧幕，公司的名誉就难保了。”

我打电话给汤姆，告诉他我们必须播《双峰镇》。当时，我们在制作此剧的消息已在好莱坞内外疯传。就连《华尔街日报》的首页也刊登了一篇文章，报道我这个来自ABC的做事严谨之人是如何在创意上铤而走险的。一夜之间，我便开始接到来自史蒂文·斯皮尔伯格（Steven Spielberg）和乔治·卢卡斯的电话。我到史蒂文当时正在执导的《铁钩船长》的片场与他会面，也去了乔治的天行者农场拜访他。两个人都饶有兴致地与我探讨了他们与ABC可能展开的合作。如此级别的导演竟然有兴趣制作电视剧，这样的理念，在ABC开始制作《双峰镇》之前可谓闻所未闻（两年后的1991年，乔治将《少年印第安纳琼斯大冒险》交到我们手中，一共播出了两个季度）。

我告诉汤姆："我们这次的冒险，在创意圈里引来了盛赞。这部剧必播不可。"难能可贵的是，这句话让汤姆听了进去。作为我的上司，他明明可以回答说："不好意思，我有权驳回你的看法。"但他明白争取好莱坞创意人的支持所带来的价值，也同意了我认为值得去冒险的观点。

我们在3月下旬的奥斯卡金像奖上对这部片子进行了宣传，并在4月8日周日播放了两小时长的试播集。大约有3500万名观众收看了节目，这个数字几乎是当时所有电视剧观众的1/3。之后，我们把此剧安排在了周四晚间的9点，不到几周的时间，《双峰镇》便成了我们在四年间安排在这个时间段里最为成功的节目。节目登上了《时代》杂志的封面，《新闻周刊》对其的形容则是"与你在黄金时段看到的任何节目——甚至普天之下的任何节目——都迥然不同"。那年5月，我来到纽约参加"预览会"，也就是电视网为广告商和媒体预先播放即将上映的剧集的大型春季集会，并受命上台发表关于ABC的讲话。"一位电视网络的总裁偶然也有铤而走险的时候。"我话音一落，观众们立即起立欢呼，这是我职业生涯中最为振奋人心的体验。

然而，这股欣快感几乎在转眼之间就被打破了。在不到六个月的时间里，《双峰镇》从一种文化现象跌为了令人扼腕的失败之作。我们给大卫提供了创作上的自由，但随着第一季结局的靠近，我和他在关于观众期望值的问题上争论得僵持不下。整个电视剧的关键点在于到底是谁杀害了劳拉·帕尔默，而我却觉得大卫忽略了这一点，只是在四处抛撒面包屑，给人留下一种随意而意犹未尽的感觉。

无论在当时还是现在，大卫都是一位杰出的电影人，却没有电视剧制片人的头脑。制作一部电视剧需要遵从的组织纪律（比如按时交剧本、管理演职人员、确保一切按计划往前推进），是大卫全然不具备的。另外，电视剧的故事叙述也有其对应的原则。对于电影而言，你需要做的就是让观众在影院里坐两个小时，为他们带来美好的体验，然后期望他们兴味盎然地离开。对于电视剧来说，你需要做的则是让观众一周周、一季季地忠实跟剧。直到今日，我依然对大卫抱以喜爱和尊重，也永远对他的作品叹为观止，但他对于电视制片工作敏感度的缺乏，造成了故事的收尾过于开放。

“你必须揭开这个谜，至少要给观众一点答案终会揭晓的希望，”我对他说，“故事已经让观众摸不着头脑了，我也一样！”大卫却认为，秘密并不是整个节目中最为重要的因素；在他脑中的理想版本里，观众永远也不会找出凶手是谁，而小镇的其他元素和角色则会陆续呈现出来。在周旋了许久后，他终于同意在第二季中揭示凶手的身份。

从那之后，《双峰镇》搅成了一锅粥。在谜底揭穿之后，故事失掉了推动剧情的引擎。雪上加霜的是，制片过程缺少纪律，由此搞得困惑四起、进度延期。我逐渐认清，大卫虽然是个杰出的影人，却不应担任此剧的制片，而我也开始考虑是否该解雇大卫，并雇请一批经验丰富的电视制片人来接手。我最终推断，这样做会两败俱伤，而我们也会因解雇大卫·林奇而受到舆论抨击。于是，我们将《双峰镇》挪到了周六晚间播出，其中一部分原因是为了减小一些收视率方面的压力，但当收视率出现急剧下跌时，大卫却在公开场合把责任归咎到了我头上。他说，是我给这部剧判了死刑，先是催促早点揭秘，后又将之安排到了一个没人收看的晚上。

现在回看此事，我不确定当时的我是否作出了正确的判断。我所运用的是较为传统的电视剧制作方式，而大卫或许已经超越了他所在的时代。从内心来说，我认为是大卫挫伤了观众的积极性，但也很有可能，是我对揭开杀害劳拉·帕尔默凶手身份的要求把剧集抛进了另一种叙事的混沌中。或许，大卫从一开始就是对的。

管理创意的过程，首先就要理解创意不是科学——一切皆主观，对与错往往是不存在的。创造作品需要满腔的热情，而不难理解，绝大多数创意人士都会在其概念或具体执行遭受质疑时表现出敏感。与行业内的创意人士打交道时，我总会努力记住这一点。当有人让我分享见解或提出批评时，我也会小心考量创意者为项目付出的心血和肩负的风险。

我从来不会在消极条件下开始着手某事，除非已经进入制作阶段的末期，我也绝不会从小处入手。我发现，人们往往会把注意力放在细枝末节上，以此来掩盖他们对清晰连贯的大格局缺乏把握。如果着眼小处，那你的格局也就会显得狭隘。如果大的图景是一片混乱，那么小的细节就无足轻重，你也无须花时间把注意力放在上面。

当然，任何情况都有其特殊之处。为J.J.艾布拉姆斯（J.J.Abrams）或是史蒂文·斯皮尔伯格这样经验丰富的导演提供反馈，自然不能与为相比之下经验和自信匮乏许多的导演提供反馈同日而语。第一次给瑞恩·库格勒（Ryan Googler）提供我对《黑豹》的意见时，他的焦虑我清清楚楚地看在眼里。他从来也没有制作过像《黑豹》这样体量的作品，这部电影承载着巨额的预算和巨大的压力，非要出成绩不可。我特意一字一句地对他说："你打造了一部很特别的电影。我对此有一些具体的建议，但在把建议给你之前，我希望你能明白，我们对你抱有很大的信心。"

所有这些都是在讲述一个看似明显但往往被人忽略的道理：

管理人员要对任何创意作品的经济效益负责，但在行使这一责任时也要多加防范，不要对创意过程造成任何适得其反的伤害。这二者之间的平衡，是我们必须把握的。想要合理管理创意，同理心是前提条件，而尊敬心则是不可或缺的。

没有想到的是，《双峰镇》的停播并不是我们那一季最大的败绩。1990年的春天，我批准了《警察摇滚》的制作，而这部电视剧，不仅成了深夜节目中的笑柄谈资，也在史上最差电视剧名单上留下了永久的印记。但时至今日我依然觉得，自己当时的决定是正确的。

在我们最早进行的一次会议中，史蒂文·布奇科告诉我，除了《天才小医生》之外，他还有一个创意：一部按照音乐剧方式制作的警匪剧。一位想要把《希尔街的布鲁斯》做成音乐剧的百老汇制片人曾经找过他，但他出于种种原因没有答应。但这个想法给他留下了深刻的印象——不是制作一部百老汇警匪音乐剧，而是制作一部警匪音乐电视剧。他不时跟我提及这个想法，而我没有给出回应。我想要的是史蒂文制作的警匪片，但不是音乐剧。可是在那个春天，仍沉浸在《双峰镇》第一季带来的喜悦中的我终于想通了。“我跟你说，”我告诉他，“为什么不呢？我们试试看。”

此剧背景设在洛杉矶警察局，从各方面来说，都与精心设计的常规警匪剧无异，唯有一点不同：一到情节激烈之处，角色们便会放声高歌：包括布鲁斯、福音歌曲，还有大型团体歌舞。看到试播集的时候，我就感觉到这个组合并不好，有可能成为臭名远扬的烂剧，但我同时也想到，自己的判断有可能是错误的。我非常欣赏史蒂文的才干，我下定决心，不管怎样，一旦加入，我就要力挺到底。

《警察摇滚》在1990年9月首播。通常，在一部电视剧首播的时候，我便会让纽约的研究部主管给身在洛杉矶的我打电话，汇报前一晚的收视率。而这一次我却告诉他说："如果收视率好的话，就给我打电话；如果不好，发传真就行。"清晨5点，我被传真机的嗡鸣声吵醒，然后又闭上双眼，睡了过去。

没有想到，观众并没有给出清一色的差评。我记得有一个人对这部剧的"大胆创新"给出了称赞，也有人说，去掉音乐，还是能享受到一部来自史蒂文·布奇科的优质警匪片。但剩下的几乎所有人都说，这部片子实在让人看不下去。当年12月，在播放了11集后，我们停播了此剧。史蒂文在片场举办了一场收工派对，对节目的停播同时表示庆祝和哀悼。在发言的最后，他说道："好吧，在胖女士开口唱歌之前，一切都没有结束呢。"话音未落，一位体态丰腴的女士乘坐高空秋千引吭高歌，从我们的头顶滑翔而过。

我站起身来，对演职工作人员发言说："我们进行了一次大胆的尝试，但没能成功。宁愿冒巨大的风险承受偶尔的失败，也远比裹足不前要强。”

这的确是我当时内心的真实写照。对于这次尝试，我毫不后悔。几个月后，当我们停播《双峰镇》时，我的内心也抱着同样的想法。我不想踟蹰不前，而是希望为创造伟大提供可能。在第一年管理黄金档节目的工作中，我所学到的最重要的经验，便是适应失败的必要性。这失败并非不够努力所致，而是出于一个不可避免的事实：如果想要创新——你也应该无时无刻不这样想——那就需要提供允许失败的空间。

《警察摇滚》的惨败，由史蒂文和我一起承担。我们以轻松的心态看待这次失败，但我绝不推脱自己的责任，毕竟批准此剧上映的人是我。在我看来，这件事仿佛就是几年前我在ABC体育部会议室里学到的经验的升级版。我们不能将自己所犯的错误抹去，也不能把自己的错误决策推脱到别人身上。自己的错误，必须自己来承担。在失败之后给予他人以支持，与在成功时给予他人以肯定一样能为你赢来尊敬和感恩。

《警察摇滚》留下的伤口稍微愈合之后，史蒂文告诉我，他想要制作一部他所谓的“电视史上的首部R级[1]电视剧”。我回应

1 美国电影分级制中的限制级，17岁以下必须由父母或者监护陪伴才能观看，该级别的影片包含成人内容。

说："史蒂文，你为NBC打造了《希尔街的布鲁斯》和《洛城法网》。而我们呢？我先是接了一部《警察摇滚》这样的警匪片，现在你又想要做一部让广告商们避之不及的片子？"当时的我并没有意识到，史蒂文觉得自己已经做腻了其他类型的节目，一心想要做些不同的尝试——另外，他也在密切关注着电视界的重大转变。他认为HBO[1]很快就会将我们击败，因为他们的节目创作者不必遵循电视网审查员的严格标准，也不必担心冒犯广告商。就这样，我们将《纽约重案组》作为电视网络中首部R级电视剧进行了宣传推广。

在史蒂文看来，电视内容日新月异而我们的平台却止步不前，我虽然同意他的看法，但也知道，我是无法获得把一部R级电视剧搬上荧幕的批准的。营销部的员工是这样告诉我的，我也是这样向史蒂文转达的，就这样，我们把这个主意暂时搁置到了一边。但是我仍然坚信，我们可以制作一些挑战极限但不至于触碰R级的内容，而这个提议也最终引起了史蒂文的兴趣。他问我："如果按照这个方式，我们能做出什么样的内容来？"

我和他咨询了审查人员，列出来一份我们在"PG-13"级[2]的电

1 Home Box Office，美国家庭影院，其母公司为时代华纳集团。
2 美国电影分级制中的普通级，13岁以下儿童要由父母陪同观看，包含很不适宜儿童的内容。

视剧中所能做和不能做的事情。我们制作了一份词汇表，包含了所有从严格意义上合规的词语（“蠢货”可以用，“蠢蛋”不能用。你可以说某个人很“屌”，但这个词不能拿来指代某器官）。我们拿出一个笔记本，在上面用简笔画随意画出裸体的人像，然后考量哪些角度可以裸露得恰到好处但又不会太暴露。

下一步就是让丹·伯克接受这个构想。丹乘飞机来到洛杉矶，我们三个人在史蒂文办公室附近共进午餐。我和史蒂文给他看了我们的词汇表和简笔画小人儿，向他解释这部电视剧为何对我们有重要意义。丹终于发话了:“你们可以去做。但是，出娄子是迟早的事，一旦大事不妙，我可真是兜不住你呀。”他指着我说。

在一定程度上来说，我之所以敢于冒险，便是出于丹和汤姆给予我的信任，而这件事又一次证明了这一点。他们给了我这份工作，我很快做出了业绩，这也进而让我在他们那里得到了巨大的自由空间。虽然不能为所欲为，但我还是拥有足够的空间行使相当的权力。这样的信任，是前任总裁布兰登·斯托达德从未赢得过的。他拒绝尊敬两人，因此两人也不尊敬他，这也就意味着，当他努力争取想要达到的结果时，得到的回应便是两人坚决的否认。

得到了丹的批准后，我们经历了漫长而艰苦的前期开发阶段，在此期间，史蒂文往一个方向努力推进，但ABC的内容监管人员却努力往反方向推，直到双方最终达成妥协为止。电视剧在比我们原本计划的时间晚了整整一季的1993年9月首播。美国家庭联合会呼吁抵制；多家广告商拒绝掏钱购买广告位；在我们的225家合作机构中，有超过50家都对此剧的第一集表示否决。但是，剧评人的反响却好得超乎想象，到了第二季时，这部剧成功跻身电视剧收视排行前10名。在接下来的十几年里，这部片子成为黄金档节目中的中流砥柱，斩获20座艾美奖，也被评为ABC电视网有史以来打造的最优秀的剧情片之一。

在我管理黄金档节目的5年任期中，我们的收视率在颇受关注的18～49岁观众群中4年夺冠，就连让NBC在尼尔森排行榜榜首连续稳坐了68周的布兰登·塔奇科夫（Brandon Tartikoff），也被我们挤下了王座［ABC居首的榜单发布后，布兰登给我打电话表示祝贺。他是个很有气度的人，也铸造了没有任何人能复制的历史。我告诉他说：“我心里有点儿难受，感觉就像是乔·迪马吉奥（Joe DiMaggio）[1]连胜的纪录被打破了一样。”］。

我们的成功一向是团队共同努力的结果，但这也是我在职业生涯中遇到的首次公开归功于我个人的成功。从另一方面来说，别人缔造的成就却归功于自己，这感觉有些奇怪。初到ABC娱乐时，我对这份工作一无所知，而这支杰出的团队则将他们的经验倾囊

1 美国传奇棒球运动员。

相授。他们努力工作，不因我担任上司而对我有所顾忌。由于他们的慷慨，我们才得以共同取得成就，但谁知其中主要的功劳却都给了我。

然而，如果没有我的带领，我们的团队也不会在黄金档夺冠，我觉得这样说也不为过。丹和汤姆的信任给了我敢于冒巨大风险的勇气，但若说到我的优势，便是在鼓励创意人士拿出最好的表现和敢于冒险的同时帮助他们从失败中恢复过来。虽然团队永远离不开集体的努力，但这些年管理ABC娱乐的经验，让我对如何将一批才华横溢的人组织在一起打造最高水准的作品有了一层全新的认识。

既要为实实在在的成就接受赞誉，又不要被外界噪声冲昏了头脑，拿捏这二者之间的平衡点，在我担任首席执行官的几年中显得更为关键了。当如此多的关注和赞誉都聚焦在我一人身上的时候，我经常会在共事的人面前自觉惭愧。这种关注的表现形式很奇怪。与公司外的人一起开会时，虽然会议桌旁坐满了同事，但对方往往只会关注我。不知别的首席执行官是否也有同感，但这种感觉让我很尴尬，在这种情况下，我会特意将赞誉和关注引导到我的同事身上。同样地，当我与迪士尼之外的团队进行会议的时候，我也会专门与桌旁的每一个人进行交流和互动。这虽是举手之劳，但我记得作为一名被人无视的副手时的感觉。另外，任何让你认识到宇宙并不围着你转的事情，都是好事。

1992年的感恩节周末，丹·伯克给我打来电话，说ABC的总裁马上就要退休了。汤姆想让我搬回纽约，接替他的位置。这件事并非完全出乎我的意料。汤姆和丹让我担任娱乐公司总裁时曾经建议说，如果我干得好，他们希望最终让我掌管整个电视网。即便如此，当我问他们想让我什么时候开始时，还是吃了一惊。“1月1日。”丹说，也就是说，还剩下一个月多一点的时间。

我很愿意回纽约去，原因不仅是出于工作。那年稍早时，我和苏珊分居了，她带着我们的女儿搬回了纽约。苏珊一直不喜欢洛杉矶，分居后这感觉就更明显了。纽约才是她心中的家，而我对此也不能有什么不满。我尽可能多地飞回去看孩子，虽然如此，这一年还是很难熬。

我在短时间内售出洛杉矶的住宅，收拾行李，搬进了位于纽约上东区的马克酒店。就这样，在1月1日，43岁的我成为ABC电视网的总裁。虽然我已知道这一天终会到来，但当事情真正发生时，还是有一种不真实的感觉。我的老前辈们——新闻部的鲁尼和体育部的丹尼斯·斯旺森——现在都要向我汇报工作。我在ABC娱乐的位置，由曾和斯图·布隆伯格一起教我如何当一名电视节目总监的泰德·哈伯特接替。

过了不到一年，在1993年年底的一天，汤姆·墨菲把我叫到他的办公室，对我说：“丹准备在2月退休。我需要你来接替他的工作。”

“恕难从命，”我说，“我才在这个位置上刚刚开始。电视网由谁来运营呢？你得等等。”虽然我的直觉在极力鼓励自己接受每个机遇，但这件事还是让我感觉太突然了。

八个月后，汤姆又一次来找我。“我需要你接手这份工作，”他说，“我需要有人帮我运营公司。”就这样，成为ABC电视网总裁一年九个月后，在1994年的9月，我成了大都会/ABC广播公司的总裁和首席运营官。这样的职业轨迹让人头晕目眩，甚至时而失衡。通常来说，我并不推荐像他们提拔我一样如此迅速地晋升某个员工，但重要的事情，我还是要再强调一次：正是两人在每一阶段对我表达的信任，才造就了我的成功。

成为首席运营官后不久，1995年的春天，华特迪士尼公司首席执行官迈克尔·艾斯纳（Michael Eisner）开始打探并购大都会/ABC广播公司的事宜。刚开始的时候，这场谈话毫无进展，而差不多就在这时，汤姆告诉我，他想要跟董事会讨论由我接替他担任首席执行官的问题。那年7月，我们在爱达荷州的太阳谷参加一年一度的艾伦公司传媒峰会。我站在停车场和汤姆交谈，不远处，我能看到我们最大的股东沃伦·巴菲特和迈克尔·艾斯纳也在谈话。

他们招手示意汤姆过去，在他走开之前，我对他说：“答应我，如果你决定把公司卖给迈克尔，事先给我点提示，好吗？”

没过多久，短短几周之后，迈克尔便找到汤姆，开始正式商讨迪士尼收购大都会/ABC广播公司的事宜。

第四章

迪士尼出场

关于迪士尼对我们的并购案，坊间已有太多声音和文字，除了自己的独特观点外，我几乎没什么可补充的。之所以说独特，一是基于当时我在ABC所处的位置，二是因为有人告诉我，在迈克尔·艾斯纳看来，通过签订五年协议把我留在合并后的公司至关重要。从1984年起，迈克尔一直担任迪士尼的首席执行官，1994年春天，他的首席运营官弗兰克·威尔斯（Frank Wells）在一次直升机事故中遇难，在此之后的一年多时间里，他一直在没有二把手的情况下独挑公司大梁。如果合并谈成，迪士尼的规模便会扩大将近一倍，而迈克尔知道，独自运营这两家公司融合后的新企业，这是无法做到的事。对于我来说，这则消息却让我难以消化。我前一天还在排队等待升任为大都会/ABC广播公司的下一任首席执行官，第二天却被叫去运营迪士尼的传媒部门，一干就是至少五年！客观来说，这虽然是个很诱人的职位，但在当时的我看来，却是一件难以接受的苦差。

我知道，如果同意继续待在原职，我就很可能必须搬回洛杉矶，而我并不想这么做。我不希望再次和女儿们分隔两地，而且年事已高的父母都在长岛，我想离他们近一点。另外，我已经和谈了一年多恋爱的薇罗·贝（Willow Bay）订了婚。薇罗在纽约拥有一份很棒的职业，她是周末版《早安美国》的主持人，在工作日则是主持人琼安·兰登（Joan Lunden）的替补，并被培养为琼安的接班人。我不想和她分居两地，也不想让她放弃自己的职业，跟我一起搬到美国的另一头去生活。

如此说来，在天平的一端，让我选择放弃的私人因素已然摞得高高的。但在天平的另一端，让我待在原职的工作上的原因也堆砌到了差不多相同的高度。我虽然不太了解迈克尔，但仍然对他喜爱和尊敬有加。许多年前，我们曾经在ABC短暂地打过照面，但当时的我还是个底层员工，所以我俩从没有过交集。成为首席执行官后，迈克尔雇佣杰弗里·卡森伯格（Jeffrey Katzenberg）管理华特迪士尼影业集团。几年之后，当我成为ABC娱乐总裁时，两人曾经想要把我挖走。迈克尔说，如果没有我，这次并购可能就不会发生，这也意味着将来有一天，他或许会让我填补自从弗兰克・威尔斯去世后就一直空缺着的首席运营官的位置。多年来，我一直努力把注意力放在当下，而不是将来有可能从事的职位之上，但是，有机会执掌迪士尼运营大权的可能性，确实难以忽视。

薇罗明确表示了对我的支持。她说，选择待在原职，我不但没有任何损失，而且还可能获益良多。她也相信，需要我们解决的问题，我们两人终将找出方法来解决。我也从汤姆・墨菲那里得到了一些明智的建议。汤姆虽然有所纠结（他想要把我作为协议内容之一签给迈克尔），但他也能在我的问题上将自己的利益剥离开来，而且，他一直都是我的一个好参谋。“兄弟，如果你处理得当，这家公司的运营权将来就是你的了。”我知道，他的这句话是发自肺腑的。

周五下午，迪士尼和大都会/ABC广播公司在财务条款上达成协议。虽然还有一些细节有待商榷，但唯一一个尚未解决的大问题，便是我的去留。薇罗和我已经约好在当晚与为我们主持婚礼的耶稣会神父共进晚餐（我是犹太教教徒，薇罗是天主教教徒，所以特地找来了吉兰多神父和新泽西的一位犹太教堂领唱共同主持我们的婚礼）。作为一个离了婚的犹太人，我坐在那里，想要给即将主持我们婚礼的神父留下好印象，但每过几分钟，我都不得不站起身来，离开餐桌去接听关于并购合同的电话。我渐渐开始担心起自己的行为会不会给吉兰多神父留下不敬的印象，因此我横下心，为电话的干扰向神父道了歉，然后说："我知道我是犹太人，但我必须请求您对我的'告解'履行'神父和教徒之间的保密'义务。"

"当然。"他说。

"我们马上就要宣布娱乐业历史上最大的一笔协议，而我正在努力判断到底是留在公司还是选择退出。这些电话就是因这事儿而起。"

吉兰多神父并没有提供任何神职人员的高见，而是表示对我要做的任何决定都予以祝福。我们继续探讨婚礼仪式的事宜，但每次我起身去接电话的时候，吉兰多神父都会表现出些许的兴奋，因为他知道，自己正在先于整个世界见证着美国商业史上最大的一笔并购案。

按照汤姆·墨菲的建议，我雇请了一位叫乔·巴切尔德（Joe Bachelder）的律师，周日早晨，我来到乔位于曼哈顿中城区的办公室，告诉他这件事必须速战速决。我倾向于留在公司，也就是说，我要让乔与迪士尼的法律总顾问桑迪·利特瓦克（Sandy Litvack）唇枪舌剑一番，协商出一份我能够接受的合约。第二天晚上，ABC和迪士尼的董事会成员在迪士尼的法律代理公司杜威律师事务所办公室会晤。会议的气氛非常紧张，董事会成员正在商讨这次大型并购案的细节，桑迪·利特瓦克却在抱怨，说乔的强硬态度可能会让整个并购案毁于一旦。迈克尔·艾斯纳一度把汤姆·墨菲拉到一边，请求他出面让我同意迪士尼给出的条件。过了一会儿，迈克尔亲自出面跟我理论，他说："鲍勃，谈拢这笔195亿美元的案子还没有把你搞定困难。你能不能就答应了呀？"

最后的问题，在于我应该向谁汇报工作。乔想要努力争取达成正式协议，让我直接向迈克尔汇报工作，但迈克尔却拒绝了。他想要保留任命总裁的自由，并希望将此人安插在我与他之间，也想确保让我明白他有此权力。我虽然希望迈克尔能正式把我纳为他的二把手，但也很欣赏他对我的直言不讳。在那天晚上稍晚时，我最终还是让乔接受了协议。我本想开辟一条可能通往首席执行官的路（我也明白这并不是板上钉钉之事），但现在还不是争取的时机。我希望这笔并购顺利进行，也希望确保大都会的团队能受到迪士尼的平等对待。我很确定，如果我不在，我们的团队一定会被迪士尼吞没，致使士气低迷。

第二天一大早，全员在66街ABC的总部进行会议。我们的计划是，宣布并购消息，在ABC的一个摄影棚（1960年直播肯尼迪和尼克松的一次总统辩论的1号演播室）里举行一场媒体发布会，然后，迈克尔和汤姆将会走到隔壁的2号演播室，接受《早安美国》的直播采访。这是名副其实的突发新闻，ABC新闻部没有人预先知道这场即将发生的并购案。凑巧的是，薇罗当天正好担任琼安·兰登的替补主持。她的主持搭档查理·吉布森（Charlie Gibson）觉察到了隔壁演播室的响动，问她说："从1到10打分，你觉得隔壁发生的事情有多大？"薇罗当然知道发生了什么，但已发誓保密的她只能回应："查理，我打12分吧。"

跟并购案一起发布的，还有我续任五年的消息。在此之后，我立即与大都会/ABC广播公司的所有顶层高管召开了一次会议。没有人预见到会发生这样的事，大家还没从震惊中恢复过来。在围坐桌旁的人中，有些人将整个职业生涯都献给了汤姆和丹，他们看着我，问道："往后怎么办？我们怎么办？"

我尽可能坦白地回答大家。迪士尼的企业文化与我们相比有诸多不同，但汤姆在签订协议时，也没有忘记整个公司的利益。尽管如此，这次的过渡注定困难重重，这是不可避免的。我希望大家能明白，我非常清楚这次过渡会造成诸多不安情绪。我们所有人习以为常的企业文化，也即将走向尽头。与我们曾为之打拼的公司相比，迪士尼更加激进、更富创意，也更称得上是好莱坞的产物。而我的职责，就是为这次过渡铺平道路，我希望大家知道，如果需要我的帮助，他们尽可以依赖于我。

关于并购案本身，195亿美元的售价让很多人都瞠目结舌，但也有人认为，汤姆如果多加坚持，还可以把价钱抬高许多。具体情况谁也不可能预知，但事实证明，我们可以确定的是，迪士尼通过这次并购捡了大便宜。迈克尔并没有因冒险签订协议而得到应有的赞誉，但这笔交易的确意味着巨大的风险，而回报直到多年之后才显现出来。其他的娱乐公司则纷纷痛苦地意识到，过小的规模让其在瞬息万变的世界中不具备竞争的实力，但迪士尼却通过这次并购拥有了保持独立的规模。迪士尼通过这次并购所获得的资产——尤其是ESPN——在数年之内推动了公司的成长，并在迪士尼动画票房频频失利的差不多10年时间里提供了至关重要的缓冲空间。

宣布消息的几周后，我飞到阿斯彭，与迈克尔和他的夫人简在他们位于斯诺马斯镇的住所共度周末。这幢坐落于阿斯彭山峰环绕的峡谷中的巨大木屋美得让我叹为观止，木屋的设计者鲍勃·斯特恩（Bob Stern）也是迪士尼董事会的成员之一。这里的一切，都流露出脱俗的品位。

迪士尼对于买到的资产做了相关的尽职调查，但想要搞懂他们即将拥有的公司的所有复杂因素，无异于痴人说梦。我带来了许多本活页夹，每个夹子里都包含了大都会旗下的诸多部门的详细说明，包括ABC广播公司及旗下的电视台，ESPN，一家在不断扩张中的广播公司，一家包括数家报纸和杂志在内的大型出版公司，其他几家有线电视频道，以及一系列其他的小型公司。“你的团队的测评工作完成得很快，”我告诉他说，“这说明，你没弄明白的还有许多。”

接下来的两天里，我为迈克尔介绍了我们公司的方方面面。他或许本以为自己购买的是一家电视公司，但实际情况却比他想象的复杂很多。从ESPN的授权合约到ABC和NFL[1]即将进行的谈判，都要一一厘清。我还为他详细介绍了公司包罗了乡村音乐、谈话节目以及WABC频道在内的广播业务，也谈到了该如何处理一位在直播中口出煽动性言论的谈话节目主持人。芭芭拉·沃特斯的合约即将到期，其中涉及一些要注意的敏感问题。另外，管理一家电视网的新闻业务也牵扯到诸多错综复杂的因素。这其中有数不清的难题，我想让迈克尔对现实情况有所了解，也想让他明白，这些问题都在我的掌控之中。

很明显，迈克尔被搅得心慌意乱。当时的他虽然只有52岁，但刚在一年前接受过一次心脏搭桥手术，饮食、起居以及运动安排都由简密切关注。当时的我并没有意识到简是多么诚恳地力劝他改变自己的生活方式，也没有去体察这次的并购给她带来了多大的焦虑。简想让丈夫减少工作，而我却坐在他们的家里告诉他说：“需要减负的负担要比你所知的沉重许多，而且其中一些问题要

1　National Football League，美国职业橄榄球大联盟，居北美四大职业体育运动联盟之首，也是世界上规模最大的职业橄榄球大联盟。

比你想象的更加刻不容缓。”

周末快要结束的时候，迈克尔开车把我送到机场。在路上，我们沿途停下，去拜访家住附近的迈克尔·奥维茨（Michael Ovitz）和其家人。简、迈克尔和奥维茨一家已经做好了一起徒步旅行的计划。我虽然不知道这两家关系紧密，但那天下午，我能感觉到他们之间存在着一种化学反应。奥维茨是CAA[1]的联合创始人，将公司发展为世界上影响力最大的艺人经纪公司，前不久，他曾试过从CAA离职，转而去运营环球影城。事情并没有遂愿，于是，他便开始计划在好莱坞翻开职业生涯的新篇章。在去机场和飞回纽约的路上，我突然意识到，迈克尔或许正在考虑让他担任迪士尼的二把手。

一周之后，我的推测应验了。迈克尔给我打来电话，告诉我说：“你对公司情况的介绍给了我很大的启发，毫无疑问，管理这家新的公司不是一件容易的事。”他说，简也对此感到很担心。然后，他直截了当地转到了奥维茨的问题上。“签订合约的时候，我留出了在我们之间安排另一个人的余地。”我回答说没错，我知道这不是板上钉钉的事情。“好的，我想要告诉你的是，我决定雇佣迈克尔·奥维茨，由他来担任你的上司。”

奥维茨将要担任的是华特迪士尼公司的总裁，而不是首席运

1　Creative Artists Agency，创新精英文化经纪有限公司。

营官。从企业等级制度来划分，这就意味着他是我的上司，但不一定会成为迈克尔预先定好的接班人。虽然一时间感到失望，但我仍然感谢迈克尔在谈判期间的直言不讳和现在的开门见山。他没有试图巧言粉饰，也没有虚构一个并不存在的蓝图来糊弄我。当时的我44岁，还有很多需要学习的东西，而且无论怎样，跟两人中的任何一个人从一开始就结怨都是没有好处的。在迈克尔·奥维茨的消息宣布之后，我曾对一位《纽约时报》的记者表示："如果迈克·艾斯纳觉得这个选择对公司而言是正确的，那么我就相信他的直觉。"《纽约时报》刊登出这句话的当天，迪士尼的一位高管便告知我说，迈克尔不喜欢别人叫他"迈克"。还没有上任，我就已经出了一次糗。

我很快就发现，别人对于奥维茨上任一事的情绪比我强烈得多。有人告诉我，华特迪士尼影业集团的董事长乔·罗斯（Joe Roth）对此愤怒不已，而桑迪·利特瓦克和迪士尼的首席财务官史蒂夫·博伦巴克（Steve Bollenbach）也对新的企业结构心存不满，拒绝向奥维茨汇报工作。在5000公里之外的纽约，我已经感觉到愤懑之情在迪士尼的管理层中酝酿堆积。雇佣迈克尔·奥维茨的决定从宣布之时起就引发了内部的争端，至于未来的局势会变得多紧张，我无从预见。

在大家翘首以待FCC[1]监管认证结果的接下来的几个月里，我每周都会飞到洛杉矶，加深对马上就要成为我同事的诸位迪士尼高管的了解。薇罗和我也知道，协议一旦成交，度蜜月的机会就会化为泡影，于是我们极大地缩短了订婚时间，在1995年10月初火速结婚。

我们将蜜月安排在法国南部，在奢华的卡普菲拉大酒店入住期间，我接到了一只装着迪士尼衍生品的巨大箱子，里面满是情侣款米老鼠睡衣、米老鼠新郎新娘帽、唐老鸭拖鞋等等。这些东西既丰富又夸张，我们完全不知该如何处理，于是决定在离店时把箱子留在酒店，心想或许有人会因得到这些东西而欣喜或是家里恰好有对这些东西感兴趣的孩子。但是时至今日，想到酒店工作人员在我们离店后走进屋里看到满眼的米老鼠主题服饰，我的内心还是会浮起一阵尴尬。记得我一边看着满屋的米老鼠衍生品，一边对薇罗说："我现在所在的公司，跟以前完全不同了。"（实际上，在效力于迈克尔·艾斯纳的这么多年来，我很少看到他打米老鼠领带之外的领带。公司也提倡所有其他高管打米老鼠领带，但我却装作从没有收到这条通知。）

除了公司主题着装之外，更为显著的差异比比皆是，整个企

1　Federal Communications Commission，美国联邦通信委员会。美国政府的一个独立机构，直接对国会负责。

业文化都与之前的公司迥然不同。汤姆和丹都是热心而平易近人的老板。如果你有问题，汤姆便会向你敞开大门。如果需要建议，他们便会无私地给你帮助。作为商人，他们将注意力紧密集中在管理花销和提高利润上，他们还会把坚守相同原则的高管永远留在身边。另外，两人也信奉去中心化的企业结构。如果不超预算且行为符合道德标准，汤姆和丹便会给你采取自由行动的空间。除了一名首席财务官和一位法律总顾问之外，公司不设行政部门，没有中央集权的官僚机构，对于各业务部门也几乎不加干预。

而迪士尼则完全相反。在最开始运营这家公司的时候，迈克尔和弗兰克·威尔斯便组建了一个叫作“战略规划部”的核心部门，由一群做事风格激进且受过良好教育的高管构成（他们个个都拥有工商管理硕士学位，其中许多都是从哈佛和斯坦福大学毕业的）。这些人对于分析得心应手，也很擅长提供能让迈克尔对公司所做的每一步商业决策感到安心的数据和“见解”，至于公司所有的创意决策，则都由迈克尔本人制定。这些人对公司其他部门拥有巨大的控制权，不受制约地将其施加在迪士尼各业务部门的资深负责人身上。

我入职迪士尼时，大约是迈克尔在迪士尼21年首席执行官任期的中点。他是美国企业中最受赞誉和最为成功的一位首席执行官，在前10年任期取得了杰出的业绩。他对迪士尼的主题乐园和度假村进行了积极扩张，也引进了一套新的定价策略，使利润大幅增长。他发起了迪士尼的游轮业务，体量与其他业务相比虽小，但也获得了稳定的盈利。从20世纪80年代末到90年代初，迪士尼动画打造了一部接一部的大热影片，包括《小美人鱼》《美女与野兽》《阿拉丁》以及《狮子王》。这些影片使得迪士尼的衍生品业务得到了爆发式的发展，来自迪士尼商店、影视授权以及全球各种衍生品发行的利润源源不断地流入公司。他们在美国推出的迪士尼频道也很快大获成功，负责制作真人影片的华特迪士尼影业集团，也连续推出了一系列卖座的商业片。

然而，等到我们加入公司的时候，问题已逐渐显现了出来。弗兰克·威尔斯的去世所带来的空缺，导致迈克尔和杰弗里·卡森伯格之间出现了激烈的矛盾，杰弗里认为，迪士尼动画前10年所取得的成就，大多要归功于他。对于没有在威尔斯去世后得到迈克尔提拔一事，杰弗里怀恨在心。而迈克尔也因杰弗里在提拔一事上给他施加的压力而愤愤不平。1994年，在接受心内直视搭桥手术后不久，迈克尔便逼迫杰弗里辞职，也由此导致了一场大张旗鼓、针锋相对、花费庞大的官司。除了这些问题之外，迪士尼动画部门也开始走上了下坡路。一系列预算昂贵的失败之作在接下来的几年里频频问世：《大力士》《亚特兰蒂斯：失落的帝国》《星银岛》

《幻想曲2000》《熊的传说》《牧场是我家》以及《四眼天鸡》。《钟楼怪人》《花木兰》《人猿泰山》以及《星际宝贝》这几部影片虽然取得了些许成绩，但无一能与前10年的作品在创意或商业上所获得的成功同日而语。在此阶段，迈克尔明智地选择与皮克斯建立合作关系，从而打造出数部有史以来最伟大的动画电影，在这一点上，他是功不可没的。

刚开始的时候，大部分由所谓“战规部”的成员组成的迪士尼团队利用了我们初来乍到的弱势。这并不是说他们所做的一切都是不正确的，而是说他们的做事风格与曾经效力于汤姆和丹的我们所熟悉的风格截然相反。这是一家权力完全集中、以过程为重的公司，其做事方式马上就触怒了我们。另外，他们从未并购过一家大公司，也没有认真考虑过该如何通过体贴和关怀来完成过渡。本可以通过灵活变通而化解的分歧，却往往因专断而苛刻的语气火上浇油。他们的做法仿佛是在说，由于他们买下了我们，我们就必须随时屈服于他们的意愿。这种做法让许多大都会公司的老员工都觉得难以接受。我身居高位，因此没有遭受此等待遇，但在我之下的人们却为自己的前途而惶惶不安，为了安抚焦虑和为大家出头解决问题，我投入了大量的时间和精力。

除此之外，我本人也有需要面对的冲突。并购后不久，迪士尼便在报业市场垮台的几年前明智地放弃了我们的整块报纸业务。

但我们仍然保留了几家杂志，其中包括时尚杂志《W》。并购成交后不久，这家杂志的编辑兼出版商便告诉我，《Sassy》杂志的创始人、VH-1[1]和MTV[2]频道的元老级人物简·普拉特（Jane Pratt）有个创意，想要打造一本名叫“简”的“年轻版《时尚》杂志”。

简来到公司向我阐述了创意，这本杂志能够在公司与更加年轻且不那么呆板的群体之间打造一座桥梁，因此我很喜欢。审阅了完备的商业计划书后，我便给团队开了绿灯。很快，我就接到了汤姆·斯泰格斯（Tom Staggs）的电话，当时的他还在战规部任职，后来则成了我的首席财务官。汤姆是代表他的上司——整个战略规划部的负责人拉里·墨菲（Larry Murphy）——跟我联系的，他不好意思地告诉我，迪士尼任何部门的扩张、投资或是对新业务的尝试，都一定要经过拉里团队的详尽分析。一旦经过分析，战规部便会把他们的提议上报给迈克尔。

我能感觉到汤姆并不愿意做信使，因此我客气地让他告诉拉里，我坚持要把这个项目推进下去，不需要他的建议。

拉里很快打来电话，想要弄清楚我到底想干什么：“你要把这本杂志做出来？”

“没错。”

1　Video Hits One电视台。

2　Music Television音乐台，是全球最大的音乐电视网。

“你知道这要花多少钱吗？”

“知道。”

“你觉得这是个好主意？”

“对。”

“我们在迪士尼可不是这样做事的。”他说。

最终，拉里为项目的继续推进予以了许可。他不愿在我刚入公司时就跟我结下梁子，但从那时起我就清楚地意识到：在迪士尼，没有随心所欲。

客观来说，这个构想的体量很小，说它不值得我们投入时间和投资也不为过［但我们最终还是把《W》和《简》卖给了康泰纳仕的塞缪尔·纽豪斯（S.I.Newhouse），并通过这笔交易赚了些钱］。但是，你大可以在传达这个信息的同时向为你工作的人表达对他们的信赖，并维护他们心中的创业精神。这条经验是丹·伯克很早便传授给我的，与战略规划部的处理方式相比，他的做法简直有着天壤之别。虽然详细情况已经模糊，但我仍记得，在讨论一项我正在考虑要不要做的业务时，丹递给我一张字条，上面写着：“不要做制造号油[1]的生意。你或许会成为世界上最棒的号油制造商，但话说到底，全世界每年消费的号油也只有几升而已！”他这

1　用于铜管乐器活塞、转阀或拉管的润滑剂。

是在告诉我，不要在耗损公司和我的资源但回报甚微的项目上投资。这种传授经验的方式非常具有正能量，时至今日，这张字条我仍放在办公桌里，在与迪士尼高管讨论哪些项目值得争取和该如何分配精力时，我偶尔还会把它拿出来。

在努力适应迪士尼全新企业文化的同时，我也见证了新上司迈克尔·奥维茨和迈克尔·艾斯纳关系的快速瓦解。这是一场让人不忍直视的决裂，却偏偏发生在公司许多员工的眼皮底下。

迈克尔·奥维茨的任期于1995年10月正式开始，打从一开始就不难看出，此人是碰上了错误的时间和地点的错误人选。当时的他已经离开了CAA，也没有争取到运营环球影城的机会。不难感觉到，对于他来说，在好莱坞金字塔的塔尖保住位子是件非常重要的事，而在他眼中，成为迈克尔·艾斯纳二把手的机会无异于他的救生圈。

然而，一家经纪公司的决策流程与大企业有着巨大的差别，尤其是在一家像迪士尼这样结构严密的机构之中。帮助迈克尔运营一系列复杂的业务，这本应是二把手工作的一个重要部分，而奥维茨不但没有这样做，反而带来了成千上万个新想法，其中绝大多数都牵扯到与他有交情的重要名流。作为CAA这家私有经纪公司的联合掌门人，他习惯于带着一大堆可以立即付诸实践的想法来上班，因此以为自己在迪士尼也可以继续这个传统。他是一位杰出的经纪人，习惯随时接待客户，还往往会为了见客户而把正在做的事情悉数丢下。这些习惯在迪士尼可行不通。他想要给汤姆·克兰西（Tom Clancy）、“魔术师”约翰逊、马丁·斯科塞斯（Martin Scorsese）以及珍妮·杰克逊（Janet Jackson）等一大批名人提供综合性合约，以拓展迪士尼的业务范围。他也经常会跟这些人宣传迪士尼能为他们做些什么。这样的合约在媒体发布会上听起来虽然吸引人，在实践中却很少能有好结果。这些合作需要一位资深高管作为负责人，投入必要的时间和精力，为此合作涉及的所有业务和方案的方方面面保驾护航。另外，这些合作还让这些名人认为自己拥有完全自由的控制权，而在迪士尼这样一个每个创意都要经过层层审查的机构，这无异于一场灾难。

当时的我在纽约工作，但每周都会飞到洛杉矶参加迈克尔·艾斯纳周一举行的员工午餐会，也因此近距离见证了这场关系垮台的来龙去脉。奥维茨会带着他的想法精神饱满地到来，桌旁的每一个人都不难看出，真正懂行的迈克尔·艾斯纳对于他的构想并没有什么兴趣。然后，迈克尔便开始详尽地介绍公司的最新情况和新的策划，而感到自己没有受到尊敬对待的奥维茨则会对他的话置若罔闻，并把自己的冷漠不加掩饰地表现出来。在一次次的会议中，这样的场景都被整个团队看在眼里。单单身体语言就已经让人不忍直视，而这种别扭的感觉也开始影响整个高层管理团队。当位于公司一、二把手的两个人关系出现了问题，两人之下的整个公司也不可能继续正常运转下去。这就好像是拥有一对争吵不休的父母一样，孩子们觉察到了这股剑拔弩张之气，于是把敌意反射回父母身上，而且还会互相泄愤。

在这场纷争中，我一直努力恭敬地对待奥维茨，也很重视我们的直接上下级关系。我试着把别人汇报给我的业务情况解说给他听，也经常会为他提供项目的简报，以助其更深入地了解电视网的收视率、ESPN的发行合同，或是艺人合约的细节信息，但每一次，他不是对这些信息不屑一顾，就是因某个电话而心不在焉。有一次，他在我的办公室接听了一通当时的总统克林顿打来的电话，跟他聊了45分钟的时间，而让我在外面坐等。还有一次会议，是被汤姆·克鲁斯（Tom Cruise）打断的。另有一次会议则是刚开始不到几分钟，就因马丁·斯科塞斯而提前结束了。一次次的会议被取消、改期或是缩短，没过多久，迪士尼的所有高管便开始在他背后讨论此人是多么糟糕。管理自己的时间，尊重别人的时间，这是作为一名管理者应具备的最重要的特质，而他在这方面却糟糕得令人咋舌。

想法得不到推进，又遭到迈克尔·艾斯纳的冷漠排挤，在公司任何重要业务上都说不上话，奥维茨既愤懑又无奈。然而，即便他真能在职位上施展拳脚，我也认为他在迪士尼是没有出路的，因为他毕竟不是能适应企业环境的人。我会在会议前提前交给他一摞资料，第二天来上班时，只字未读的他会对我说："给我讲讲大概信息。"然后便草率地作出判断。不难看出，他之所以这么快给出回应，并不是因为他已消化了所有信息，恰恰相反，他只是在掩饰没作准备罢了。在一家像迪士尼这样的公司里，如果不尽自己的职责，那么周围的人很快就会察觉到这一点，而他们对你的尊敬也便化为乌有了。你必须做到专心致志；往往遇到不得不坚持开完的会议，虽然你很想中途离场；你要学会学习和吸收；你也要倾听别人的困难，并帮助他们寻找解决方法。这些都是一名杰出管理者的必备特质。但问题在于，迈克尔·奥维茨并不是个管理者，而仍是一位经纪人。他比任何人都更加了解艺人经纪，但我们做的，并不是这门生意。

1996年4月，迈克尔·艾斯纳到我在纽约的办公室来找我。他走进来，关上门，然后对我说："我知道奥维茨在公司干不下去了。把他招进公司，真是场灾难。"他知道，由于忍无可忍，包括华特迪士尼影业集团董事长乔·罗斯在内的其他高管已经在议论是否要提出辞职，而他恳求我不要步他们的后尘。我并没有辞职的打算。我并不喜欢这段时间——加入迪士尼的前6个月算我职业生涯中最为泄气和低效的一段，但我毕竟是公司的新人，而且由于我的工作地设在纽约，因此没有像其他人一样承受那么多的痛苦。其实，我最主要的想法是，迈克尔正在进退两难之中，我不想再给他增加压力了。

“我不知道具体该怎么做，”迈克尔对我说，“但我必须解雇他。”他请我不要跟任何人讨论此事，而我也向他做了保证。我并不确定迈克尔还把此事告知了谁，但我估计，那次谈话之后的几周内，迈克尔便会跟奥维茨提及此事了。然而，几个月的时间就这样过去，而矛盾和问题则越发激化。包括两位当事人、所有资深高管以及奥维茨手下的所有员工在内的每一个人都身心俱疲，止损迫在眉睫。

那年12月，在告知我计划采取行动八个多月之后，迈克尔·艾斯纳终于解雇了迈克尔·奥维茨，也为公司历史上这一沉痛的章节画下了句点（然而在此之后，为争取1亿多美元的遣散费而引起的股东诉讼也让矛盾延续了一段时间）。现在的我，已经与迈克尔·奥维茨建立起了诚挚的友情。他对我担任首席执行官期间迪士尼所获得的成功不吝赞美，而在回顾往事之时，我觉得奥维茨并不是个坏人，只是一个被卷入了一场大错中的参与者而已。这次跨企业文化的转变，对于他来说实在太过剧烈了。

出于两人各自的迫切原因，奥维茨和迈克尔都希望此次合作能够成功。迈克尔希望奥维茨一进公司就能摸清门道，而对于如何调整才能在一家巨型上市公司的企业文化中取得成功，奥维茨一无所知。

两人都本应明白这样的组合是不会成功的，但是由于两人都在某种程度上被各自的需求障了眼，因此都自欺欺人地避免了提出这些难以回答的问题。直面问题并不简单，置身于问题之中时尤为如此。但当你发现自己只是在希望问题能最终得到解决，却没法说服自己到底该如何解决时，头脑中的小警报就应拉响，而你也应该向自己提出几个有助于厘清疑虑的问题来。我应该解决的问题是什么？这个解决方案合理吗？如果我心存疑虑，原因是什么？我这样做是出于正当的理由，还是受了什么个人利益的驱使呢？

第五章

第二把交椅

在接下来的三年里，迈克尔在没有副手的情况下独自运营公司。我们的关系在奥维茨离开之后变得更加紧密，但我也能偶尔感觉到迈克尔的警惕，他觉得我一直在觊觎着他的宝座，因此从来不能完全信任我。这有如一场来来回回的“趋避之战”。迈克尔偶尔会让我参与决策制定并向我吐露心声，但转眼之间态度又会急转直下，与我保持距离。

不可否认，之所以在并购后选择留下，一部分原因就是我觉得自己在未来有可能执掌公司的运营大权，但这并不意味着我在一心谋求迈克尔的职位。我只是想尽自己的全力把工作做到最好，并尽可能深入地了解公司的方方面面。就像我在职业生涯中一直奉行的态度一样，如果恰逢迈克尔从岗位上退下，我希望自己在机会来临时已经做好了准备。

这些年来，很多人都问过我什么才是培养抱负的最佳途径——这不但包括你自己的抱负，也包括你所管理的人员的抱负。作为一位领导者，你应该希望周围的人能够积极行动、去承担更多的责任，但前提是对于梦想工作的渴望不能让他们从现在所在的岗位上分心。抱负不能太过超越眼前的机遇。我见过的很多人都会把目光集中在某个工作或项目上，但真正实现目标的机会却很渺茫。他们对某个遥远目标的执着酿成了问题，使之对现在的环境越发厌倦。他们不把足够的注意力放在自己实际拥有的责任上，由于一心向往着别处，抱负便起到了适得其反的效果。抓住其中的平衡点很重要——把手中的工作做好；有耐心；寻找能够有所贡献的机会，并从中实现拓展和成长；利用你的态度、活力和专注，让自己成为一个上司在机遇出现时觉得必须将之交付于你的人。从另一方面来说，如果你是上司，那就应该培养以上所述的这类人——不是那些一边吵嚷着要升职、一边抱怨自己的能力没有被充分利用的人，而是那些在每天的工作中证明自己不可取代的人。

就像在许多事情上一样，汤姆和丹在此方面也树立了完美的典范。他们对我的成长付出了诸多精力，表达了他们对我成功的殷切希望，也为我开辟了一条道路，让我学习步步晋升和掌管公司运营大权所必备的知识。在职业的每一阶段，我都在如饥似渴地汲取知识，因为我知道，如果我拿出优秀的表现，那么他们便会对我有更为宏大的安排。相应地，我对他们也抱着极大的忠诚。

然而，首席执行官与其接班人之间的关系则充满了矛盾。我们都愿意相信自己是不可取代的，诀窍就在于拥有足够的自知之明，不要沉溺于你是唯一一个能做这份工作的人选的执念之中。从本质上来说，杰出的领导力的重点并不在于你的不可取代，而是要帮助他人做好有一天继任你的职位的准备——也就是给予他人与你一起制定决策的机会；辨识出他们需要开发的能力并帮助他们实现进步。另外，就像我之前不得不做的一样，有的时候，如果对方还没有做好迎接下一步的准备，你也要开诚布公地指出来。

迈克尔和我的关系错综复杂。有的时候，我觉得他对我的能力有所质疑；有的时候，他却既慷慨大方又给我诸多鼓励，还把自己的部分职责委托给我处理。我们关系最融洽的一个阶段发生在1998年末，当时，迈克尔来到我在纽约的办公室，告诉我说他想让我打造和运营一家国际性的机构。当时的我身任ABC电视集团的董事长，也就是说，ABC电视网、ESPN以及整个迪士尼电视的运营都由我负责。这虽然意味着要在所有这些职责之外再接手一个重任，但是我跃跃欲试，也很感激迈克尔把这个任务交给了我。

当时，迪士尼的视野狭隘得惊人。从拉美到印度再到日本，我们虽然在世界各地都设有分部，却没有设立一个合理的全球战略，甚至连合理的全球体系也没有建立起来。拿日本来举例，我们在东京某区设有一间工作室，而消费品业务却在另一个地方，电视业务也设在别处。三家之间互不往来，财务或信息技术等后勤业务之间也不相互协作。类似的资源浪费比比皆是。更严重的是，我们没有在任何区域设立专人管理当地的品牌运营和寻找独特商机。这是一种以伯班克为中心的非常消极的经营方式。

迈克尔看出了这个问题，也明白现状必须改变。他知道，公司需要全球性的发展。几年前，他就已经计划要在中国建立一座主题乐园。早在20世纪90年代初，迈克尔掌管迪士尼前10年的二把手弗兰克·威尔斯就与中国官员有过一些友好往来，但从来也没有取得实质性的推进。但是，通过那几次初期会面，中国意识到我们有在此建立主题乐园的兴趣，也在最近向我们发出了想要实现这次合作的信号。

凭借在ABC体育部以及《体育大世界》节目的工作经验，我跻身为少数拥有跨国经验的迪士尼高管中的一员，另外，由于在加入迪士尼之前曾促成了一些ABC儿童节目在中国的成功播出，我也成了公司唯一一个对中国有所了解的人。因此，迈克尔任命我为华特迪士尼国际的总裁，不仅委托我打造一套国际战略，还把在中国给主题乐园选址的任务交给了我。

我们就选址进行了一次初期讨论，鉴于气候、人流量以及可用土地等一系列的因素，我们很快得出结论，将上海定为唯一一个可行的地点。1998年10月，当身怀我们第一胎的薇罗即将进入第9个月孕期之时，我第一次代表迪士尼出访上海，被人带着四处选址，考察了三块候选地。中国官员们告诉我说："你想要任何一块地都可以，但是得从速决定。"

我们选定了市中心之外位于浦东的一块地，初次访问时，这块地还是一座正在兴起的城市边缘的一个小村落，因此，构想出迪士尼城堡矗立在完全建成的迪士尼乐园中的样子，并不是件非常容易的事。村子里有几条沟渠，还有孩童和流浪狗四处走动。破损不堪的房屋和偶尔能见的小卖部之间，零零散散地分布着小片菜地。自行车的数量远远超过汽车，我们眼中的"现代化"在这里无处可寻。但是，这片地的位置无可挑剔，一边是很快就要开放的浦东国际机场，另一边则是即将成为世界上最大而最有活力的都市之一的"市中心"。就这样，一场长达18年的旅程拉开了序幕，在此期间，我重访此地的次数超过了40次。

再说说我所管辖的另一块业务，在此期间，ABC广播公司进入了一次长期下滑态势的初期。我在管理黄金档节目时开发的热剧已经逐渐过时，前期开发阶段也变得缺乏创意而止步不前。《纽约重案组》仍然位居收视率前20名，另外，《家庭改建计划》《宝贝一族》等我们的其他几部情景剧也取得了不错的表现。但是，除了地位多年不可撼动的重头节目《周一橄榄球之夜》之外，我们的其他内容大多表现平平。

1999年，我们推出的《百万富翁》节目让颓势暂时有了起色。刚开始的时候，我们对这档节目持否定态度，直到创剧人再次找到我们并提出要用里吉斯·菲尔宾（Regis Philbin）作为主持人后，我们才重新作了评估。这档节目在当时犹如一场及时雨，而后又成为了我们的应急拐杖。无论是作为竞技还是任何题材的节目，《百万富翁》刚刚上映时得到的收视率都是惊人的。在第一季期间，节目每周播出三晚、每晚吸引大约3000万的观众，创下了当时网络电视不可想象的天文数字。《百万富翁》摘得了1999—2000季收视率冠军，成了电视台的救星，但即便如此，这档节目也无法完全掩盖我们埋藏更深的问题。

除此之外，1998年还有另一个亮点。当年年中，我开始认真思考关于即将来临的千禧年的报道事宜。我强烈地感觉到，世界各地的民众都会密切关注这一时刻，因此，以新闻部为首的整个公司也应把注意力和资源集中在这件事上。在距离千禧年到来还有18个月的时候，我与新闻、娱乐以及体育部的资深高管召开了一次会议，把我的构想告诉了他们——我们应该跟随午夜时分到达全球各地的脚步，进行一次24小时不间断的直播，记录每个时区迎接千禧年到来的时刻。记得，当时的我满腹激情地说了一句我们应该“把节目做到极致”，然后便看到了桌子对面不发一语而面无表情的鲁尼。很明显，他不喜欢这个提议。会议结束后，我把他拉到一边，问：“你是不是觉得我疯了？”

他回答说：“把一个日期变化连续24小时在屏幕上有意思地呈现出来，这怎么做到呀？”

我可以给出任何数量的方案（这个问题其实是个挺有意思的挑战），但鲁尼的声音和肢体语言中有什么东西告诉我，他的问题其实并不出在视觉呈现上。这只是因为，现在的他正在被要求落实一项不属于自己的重大构想，而委托他的人，曾经是对他言听计从的副手。

1993年，汤姆和丹将我晋升为电视网的总裁，而我也从此成为了鲁尼的上司。这些年来，我们之间合作顺利。他虽然对我跻身公司顶层感到骄傲，但仍然把我当作他的替补看待——我曾在他的麾下羽翼渐丰，现在的我，则是保护他不受企业中人情世故之烦、让他专心做自己事情的身居幕前的盟友。我虽然没有鲁尼希望的那样对他盲从，但他若是这样认为，也无伤大雅，我更没有什么理由非要去纠正他的想法不可。在自尊心不受威胁的时候，鲁尼的状态是最佳的。

但是，我毕竟需要他去执行我交付给他的项目。把人员收拢到你的一边，争取他们的热情加入，这件事并不好拿捏。有的时候，将他们的疑惑拿出来进行探讨，对其顾虑进行耐心回应，是值得去做的。但有的时候，你不得不直截了当地让对方知道，你才是上司，需要对方把任务完成。这并非是说第一种方法“友善”，而第二种不然，只是说第二种方法要更加直接且没有商量的余地。重点在于你觉得哪种方法适用于当下——有的时候，更加民主的方法不仅能帮助你得到最好的收效，也有利于提高士气；而有的时候，你或许有足够的把握，即便面对争议，你也愿意坚持做一名独裁者。

在这件事情上，我对自己的判断坚信不疑，也不会允许任何人劝阻我，即便对方是狂妄的鲁尼·阿利奇。毋庸置疑，若是散漫以对并将这股惰性传达给自己的团队，他可以轻而易举地破坏我的项目。就像我在这些年来与之合作或谈判过的许多人一样，如果感觉自己受到了别人的压制，鲁尼便会心存不快。因此，我采取了一种“软专制主义”的方式，在尊敬对方的同时，也会让对方明白，这件事是无论如何都要做成的。“鲁尼，”我告诉他说，“若说有什么人们一看就推断是你想出的创意，那就非此莫属了。这个创意既宏伟又大胆，几乎不可能落地，但是，你又怎么会因为这点事而却步呢？”

我并不确定事由是鲁尼不喜欢我的创意，还是当时的他感觉自己实在没有精力执行一个如此庞大的项目。但我知道，鲁尼是不会在挑战面前选择拱手放弃的，因此便利用了他的自尊心刺激他加入进来。他什么也没有说，只是微笑着点了点头，仿佛在说：好，交给我吧。

最终，我们创造出了一档在人们眼中堪称伟大的节目。为此，鲁尼的团队做了几个月的准备工作，而他则在最后时刻参与进来，遵从自己的一贯作风，将整个节目连根拔起，又移植到了其他的地方。彼得・詹宁斯（Peter Jennings）在时代广场主持了我们的千禧年报道。当午夜的钟声在位于第一个迎来新年时区的瓦努阿图敲响时，我们的团队在现场见证了这一刻。在接下来的24个小时里，我们从中国、巴黎、里约热内卢、奥兰多迪士尼世界以及纽约时代广场进行直播，以最后一站洛杉矶的直播收场。彼得拿出了出色的表现，他身穿燕尾服坐在直播间里俯视着脚下成千上万名参加狂欢的群众，带领观众一起体验这全世界每一个人所共享的时刻、这个在我们任何人的一生中都绝无仅有的一刻。没有哪家电视网像我们一样投入了如此多的资源，也没有任何一家的观众人数能比得上我们。

我在当天几次来到直播间。从直播刚开始的时候就不难看出，这档节目定将会大获成功，随着时间的推进，直播间里跃动着一股激动的情绪。看着鲁尼在整个直播期间指挥大局，时而向现场的团队发出指示，时而对彼得的耳麦讲话，让他在直播中穿插某句台词，时而又下令转换机位，预见即将发生的过渡，这于我而言是最为骄傲的一刻。25年前，我在弗兰克·辛纳屈麦迪逊广场花园演唱会上第一次发现了这位伟大的指挥家，现在的感觉，一如当时。

这一天大约过了20小时的时候，我来到控制室与鲁尼见面。他的脸上绽开灿烂的笑容，热情地抓住我的手，握了好一会儿。他对自己感到自豪，为我感到骄傲，也很感激我给了他这次机会。当时的他已经年近七旬，在制作了一生的电视节目后，这将是他制作的最后一场盛事。

两年后，在与癌症进行了旷日持久的殊死搏斗后，鲁尼离开了我们。他去世的前一周，我在纽约度过感恩节周末，那个周六的晚上，我在家里收看ABC频道南加州大学对圣母大学的橄榄球比赛。晚上10点，我的电话响了起来，接听后，ABC的接线员告诉我："艾格先生，鲁尼·阿利奇打电话找你。"如果记得电话号码又适逢紧急情况，你便可以拨打ABC的总机，由接线员帮你接通你要找的人。看来，鲁尼还记得电话号码，且想到了什么紧急的问题。

接线员帮我们接通了电话。"鲁尼？"

“鲍勃，你在看什么呢？”

“在看橄榄球赛。”

“哦，橄榄球赛！你有没有注意到，比赛的解说全不在点上？”

他说，播音员的解说错误百出，全是胡说八道。我知道，鲁尼的病情最近恶化，已经被送进医院。我知道，他一定是出现了幻觉，而不知什么触发了他对老工作的责任感。既然鲁尼说节目出了问题，那我就必须努力把问题解决。

“鲁尼，让我看看是怎么回事，”我说，“我一会儿打给你。”

我打电话给控制室，询问有没有人投诉声音出了问题。我从ABC在纽约的总控制中心得到的回应是：“不，鲍勃，什么也没有。”

“你能不能打电话给总机，看看他们接到什么投诉没有？”

不一会儿，我就接到回应：“没有，什么也没有。”

我打电话找到鲁尼：“我刚刚跟控制室通了话，他们已经采取了行动，确保节目没有问题。”趁着我们还无法继续探讨他觉得自己听到了什么这个话题，我发问道：“你怎么样，鲁尼？”

他的声音很虚弱。“我在纪念斯隆-凯特琳凯癌症中心，”他说，“你觉得我能怎么样？”

我问他接不接受探病，第二天，我便去医院看望他。走进病房时，他正躺在床上，看到他的那一刹那我就知道，他的时日不多了。电视上正在播放一场花样滑冰比赛，他正专心致志地看着。我走过去站在他的身边，他抬眼看看我，然后又把目光转回了屏幕上的滑冰运动员。“日子跟从前不同了，”他说，“不是吗？”

我不知道他是在回忆那些我们可以到任何地方做任何事情，而不会有上司因为他花钱大手大脚而唠叨埋怨的日子，还是那些他是一屋子人里的英雄，没有人敢于质疑他权威的日子，或许，他说的“从前”，更与我们所处的当下相关。整个行业在他的眼皮下发生了改变，世界也与从前不同了。而他，已是时日不多。俯视着病床上的他，我知道，这将是我最后一次与他相见。“是啊，鲁尼，”我回答说，“日子跟从前不同了。”

在我们的千禧年直播掀起高潮之后，ABC的态势每况愈下。《百万富翁》虽然在2000—2001年仍然人气高涨，但与前一季相比则全然不能相提并论。我们眼睁睁地看着收益逐渐减少，却没有正在开发中的好内容。我们没有采取重大的改革措施来重振娱乐公司，而是越发依靠这一个节目来支撑整个业务。NBC因每周四晚的《必看电视》而收视飘红，而CBS则通过《幸存者》和《犯罪现场调查》重新找到了立足点，作为与这两家电视台竞争的一个方式，我们把《百万富翁》的播放频率提高到了每周5次。

短短几年的时间里，我们就从收视率最高的电视网滑落到了“三大电视广播网”的最后一名，随着福克斯的不断发展，我们甚至连前三的位置都难以保住。我在其中自然要承担一部分责任。ABC由我掌管，而我也支持了每周多次播出《百万富翁》的安排。这不啻为一个解决ABC问题的讨巧方法，但当这档节目也开始出现颓势的时候，我们埋藏更深的问题也就暴露了出来。

1999年末，孤身一人运营公司的重任开始让迈克尔身心俱疲。他变得越发孤立和不安，对周围的人也越来越多疑和挑剔。他知道自己需要有个人来一起分担重任，董事会也向他施压，他毕竟在公司的头把交椅上坐了16年，至少也该有些开始寻找接班人的计划了。这件事对他而言并不容易。在奥维茨一事尴尬收场之后，迈克尔对于任命副手非常谨慎。他知道，自己已经没法维持之前的秩序，但也不愿意去面对分配职责、共同决策以及在自己的诸多业务中引入外人所带来的麻烦。

迈克尔迟迟不愿任命副手，这使得整个公司都受到了影响。很明显，他需要有人帮助，但他一直不愿填补二把手的位置。因此，便有人拼命想要抢占这个位子。我们的法律总顾问桑迪·利特瓦克被提升到了副董事长的位置，并逐渐把自己当成了公司实际上的首席运营官。换由彼得·墨菲（Peter Murphy，与上一任负责人拉里·墨菲没有血缘关系）掌管的战略规划部逐渐远离了长远战略的制定，而是逐渐开始参与起日常决策来。公司的人员开始争权夺利，分工和职责之间的界限变得模糊起来，对公司的士气造成了毁灭性的打击。

几个月以来，迈克尔对我一直保持忽冷忽热的态度。他时而依赖于我，让我觉得假以时日他便会把我任命为首席运营官。而后又把我拒于千里之外，让我再次落入对未来的不确定感中。1999年的8月，我趁着入职以来第一个两周的假期，带着薇罗和我们当时马上就要两岁的孩子麦克斯在马莎葡萄园岛租了一间房子。汤姆·墨菲在我们度假的第一晚给我打来电话，说他在前一晚刚与迈克尔和其他几位迪士尼董事会的成员在洛杉矶吃过晚饭，在讨论到继任的问题时，迈克尔说，我是没有机会成为他的接班人的。按照汤姆自己的话来说，他“吓得不知所措”，尤其是因为他曾在几年前的并购案谈判期间力劝让我留在原职上。“兄弟，”他说，“我真不想给你坏消息，但你必须离开迪士尼了。迈克尔不相信你，还在董事会面前表示你不能做他的接班人。你非得辞职不可了。”

我既震惊又难过。在过去的几年里，我时常要忍受向迈克尔·奥维茨汇报工作带来的负面情绪和干扰。为了让ABC能够融入迪士尼，我任劳任怨，确保我们的团队受到重视和尊重，也协助推动了一场迪士尼并未用心思考过的“同化运动”。我为公司设计并搭建了一整套国际体系，并为此在一年时间里频繁出差，一次次离开家人身边。这一路走来，我一直是迈克尔的捍卫者和忠臣，而现在，在1975年我被第一任上司告知“晋升无望”的25年后，我又听到了同样的宣判。

我告诉汤姆我不打算辞职。我在年末有一笔年终奖，不会就这样白白放弃。如果迈克尔打算解雇我，我需要他亲口告诉我。我挂上电话，整理好情绪。我下定决心，在度假期间暂时不把消息告诉薇罗。当时的她是CNN[1]的一位重要主持人，联合主持一档一小时长的财经新闻节目《财经在线》。她的事业如日中天，但是这份工作的强度很大，在压在身上的工作重任之外，她还奇迹般地挤出了时间和精力，尽职尽责地承担起照顾麦克斯的义务。她需要休息，因此，我把所有的情绪都压在心底，直到我们回到纽约的家。

从那之后，我便等待着水落石出的一天。9月的一天，迈克尔让正在伯班克公司总部的我去见他。我很确定自己的任期就要结束了，我一边走进他的办公室，一边努力让自己做好接受接下来这一记重创的准备。我在他对面坐下，等着他发话。“你有没有做好长期搬到洛杉矶来的准备，帮我一起运营公司？”他问道。

过了一会儿，我才听懂他在说什么。我先是迷茫，然后如释重

1 Cable News Network，美国有线电视新闻网。

负，后来又开始怀疑自己能不能相信他的话。“迈克尔，”我最终张口回答，“你知道你对我的态度有多飘忽不定吗？”迈克尔让我把全家都搬到加州来，让薇罗放弃一份很重要的工作，而不到四周前，他还在满满一桌人面前说，我是绝对当不成他的接班人的。我说：“这次，你得把情况跟我说清楚。”

他的反应要比我想象中更加真诚。他说，他并不确定我是否愿意搬回洛杉矶来，这是他担心的一个因素。但更重要的问题在于，如果他把我任命为首席运营官，那么按照他的话，他就等于在“跟自己竞争”。我想他的意思可能是说，这样一来，如果董事会想要替换他，便有了另外的人选，但直到现在，我也没有完全确定他的话到底是什么意思。

“迈克尔，”我说，“我并不想谋取你的位子或是做任何有损于你的事。”我告诉他，我虽然很愿意在以后有机会管理这家公司，但并不觉得这件事会发生在不久的将来。“我从没有想象过你会离职，”我说，“我也无法想象董事会想要让你离职。”我说的是实话，我的确想象不到。公司虽然不是一帆风顺，但在当时，人们对迈克尔的信任并没有出现什么危机。他仍然是世界上最受人尊敬的首席执行官之一。

会议结束时，我们并没有达成任何协议。迈克尔没有给我任何头衔，也没有开始实施任何正式的方案。我回到纽约，等待听到更多信息，但这一等就是一个月。一起在伦敦出席舞台剧版《狮子王》的首演仪式时，迈克尔建议我跟他一起飞回洛杉矶，探讨一下我的未来。但是我已计划从伦敦飞往中国，因此我们决定，等我过几周后再去洛杉矶跟他详细探讨细节问题。

当年的12月初，迈克尔终于发布了让我成为公司总裁和首席运营官并加入董事会的提案。这无疑是一次信任投票，更是来得让我始料未及，尤其是在几个月前刚刚跟汤姆进行完那次谈话之后。

我很快亲自与桑迪·利特瓦克制定了一份协议，除了他那似是而非的首席运营官职位之外，桑迪仍然担任着公司的法律总顾问一职。对于我的后来居上，桑迪心存不悦。消息公布的前一天，他打来电话让我修改协议内容。他说，我的职位是执行副总裁，而不是总裁兼首席运营官，且董事会的席位也不能给我。我告诉桑迪，我是总裁、首席运营官以及董事会成员，要么就免谈。一个小时后，他打电话跟我确认三点全部通过，第二天，我们便公布了消息。

对于我的事业而言，这是一次绝好的机会。虽然不确定我能否在未来升任首席执行官，但我至少有了一个证明自己的机会。但对于我的个人生活而言，这却又是艰难的一步。当时，我的父母都已年近80，比任何时候都需要别人的看护。我的两个女儿一个21岁，一个18岁，而我也不想再次离开，与她们分居两地了。CNN同意让薇罗在洛杉矶主持她的节目，将关注点放在科技和娱乐产业之上，但真正实践起来，又谈何容易。虽然薇罗一如既往地给予了我难以想象的支持，但我还是意识到，十年之后的我，正在又一次地要求另一任妻子在某种程度上牺牲掉自己的事业，为了我的事业一起搬到洛杉矶去。

在此之后，发生在迪士尼、迈克尔以及我身上的事，是我无论如何也始料未及的。一路争取的东西终于就摆在眼前，而现在，才是困难的时刻到来之际。这，往往就是人生的必经之路。

第六章

好事终会发生

我常常说，是迈克尔“重新建立”了迪士尼公司。1984年他接手迪士尼时，这家公司的辉煌历史已经成了渺远的回忆。自从华特于1966年去世之后，公司便陷入了泥潭之中。华特迪士尼影业集团以及动画制作公司的状况都非常糟糕，加州迪士尼乐园和奥兰多迪士尼世界虽仍然人气高涨，但公司将近3/4的收入都是由这两家乐园扛起的。在迈克尔接手前的最后两年，迪士尼的净收入骤跌了25个百分点。1983年，“企业打劫者”索尔·斯坦伯格（Saul Steinberg）曾试图收购迪士尼，这也是公司在一系列险象环生的收购企图中躲过的最后一劫。

翌年，为了扭转公司的命运和保持公司的独立，华特·迪士尼的侄子罗伊·迪士尼（Roy Disney）以及迪士尼公司最大的股东希德·巴斯（Sid Bass）将迈克尔任命为首席执行官和董事长，并将弗兰克·威尔斯任命为总裁（迈克尔在此之前曾任派拉蒙的总裁，弗兰克之前则是华纳兄弟的总裁）。两人继而雇佣了曾在派拉蒙为迈克尔效力的杰弗里·卡森伯格，让他负责管理华特迪士尼影业集团。杰弗里和迈克尔一起促成了迪士尼动画的复兴，进而重振了品牌的人气，引发了消费产品销量的大幅增长。两人也在迪士尼旗下的试金石影业上投入了更多的精力和资源，打造出《家有恶夫》和《漂亮女人》等数部非G级[1]的真人电影。

迈克尔意识到，迪士尼身下埋藏着尚未利用而价值巨大的宝藏，这或许是他最大的天才之举。其中的一个宝藏，便是主题乐园积攒的人气。如果稍微把票价调高一点，虽不会对游客的数量产生任何重大影响，但公司的收益则会出现大幅增长。在迪士尼世界建新酒店也是一个尚未开发的商机，在迈克尔担任首席执行官的第一个10年里，众多的酒店如雨后春笋般问世。接下来，便是主题乐园的扩张，包括佛罗里达的米高梅-好莱坞影城（现在叫作好莱坞影城），以及巴黎市郊的欧洲迪士尼乐园（现名为巴黎迪士尼乐园）。

1　美国电影分级制中的大众级，小孩子可以独自观看，无须家长陪同。

我们的IP宝库拥有更大的发展潜力，这些迪士尼的伟大经典影片就这样悉数静待着，等待有人把它们变成公司盈利。公司开始将经典迪士尼动画研究馆中的影片录像带售卖给那些在童年时看过这些影片的父母，让他们在家里把影片播放给自己的孩子看。这发展为一项10亿美元量级的业务。接下来，通过1995年对大都会/ABC广播公司的收购，迪士尼拥有了一张巨大的电视网，而最重要的是，他们也将ESPN及其当时将近1亿名用户收入囊中。所有这些事例都表明，迈克尔是一位伟大而创意丰富的思想家和商人，是他将迪士尼公司打造成了一家现代娱乐巨头。

迈克尔任命我为二把手后，我们对职责进行了分配，由他来负责华特迪士尼影业集团以及乐园和度假村的主要监督工作，而我则重点关注媒体网络、消费产品以及华特迪士尼国际部门。迈克尔不让我插手动画部门的事宜，除此之外，他让我参与了几乎所有的策划和决策。毫不夸张地说，是他给了我一种之前所不具备的全新视角。我对于搭建和运营一家主题乐园所牵扯到的创意过程毫无经验，也从未花时间从视觉角度勾勒出游客的体验。迈克尔带着一双设计师的眼睛体验着这个世界，虽然他并不是一位天生的导师，但跟在他的身边观察他工作，还是让我有了一种学徒般的感觉。

在我担任迈克尔副手期间，我们在佛罗里达的迪士尼动物王国、香港迪士尼乐园以及阿纳海姆迪士尼冒险乐园纷纷开园。我陪他走过漫漫长路，足迹遍布这些乐园开幕前的园区以及我们既有的乐园，不但了解到他眼中看到了什么，也明白了他想要努力改进的是什么。他会走过一条小道，望向远方，然后迅速抓住一些小细节，比如绿化做得不够葱郁，或是哪幢建筑物显得突兀或过时。

对于我来说，这些都是难能可贵的学习机会。我不但在管理企业上收获了诸多经验，更重要的是，我还了解了迪士尼主题乐园的创意和设计精髓。

迈克尔也允许我陪他一起对迪士尼幻想工程部进行了多次访问，这个部门设立于加州格兰岱尔的一片广阔的校园中，距离我们在伯班克的影棚只有几公里的距离。关于幻想工程部的内容已见诸许多书籍和文章，我能想到的描述这个部门的最简单方法，就是将其描述为迪士尼所创造的除电影、电视和消费品之外的一切项目的创意和技术中心。我们所有的主题乐园、度假区、娱乐设施、游轮以及房地产项目，每一场现场表演、灯光秀以及游行，还有小到演职人员的服装、大到城堡建筑设计的每一个细节，都出自幻想工程部。关于迪士尼幻想工程师们在创意和技术上的伟大造诣，如何盛赞都不为夸张。他们是艺术家、工程师、建筑师，也是技术专家，他们置身于一家举世无双的机构，扮演着独一无二的角色。

时至今日，这些工程师天马行空的想象以及将构想付诸实践的能力仍然让我一次次折服，而且，他们构想出的项目往往是具备相当规模的。参观幻想工程部的时候，迈克尔会对大大小小的项目提出批评建议，无论是详细描述某个娱乐设施体验的故事板，还是一艘即将建成的游轮的特等客舱设计，他都会认真审阅，而陪同他的我，则会在一旁观察。他不仅会聆听即将举行的游行的演示信息，也会审查一家新酒店大厅的设计。他不仅能在把控大局的同时注意微小细节，还能思考二者会相互产生何种影响，这种能力不仅让我印象深刻，对我的个人成长更是有着不可估量的价值。

在接下来的两年里，迈克尔的监视变得越发严密起来，人们也常常抱怨说他是一位令人窒息的完美主义者和微观管理者。对此他却有自己的见解："人们低估了微观管理的价值。"我同意他的观点，但凡事都要有度。与鲁尼·阿利奇共事的几年经验让我不需说服就相信，很多事情都是靠细节定成败的。迈克尔往往能看到别人看不到的细节，从而会要求人们把这些细节做得更好。他本人和公司之所以能获得如此多的成就，源泉就在于此，而我也对迈克尔对细节的执着抱有强烈的尊敬。这不仅体现了他对事情的上心，也着实取得了成效。他明白，所谓"伟大"，往往就是由一些微小细节拼凑而成的，在他的帮助下，我对这一点的理解也愈加深刻。

迈克尔对他的微观管理引以为傲，但在表达这股自豪感以及提醒别人他所关注的细节之时，或许会给人留下锱铢必较和固执己见的印象。有一次，我看到他在一家酒店大堂里接受采访时对记者说："你看到那边的台灯了吗？都是我挑的。"这可不是一个首席执行官应有的风范（应该坦白，有几次，我发现——或是被别人提醒——自己也犯了同样的错误。泽尼亚·穆哈就曾用她独有的方式告诉我说："鲍勃，你自己知道这事儿是你做的就行，不必宣告全世界，所以闭嘴吧！"）。

2001年初，所有传媒和娱乐公司都感觉到脚下的局势正在变化，但没有人确定该往哪里跑。科技瞬息万变，由此而来的颠覆效果越发彰显，也引得人们越发焦虑。当年3月，苹果公司发布了"自选，自制，自刻"活动，昭告世界，一旦购买了音乐，你就可以对其随心进行复制和利用。包括迈克尔在内的很多人都看出，这对音乐行业而言无疑是一次致命的威胁，电视和电影行业很快也会遭受牵连。迈克尔一直都是版权的忠实捍卫者，对于盗版问题常常直言不讳，苹果的这则广告让他难掩愤懑，以致他公开对苹果开炮，在参议院商业委员会面前出庭做证，说苹果公司是在公然挑衅版权法和鼓励盗版。他的做法，引起了史蒂夫·乔布斯的不满。

这是一段很有意思的时期，也标志着我眼中大家所熟悉的传统媒体之终结的开始。在努力寻找自身在这个日新月异的世界立足点的过程中，几乎所有的传统媒体公司都选择了以恐惧而非勇气作为行动的出发点，固执己见地试图建起壁垒保护在即将来临的巨变中无望存活的老旧模式，这一点在我看来非常值得寻味。

没有任何人像史蒂夫·乔布斯一样将这股巨变体现得淋漓尽致，除了苹果公司的运营之外，他还担任着我们最重要和最成功的创意伙伴皮克斯的首席执行官。20世纪90年代中期，迪士尼与皮克斯签订协议，共同制作、宣传以及发行皮克斯的5部影片。按照之前一份协议制作的《玩具总动员》于1995年上映。这是世界上首部数字制作的动画长片，无论在创意还是技术上都是一次影响深远的跃进，也在全球斩获了将近4亿美元的票房收入。《玩具总动员》之后，两部成功之作相继问世：1998年的《虫虫危机》以及2001年的《怪兽电力公司》。累计计算，这3部影片在全球获得了远超10亿美元的票房收入，也让皮克斯在迪士尼动画开始蹒跚不前时成为动画未来的代表。

虽然皮克斯的影片在艺术和商业上双双获得成功，但两家公司（基本上可以说是迈克尔和史蒂夫）之间的关系却日渐紧张起来。签订第一份合作协议时，皮克斯还只是一家初创公司，而迪士尼则拥有一切有利条件。皮克斯在合同中牺牲了许多利益，包括其影片所有续集权益的所有权。随着皮克斯业绩的积累和地位的提高，两家公司之间不平等的关系，开始让原本就无法容忍被任何人摆布的史蒂夫感到如鲠在喉。迈克尔更加关注的是已经协商好的合约中的具体条款，对于史蒂夫的感情仿佛毫无觉察或不以为意。

两人的关系在《玩具总动员2》的开发阶段越发恶化。这部电影原本计划不在影院上映，而是直接推出录像带，但由于影片的早期版本比原计划消耗了更多的制作资源，两家公司得出结论，决定应该先将影片推上大银幕。这部片子在全球获得了将近5亿美元的票房，也引出了一场关于合约条款的争议。皮克斯认为，这部影片应该算作他们与迪士尼协议中规定的5部影片之一，但迈克尔以此片为续集的理由提出反驳。这件事，成了迈克尔和史蒂夫之间的又一个争端。

皮克斯的名声和影响力随着每一部影片的推出而节节攀升，而其与迪士尼之间的关系也随之日渐紧张。在史蒂夫看来，他和皮克斯应该得到更多来自迪士尼的尊重，也希望这两家公司势力的变化能在合约上体现出来。他也认为，由于皮克斯在创意和商业上双双赶超了迪士尼，因此迪士尼应该在创意上寻求他们的帮助。然而，他却感觉迈克尔在这段合作中一直将皮克斯当作较弱一方或是受雇的乙方，在他眼里，这是对他们极大的轻视。

同样地，迈克尔也觉得自己没有得到尊重。他和迪士尼的其他工作人员都认为，他们在这几部影片制作中扮演的角色远比不发一声的合伙人要重要，而史蒂夫从未给过迪士尼应得的赞誉。在担任首席运营官期间，我从未参与过与皮克斯的合作工作，但很明显，皮克斯正日渐强大，而迪士尼却日渐衰落，这两位态度强硬的人物，注定要为争取最高权威而拼个你死我活。

这就是2001年整年的大致局势——我们的行业正以闪电般的速度发生着变化；迈克尔和史蒂夫之间的矛盾威胁着一段重大合作关系的未来；一连串的票房失利使得民众对迪士尼动画失去了信心；ABC的收视率持续下跌；而迈克尔的领导也开始引起了董事会的关注和质疑。

接下来，“9·11”恐怖袭击发生，不仅以我们无法想象的方式改变了世界，也为我们制造了前所未有的挑战。当天早晨我在黎明时便起了床，正在家里健身的时候，忽然间抬眼看到电视上正在播放一架飞机撞入世界贸易中心双子塔的新闻。我立刻停下来，走到另一间房间打开电视，正好看到了第二架飞机撞入双子塔的画面。我立刻打电话找到ABC新闻部的总裁大卫·威斯汀（David Westin），一来确定他得到了多少消息，二来看看该如何报道眼前正在发生的事件。大卫手上的信息很少，但与所有重要新闻机构一样，我们正在往五角大楼、白宫以及曼哈顿下城区等多方派出几百名工作人员，试图搞清楚到底发生了什么。

我急忙赶到办公室，在路上给迈克尔打了一通电话。当时的他还没有看到新闻，但等他打开电视后，我们产生了相同的担忧——迪士尼也可能成为袭击目标。我们作出决定，立即关闭奥兰多迪士尼世界并进行清场，且严禁开放加州迪士尼乐园。接下来的一天里，我都在协调我们在各个方面的应对措施——我与ABC新闻部进行了几个小时的电话会议，确定我们的所有员工都未受伤害，还部署了乐园在接下来几天的安保准备，并尽力让大家在人生中最恐慌的日子里保持冷静。

“9·11”事件后的很长一段时间里，全球的旅游业都处于颓势之中，这是恐怖袭击的余波所带来的诸多影响之一。迪士尼业务也遭受了致命的打击。股市出现了全面骤跌，在袭击发生后的短短几天内，将近1/4的迪士尼市值便蒸发不见了。紧接着，我们最大的股东巴斯家族为补充一笔保证金而抛售了大量迪士尼股票——总价约20亿美元，共1350万股，从而导致了我们的股价出现了又一轮的跳水。全世界的公司都需要一段时间疗伤恢复，但我们的问题则不断累积，对于迪士尼和迈克尔而言，这也标志着一段陷入争议和冲突之中的漫长过程的开始。

从很多方面来说，迈克尔处理之后出现困难的态度，都可以用可钦可敬和坚忍不拔来形容，但随着压力的进一步加剧，悲观主义和妄想多疑的窠臼逐渐变得难以规避。有时接起电话，另一边的迈克尔便会告诉我，他刚刚在浴室里、飞机上或是午餐的某次谈话中突然认定，要么是我们所做的某个项目注定要失败，要么就是有人会赶超我们，或是某个协议一定会出娄子。他会一字一句地告诉我说：“天要塌下来啦。”久而久之，一股前景黯淡的阴霾开始在公司里弥漫开来。

一般来说，迈克尔天生而来的悲观主义的确能取得效果，但这也是在一定程度上而言。他的一部分驱动力来自对灾难的恐惧，这也往往推动了他的完美主义和成功，但在鼓励人心上，悲观主义并不是一个非常有力的工具。有的时候，他的担心事出有因，也应当予以处理，但是很多时候，裹挟着他的却是一种杞人忧天般的担心。担心并非迈克尔唯一的状态，除此之外，他与生俱来的充沛精力也往往有着很大的感染力。但在他的晚年，随着肩上的压力逐渐增加，悲观主义从例外变成了常态，也使得他开始拉帮结派、离群索居。

没有人能够完美地处理迈克尔所经受的压力，但是对于一位领导者而言，乐观精神是必不可少的一项特质，在困难时期更是如此。悲观主义会导致妄想偏执，进而发展为戒备多疑，再进一步则会导致对风险的全盘规避。

乐观主义则会带来全然不同的连锁效应。你所领导的员工需要相信你有能力着眼重点，而不是以戒备心和自保心为出发点来做事，在困难时期尤为如此。这也并不意味着要向大家传递“船到桥头自然直”的盲目信心。你要相信自己和身边的人有能力朝着最好的结果前进，如果不是真的遇到重大的挫折，那就不要传达满盘皆输的信息。作为领导，你所设下的基调对于身边的人而言有着巨大的影响，没有人想要成为悲观者的信众。

“9・11”事件后的几年里，董事会的两位重要成员罗伊・E.迪士尼及其律师斯坦利・戈尔德（Stanley Gold）公开提出，他们对迈克尔管理公司的能力抱有怀疑。罗伊和迈克尔有一段漫长而复杂的历史。从很大程度上来说，迈克尔成为首席执行官和董事长都是因为罗伊，而迈克尔对公司的管理，也为罗伊和所有股东带来了巨大的收益。在1984年到1994年之间，迪士尼的年收益涨了四倍，股价也上涨了1300个百分点。

在那些年里，迈克尔不遗余力地对罗伊殷勤以待，努力地表现对他的顺从和尊敬。这可不是件容易的事。有的时候，罗伊是个非常难以接近的人。他将自己视为迪士尼传承的捍卫者，把迪士尼当成自己的生命、空气和血液，一举一动都是在表示，任何对传统的脱离都是对他和华特本人之间所结下的某种神圣誓约的亵渎（而据说，华特从来没有对他的侄子表现出太多的尊重）。与其说罗伊尊重历史，还不如说他是在敬畏历史，而这也导致了他对任何改变都难以容忍。他非常厌恶迈克尔对大都会/ABC广播公司的并购，因为这意味着将迪士尼之外的品牌注入了公司的血脉之中。还有一个没有这么重大却更能说明问题的事例。有一年的圣诞季，我们决定在迪士尼商店里出售纯白色的米老鼠毛绒玩具，罗伊对此愤懑不已。他在写给迈克尔和我的电子邮件中怒斥道："黑色、白色、红色和黄色，米奇只能是这些配色，不能改变！"他想让我们把他口中的"白化病米奇"从货架上撤下来，我们虽然没有照做，但他还是分散了我们很多的精力。

另外，罗伊还是个嗜酒如命的人。他在世的时候，我们从未在迪士尼讨论过此事，但几年之后，他的一个孩子与我开诚布公地讨论了父母的酗酒问题。几杯酒下肚后，罗伊和他的妻子帕蒂有时会变得非常易怒，这也往往会导致他在深夜发出言辞激烈的电子邮件（我就是其中几封邮件的收件人），集中攻击作为迪士尼传承监护人的我们在他眼中所犯的错误。

随着我们面对的挑战的加剧，罗伊对于迈克尔的不满也表现得越发明显，最后甚至发展到对他进行彻底攻击的地步。2002年，罗伊和斯坦利给董事会发了一封信，要求迈克尔解决两人的诸多担忧：ABC低迷不振的收视率；与史蒂夫·乔布斯和皮克斯之间的矛盾；在主题乐园策略上存在的争议；以及在他们看来因迈克尔的微观管理而起的问题。这封信所申诉的内容非常具体，使得我们不得不认真对待。结果，这封信引发了一整场在董事会面前举行的管理者演说会，内容涉及了所有问题及其处理方法。

但这场会议似乎并没有得到什么效果。罗伊和斯坦利花了大半年的时间，努力说服董事会罢免迈克尔。在2003年的秋天，迈克尔终于对两人忍无可忍。他的应对方法，便是利用公司关于董事会成员任期的治理准则。章程规定，董事会成员在72岁时必须退休。此条款以前从未被用在任何人的身上，但罗伊极尽挑衅，使得迈克尔决定援引此条款进行反击。然而，迈克尔并没有亲口传递这条信息，而是让董事会的提名委员会会长告诉罗伊，他将无权参加重选，并必须在2004年3月的下一次股东大会召开之时退休。

下次的董事会预定于感恩节后的周二在纽约举行。周日的下午，薇罗和我一起去博物馆参观，并安排好了晚餐约会，路上，迈克尔的助理突然叫我到他在东区61街皮埃尔酒店的住处参加紧急会议。我来到公寓的时候，迈克尔正拿着一封罗伊和斯坦利写给他的、从门缝塞进来的信。

我接过他递给我的信，读了起来。罗伊在信的开头说，他和斯坦利将辞去董事的职位。接下来，他用三张纸的篇幅就迈克尔对公司的管理工作进行了言辞激烈的抨击。前十年的确是成功的，对此他表示了认同，但后来的十几年时间却是由七大确凿的败笔构成的，对此，他一条一条地列举了出来：

1．没能将ABC黄金档节目从收视率低谷里挽救出来；2．“对身边每一个人的微观管理，导致整个公司的士气都受到了打击”；3．对主题乐园的有效投资不足——廉价开发——降低了乐园的游客量；4．“我们的所有股东都认为……公司变得唯利是图而没有灵魂，总是寻找‘快钱’，而忽视了长期的价值，这也导致了民众对公司的信赖的流失”；5．由于微观管理和士气低迷导致公司创意干涸；6．没能与迪士尼的合作伙伴建立起良好关系，尤其是皮克斯；7．“你一直不愿制定一个明确的继任规划”。

在结尾时，罗伊写道：“迈克尔，我从心底坚信，应该离开公司的人是你，而不该是我。因此，我再次呼吁你辞职引退。”

罗伊的一些不满的确有一定的合理性，但大多数内容都是在未考虑背景信息的情况下得出的，但是，执着于此也于事无补。我们都知道脚下的路充满了艰难险阻，也开始为抵抗不可避免的公关噩梦制订起对策来。

这封信仅仅是个开始。很快，罗伊和斯坦利便拉开了他们所谓的“拯救迪士尼”运动的序幕。接下来，在2004年3月于费城举办的年度股东大会前的三个月里，他们抓住所有机会在公开场合对迈克尔进行抨击，努力动员董事会的其他成员站在迈克尔的对立面。他们还开设了“拯救迪士尼”网站，积极游说迪士尼股东在即将举行的会议上投“保留票”，把迈克尔从董事会里挤出去（你如果在一家公司中持有股票，便会收到一份代理委托书，每年，你都可以为某位董事会成员投出赞成票，或者也可以“保留”投赞成票的权利，这也就等于投了反对票）。

运动进行期间，迈克尔和史蒂夫·乔布斯之间酝酿已久的矛盾终于爆发。迪士尼试图将与皮克斯的5部电影合作条约延期，但史蒂夫却拿出了一份让人无法接受的新合同。合同规定，皮克斯将掌控制作工作并保留所有的续集版权，而迪士尼则被降至发行合伙人。迈克尔拒接签订协议，而史蒂夫则拒绝接受任何反对提案。在漫长的谈判过程中，迈克尔在《海底总动员》上映前写给董事会的一篇内部通知被媒体曝光。在通知中，迈克尔表示他对看到的粗剪版并不感冒，在他看来，皮克斯不该狂妄自大，应该对自己有个“清醒的认识”。迈克尔表示，如果《海底总动员》得不到好的成绩，这也未必是件坏事，因为这意味着迪士尼将在谈判中获得更多的优势。

对于史蒂夫来说，没有什么要比被人利用更令他厌恶的了。一旦有人想占他便宜，他一定会大发雷霆。而迈克尔也一样嫌恶任何在他眼中的对他或公司的欺凌，两个这样的人组合在一起，一场本就难以进行的谈判更是变得几乎寸步难行。有一次，史蒂夫说迪士尼动画制作了一系列“尴尬烂片”，后来，他又在2004年1月发布了一次非常公开且毫无掩饰的声明，表示再也不会跟迪士尼打交道了。他说：“在为达成协议进行了10个月的尝试之后，我们选择翻篇。很遗憾，迪士尼再也不能在皮克斯未来的成就中分一杯羹了。”迈克尔的回应是，这并不是什么大事，我们可以随意挑选任何由我们发行过的皮克斯影片来制作续集，对方无权阻挠。之后，罗伊和斯坦利也介入进来，并发表了一份自己的声明，表示：“一年前，我们曾提醒迪士尼董事会说，我们认为迈克尔·艾斯纳对皮克斯的合作关系处理失当，并同时表达了对合作关系恶化的担忧。”这份声明，等于是在为他们关于迈克尔已经无力掌管公司的论断火上浇油。

实际上，迈克尔对史蒂夫要求的拒绝是正确的。若是接受史蒂夫所提的要求，便是对公司财务状况的不负责任。迪士尼承受的代价太高，而利益却太小。但是公众的视角已被有关谈判破裂以及与史蒂夫·乔布斯关系决裂的诸多报道扭曲，在他们看来，是迈克尔把事情搞砸了。这对于他来说，无异于一记重击。

两周之后，我们在奥兰多召集了一次投资者会议。我们的计划是，让行业分析师们相信公司的未来，并想法抵消最近所有的损失。我们的第一季度损益报表在当天发布，上面的数字比较乐观。2003年5月和6月上映的《海底总动员》和《加勒比海盗》双双成为卖座大片，我们的总体收益也上升了19个百分点。这是我们在一段时间以来第一次看到晴天，我们也希望向大家证明，迪士尼重新站起来了。

然而，事情并没有如我们所愿那样展开。在那个阴郁而微凉的佛罗里达的早晨，我于7点左右离开酒店，在去会议室的路上，我接到了首席传讯官泽尼亚·穆哈的电话。泽尼亚说话语气一向强硬，但这次，说她口气强硬都嫌轻描淡写。“康卡斯特发飙了！”她朝电话大嚷道，“快到迈克尔的房间来！”

康卡斯特是全美最大的有线电视供应商，而他们的首席执行官布莱恩·罗伯茨（Brian Roberts）知道，拥有迪士尼能为他们带来翻天覆地的转变。因为，这能让他们将迪士尼的内容与其巨大的有线电视广播网络嫁接起来，从而实现强强联合（他们对ESPN尤其感兴趣，当时，ESPN的收费在有线电视频道中居首）。

几天前，布莱恩曾打电话给迈克尔，提出想要收购迪士尼。迈克尔表示，他不会参与谈判，但如果布莱恩想要提出正式报价，那么董事会就有义务予以考虑。“但是，我们公司恕不出售。”这次拒绝，致使康卡斯特主动对迪士尼董事会及股东提出了一次带有敌意的公开要约收购，提出用640亿美元的等值康卡斯特股票来收购迪士尼（股东手上的每一股迪士尼股票，都可兑换0.78股的康卡斯特股票）。

一走进迈克尔的公寓，我便听到了布莱恩·罗伯茨和康卡斯特总裁史蒂夫·伯克（Steve Burke）在CNBC[1]上接受直播访问的声音。我跟史蒂夫很熟，在1996年到1998年的两年间，他曾担任过我的部下，在此之前的10年里，他一直都在迪士尼任职，其中最后一

1 Consumer News and Business Channel，美国消费者新闻与商业频道，是美国NBC环球集团持有的全球性财经有线电视卫星新闻台。

份工作是在巴黎迪士尼乐园。迈克尔找人顶替了他的职位并把他带回纽约，之后，他便来到ABC为我工作。史蒂夫是我非常敬爱的前老板丹·伯克的长子，虽然不像丹一样天性热情，但史蒂夫既聪明又风趣，且学习东西很快。我向他传授了许多电视和广播业的经验，而他也带我摸清了许多迪士尼内部的门道。

时间到了1998年，当时我非常需要有人来接管ABC的运营，以便让我有时间和精力去处理其他方面的职责，于是便告诉史蒂夫说我打算把他提拔为ABC电视网的总裁。他表示不愿意搬到洛杉矶去住（当时，迈克尔打算把整个ABC都搬到洛杉矶去），旋即又告诉我说，他要离开迪士尼，加入康卡斯特。我在他身上投入了如此之多，在那两年里又与他走得如此之近，因此感觉仿佛被人从背后捅了一刀。而现在，他就在电视上，变本加厉地扭曲事实。在被问到会采取什么措施来拯救电视网时，史蒂夫的回答是："招入更好的人来负责管理。"

我到的时候，泽尼亚、法律总顾问艾伦·布雷费曼以及战略规划部负责人彼得·墨菲都在迈克尔的套房里盯着电视看。我们完全被这次要约收购搞得措手不及，立刻手忙脚乱地开始制定应对措施。我们需要作一次公开声明，但在此之前，我们先要了解董事会的立场。与此同时，我们也想要弄清楚一开始让布莱恩如此确定迪士尼会同意出售的原因是什么。我们很快就发现，一定是董事会中或是与董事会关系密切的人向布莱恩泄了密，说迈克尔已站不住脚，且迪士尼也情况堪忧，如果他提出收购，那么董事会定会答应。这样的做法，会给董事会提供一个不用那么正面对峙的方法来挤走迈克尔（几年以后，布莱恩向我证实，是一位自称代表一位董事会成员的中间人鼓励他进行要约收购的）。

就在我们正在努力让自己镇定下来的时候，又有一股始料未及的浪头向我们袭来。有一家名叫“机构股东服务”（ISS）的公司，是指导投资者——大多数为中等规模的基金——评估一家公司的管理情况，并进行代理投票的全球规模最大的公司。通常来说，ISS会在一次代理选举中影响到超过1/3的表决权股份，而那天早晨，这家公司发布了一条公开推荐信，支持罗伊和斯坦利对迈克尔投反对票的倡议。代理投票结果要等到3月才会公布，但我们已经预计到会出现大批的不信任投票。

离开迈克尔的套房去参加投资者会议的时候，我们面前已然摆着两个巨大的危机。我记得，当时的感觉就好像我们已经置身一场对抗罗伊、斯坦利和史蒂夫的常规战役，而现在又有新的一方突如其来地发射了核武器。面对这种情况，我们尽己所能地在投资者面前为自己辩护，但对于公司未来的严重担忧，已经在众目睽睽之下被调动了起来。我们昂首挺胸，一边标榜着最近的收益，一边向大家介绍我们的未来计划，在现有条件下尽可能地拿出最好的表现。但是，这仍然是一次考验人的会议，而且不可否认的是：接下来的情况，只能越来越棘手。

康卡斯特的收购计划在接下来的几周里夭折了。布莱恩·罗伯茨本以为迪士尼董事会一定会欣然接受他的首轮出价，谁知董事会却没有上钩，而这也引出了其他几件事情的发生。首先，关于迪士尼收益增加的公告使得我们的股价猛增，从而使得公司在突然之间变得更加值钱了。其次，康卡斯特的股东们对于公告作出了负面反应，并不支持布莱恩的举措，康卡斯特的股价快速下跌，致使其出价进一步缩水，使整个等式土崩瓦解。最后，公众向媒体表达了他们对这次并购案的反对，这也是扭转整个事态的关键：作为一个美国品牌，“迪士尼”仍在民众心中占有分量，而被一家大型有线电视服务供应商吞并，则是不可接受的。最终，康卡斯特撤回了出价。

然而，迈克尔的麻烦并没有得到解决。在接下来的一个月里，3000名迪士尼股东齐聚费城，参加公司年度会议。会议的前一晚，罗伊、斯坦利以及“拯救迪士尼”代表团在市中心的一家酒店里举行了一场大型集会。在这场被大量媒体曝光的集会上，罗伊和斯坦利对迈克尔进行了激烈的抨击，并号召替换领导人。其间，泽尼亚曾找到我说：“你得出去跟媒体谈谈，我们得把我们这边的故事公布出去。”迈克尔是绝不会做这种事的，因为这种做法太过激进和挑衅了，就这样，这个担子就落在了我的肩上。

泽尼亚很快通知了几家媒体，说我马上就出来和他们进行对话，然后，我们两人便走进了会议中心的大厅，也就是我们第二天举办会议的地方。为了这次会议，我们从奥兰多调来了75尊形态各异的巨型米老鼠雕塑，我站在其中两尊之间，接受了大约一个小时的媒体提问。我没有准备任何笔记，也不记得任何具体的问题，但我确定，这些问题都是有关股东大会以及我们打算如何对罗伊和斯坦利的批评作出回应的。我能记得的是，这些问题句句尖刻。我为公司辩护，表达了对迈克尔的支持，也透露出我对罗伊和斯坦利的动机和举措发自内心的怀疑。这是我职业生涯中第一次面对如此多来自媒体的重重诘问，虽然无法让涌来的潮水退却，但现在的我回顾起这段往事时，仍会为敢于站在那里坚持自己的立场而感到自豪。

第二天，股东们从清晨5点开始便在会议中心门口排起了队。几小时后，大门打开，数以千计的人蜂拥而入，其中有很多人被带进副厅，通过闭路电视观看大会。迈克尔和我进行了开幕讲话，然后，公司每一项业务的负责人也就其业务板块和未来规划进行了演讲。

我们同意让罗伊和斯坦利每人发表15分钟的讲话，但不能上台发言。两人虽然超时，但我们还是出于礼貌让他们把话说完。两人的讲话言辞激烈，也受到了现场许多人的掌声支持。等他们讲完后，我们接受了一个小时的提问。迈克尔知道，这场提问从一开始便是一场火力全开的进攻，但他还是以令人钦佩的冷静坚持了下来。他承认很多困难确实存在，但也强调我们的业绩和股价都有所上升。他谈到了对公司的热爱，但是毋庸置疑，对他而言，这一天无论如何也不可能轻松收场。

代理投票统计结果显示，43%的股东都保留了对迈克尔的支持票。这样的结果将股东的不信任暴露无遗，我们只公布了票数，而没有提及占比，希望让结果听起来显得不那么糟糕。即便如此，在宣读结果的时候，我们还是清楚地听到在现场的人们倒吸了一口凉气。

股东大会一结束，董事会便进行了一次内部会议。他们知道自己必须对投票结果采取行动，并决定免除迈克尔的董事长职位，但仍保留他的首席执行官一职。来自缅因州联邦的前参议院多数党领袖乔治·米切尔（George Mitchell）是董事会的成员之一，大家一致投票，让他代替迈克尔担任董事长一职。迈克尔为了劝阻董事而做了一些努力，无奈木已成舟，他也只能接受事实。

但那天，迈克尔还要经受最后一重侮辱的考验。由于消息重大，我们自家的新闻节目《夜线》想要用当晚的整档节目报道“拯救迪士尼”运动以及投票结果。大家一致决定，直面现实，接受《夜线》主持人泰德·科佩尔关于这个结果对于迈克尔和迪士尼未来意义的采访，无论是对迈克尔还是公司，这都是最有益的。对于迈克尔来说，接受自家新闻人的质问是一件非常痛苦的事，但他还是强作镇静地挺了过来。

3月的股东大会和董事长头衔的丢失，标志着迈克尔由此开始踏上了末路，而他也渐渐意识到了这个事实。2004年9月初，迈克尔给董事会发了一封信，宣布他将在2006年合同到期时卸任。两周之后，董事会举行会议，接受了迈克尔的提议。乔治在会后找到我，说他们准备举办一场媒体发布会，宣布迈克尔在合同到期后将不会续约，公司会立刻开始寻找人选，以期在2005年6月之前找到继任者。他还告诉我，一旦找到人选，他们便会推动过渡期的加速完成——换句话说，他们打算在距离迈克尔合同到期还有一年的2005年秋天把他替换掉。

我问他，大家打算怎么宣布寻找人选的消息。

“就说我们打算从内部和外部寻找人选。”乔治说。

“除了我之外，还有什么内部人选？”

“没有了，”他说，“你是唯一一位。”

“那你就必须这样写，”我说，“我是首席运营官，从今天开始，你们把迈克尔当成一只跛脚鸭来耍。这事我必须介入，也要行使更多的权力才行。”我明白，我不一定能成为迈克尔的接班人，但公司里的人需要知道，这起码是一个可能发生的选项。

我觉得，那是至关重要的一刻。如果公司的其他人不相信我是一个严肃的候选人，我就不会拥有实质的权力，也就会跟迈克尔一样转眼沦为跛脚鸭。一般来说，人们之所以过多地担心公众对自己权力的看法，是因为他们缺乏安全感。而在这件事上，想要帮助公司度过这动荡的阶段和真正拥有成为下一任首席执行官的可能，我就需要董事会赋予我某种程度的实权。

“你是什么意思？”乔治问道。

“我是要求你在媒体通稿里写明，我是唯一一位内部候选人。”

乔治完全了解我的需求和背后的原因，对此，我也永远抱有感恩之心。这意味着，我可以站在一个……不能完全说是拥有实权，但也不能完全说是受人掌控的位置上运营公司。虽然我是候选人的消息已被正式宣布，但我觉得，董事会里没有任何人会认为我真能得到这份工作——或许连乔治本人也不这样想。另外，很多人也觉得这份工作本就不应属于我。

在接下来的几个月里，很多人都在讨论，迪士尼的问题只能由来自外部的“变革领导者”解决。这是一个毫无意义的名号，也是企业里的陈词滥调，但是其中表达的感情却显而易见。雪上加霜的是，董事会觉得自己的声誉受损，虽然所承受的痛苦远远不能与迈克尔相比，但他们也受够了波折起伏，因此必须发出信号，表明事态即将发生逆转。而将钥匙交给在公司历史上最为艰苦的5年里担任迈克尔二把手的人，并不一定能意味着新时代的到来。

第七章

专注未来

摆在我面前的挑战是：该怎样才能说服迪士尼董事会相信我就是他们所寻找的改变，而又不在此过程中把迈克尔拉下水呢？迈克尔的一些决策的确是我所不赞成的，面对重重噪声，我也认为公司需要有所改变。但是，我仍然尊重迈克尔，也很感恩他给我的机遇。另外，我毕竟担任了5年的首席运营官，如果把所有的责任都推到别人身上，显然是虚伪之举。最重要的是，为了给自己摆脱责任而牺牲迈克尔是大错特错的。我对自己发誓，无论如何也不能这样做。

在消息公布后，我花了几天的时间考虑到底该如何解决这个棘手的问题——也就是如何在谈论过去的同时不过多地把自己牵扯进并非由我制定的决策中，或是避免因矫枉过正而站到了声讨迈克尔的阵营里。这个难题的解决方法，来得很意外。董事会宣布消息大约一周后，一位名叫斯科特·米勒（Scott Miller）的备受尊重的政治顾问和品牌经理给我打来电话。几年前，斯科特曾经为ABC提供过一些非常有效的咨询服务，因此当他打电话告诉我他在洛杉矶，问能不能来找我时，我自然也很期盼与他见面。

几天后，他来到我的办公室，把一份10页的文件放在我的面前。“这是给你的，”他说，“免费送给你。”我问他这是什么。“这是我们的竞选运动手册。”

“竞选运动？”

“你即将要展开的，是一场政治竞选运动，”他说，“这你是知道的，不是吗？”

从某种抽象的程度来说，我的确能理解，但还没有像斯科特一样给这件事下具体的定义。他说，我需要有一套争取选票的策略，也就是说要考虑一下董事会中有哪些人比较容易说服，并集中把我的信息传递给他们。他问了我一连串的问题：“有哪些董事会成员是一定会站在你这边的？”

“我不确定有任何人站在我这边。”

“好，那有谁是绝不可能给你机会的？”我的脑海里瞬间闪过三四个名字和面容。“好的，那么谁是不确定的投票者？”在我看来，有那么几个人或许愿意在我身上赌一把。“这些就是你要优先专攻的人。”斯科特说。

斯科特明白我对于迈克尔和过去有些不宜讲的话，其实，这一点他早已预料到了。“你不能以在任者的身份赢得这场竞选，”他说，“如果处于守势，你就赢不了。你的唯一关注点是未来，过去已经过去了。”

这话听起来或许浅显，却让我醍醐灌顶。我不必一味重复过去，不需要为迈克尔的决策做辩护，也不用为了自己的利益而去抨击他，未来才是我唯一的关注点。每次有人问到迪士尼在过去几年里走了什么弯路，迈克尔犯过什么错误，他们凭什么相信我会有所不同时，我便可以给出这样简单而真诚的答案：“我无力改变过去。我们可以讨论学到的经验，也可以确保将这些经验用在前进的路上，但是我们没有任何重新来过的机会。大家想要知道的，是我将带领公司踏上的道路，而不是公司走过的老路。以下就是我的计划。”

斯科特告诉我：“你必须像个暴乱者一样思考、计划和行动。”他还说，我应该带着一个清晰的理念来制订计划：“这是一场捍卫品牌灵魂的战争。你要探讨品牌本身、如何提高其价值以及该如何保护它。”然后，他又补充说：“你需要有几个战略上的优先项才行。”对此我已经做过缜密的思考，因此立刻开始逐一列举。大约说了五六个选项时，他摇摇头：“别说了。如果有这么多，那就不是优先项了。”所谓优先项，就是你需要为之花费很多时间和资金的几件事情。如果有太多，不仅破坏了其重要性，而且没有任何人能完全记住。“你会给人留下目的不明确的印象，”他说，“你只能列三个。我不能告诉你这三个选项的内容，你也不用今天就想好。如果不想，你可以永远也别告诉我这些选项是什么。但是，你只能列出三个来。”

斯科特是对的。我急于展示自己有解决迪士尼所有问题和应对面前所有困难的策略，因此完全没有排出优先级来。没有任何指示重点的标志，也没有让人一目了然的总体愿景。我的总体愿景既不清晰，也缺乏冲击力。

一家企业的文化是由许多因素构成的，而其中最重要的一个因素，便是清楚和重复地传达你的优先事项。凭我的经验来看，这一点便是伟大管理者之所以脱颖而出的关键。如果领导者无法清晰传达他们的优先事项，那么身边的人也就不清楚自己的优先事项是什么。这不仅会造成时间和精力的浪费，也会让你所在机构的人员因为不知道自己应该专注什么而承受不必要的焦虑。效率逐渐降低，不满逐渐堆积，士气也会逐渐消沉。

只要把日常生活中的臆测因素剔除，你就能有效地提升身边人（进而推广到他们身边的人）的士气。一位首席执行官必须为公司及其高管团队提供一份地图，很多工作都错综复杂且需要极其专注并投入大量精力，但这样的信息却让人一目了然：这是我们想要到达的目的地，这是通往目的地的路。一旦将这些事情清晰部署好，许多决策也都变得更容易制定了，而整个机构中的总体焦虑感也会随之缓解。

与斯科特会面之后，我很快得出了三个明确的战略优先事项。从我被任命为首席执行官的那一刻起，这些事项便一直引导着公司的发展：

1．我们需要将绝大多数的时间和资本投入在打造高质量品牌内容上。在一个被创造和传播的“内容”变得越来越多的时代，我们需要把赌注押在质量会变得越发重要这个趋势上。单纯创造大量的内容是不够的，甚至单纯创造大量的优质内容也是不够的。随着选择空间的爆发式增长，消费者需要具备对于分配时间和金钱的决断力。而作为引导消费者行为的利器，伟大的品牌将会变得更加重要。

2．我们需要在最大限度上拥抱科技，先是利用科技为打造更高质量的产品创造条件，然后再通过更先进和精确的途径来触及更多的消费者。从华特管理下的迪士尼初期阶段开始，科技就一直被作为一种讲故事的强大工具，而现在，便是我们在延续这一传统上“双倍下注”的时候了。我们也越发清晰地看见，迪士尼从根本上来说仍然是一家内容制造公司，也会继续保持这一身份，先进的发行方式成为保持品牌相关度的手段的一天终将来临。除非消费者能通过更加易操作、可移动和数字化的方式来消费我们的内容，我们的相关度就会受到挑战。简而言之，我们必须将科技更多地看成机遇而非威胁，也必须带着坚持、热情以及紧迫感去做这件事。

3．我们必须成为一家真正意义上的全球企业。迪士尼涉及的领域广泛，也在全球众多市场有业务分布，虽然如此，我们仍需要更深入地渗入某些市场，尤其是像中国和印度这样的世界上人口最多的国家。如果说我们的首要关注点是打造出优质的品牌内容，那么下一步就是将内容带给全球的观众，在以上这些国际市场中深深扎根，为大幅提高规模打造坚实的基础。持续为同一批忠实消费者打造相同的内容，无异于止步不前。

这就是我的愿景。重点是未来，而不是过去——而所谓未来，就是要围绕这三个优先事项来规划整个公司的使命、公司所有的业务以及我们的13万员工中的每一个人。现在，我只需让那10位对我几乎没有什么信心的董事会成员相信，这才是公司正确的道路，而我则是这个职位的合适人选。

我的第一次多对一董事会面谈，于一个周日的晚上在公司位于伯班克的董事会议室举行。他们向我提了两个小时的问题，虽然没有明显拿出腾腾杀气，但也并不怎么和蔼友善。这些人已经承受了很长时间的压力，而现在肩上的担子甚至更沉重。他们誓要表现出对这道程序的严肃认真，这一点，从他们不苟言笑的态度上就不难看出。我已加入董事会5年，但很明显，这并不会让这条路变得平坦些许。

说来也巧，几个月前我就定好那天要在马里布海滩参加铁人三项比赛，但我也不想抛下团队不管。因此我在清晨4点便起了床，在黑暗中驱车来到马里布海滩，参加完30公里的自行车环节，赶回家洗澡换衣，然后到伯班克去参加与董事会的面谈。在最后关头，为了让我的精力不在面谈过程中锐减，我在走进门的前一刻吞下了一根蛋白棒。在接下来的两个小时里，我的胃咕噜噜地叫个不停，真担心董事会会误以为我的肠胃系统在给他们发送我无法承受压力的信号。

好在这是我第一次有机会向他们展示我的计划。我向他们阐释了三大核心原则，然后回答了几个关于公司内部士气低迷的问题。“人们对于我们的品牌仍然抱有巨大的热情，”我说，“但是我的目标，是让迪士尼成为世界上最受人喜爱的公司，这喜爱要来自于消费者、股东，还有自家员工。最后一个人群是最为重要的。如果不先受到自己人的喜爱，我们就无从得到公众的喜爱。想要让为我们工作的人喜爱这家公司并相信其未来，那就要创造出让他们感觉自豪的产品。就是这么简单。”

关于员工士气，我还提到了一个更加实际的问题。多年以来，公司几乎所有的非创意决策，都交给了前文中提到的中央监督组“战略规划部”来制定。战规部由65位分析师组成，他们个个都拥有全美最顶尖的商学院颁发的工商管理硕士学位。他们的办公室位于总部大楼的四层，随着公司的发展，迈克尔越发依赖于他们对所有决策做出分析，并为公司的诸多业务制定战略计划。

从很多方面来说，这种做法有其合理性。战规部的确非常擅长做分析，但这也衍生出了两个问题。其中一个问题我已在前文提及过，也就是中心化的决策制定挫伤了各业务资深负责人的干劲，因为他们感到自己部门的运营权力实际是归属于战略规划部的。另一个问题，就是他们过度解析型的决策制定不仅费力，而且费时。“仅仅与几年前相比，这个世界运转的速度就已经快了很多，”我对董事会这样说道，“事情发生的速度只会朝快的方向发展。我们的决策制定也应更加直接和快速，我需要探索从简提速的方法。”

我推测，各业务的负责人如果感觉自己更多地参与了决策制定，便会给公司的士气带来积极的涓滴效应。但这种影响之巨大和突然，却是当时的我始料未及的。

第一次董事会面谈后的那六个月，是我职业生涯中挑战最大的时期。我从未在智力上被如此激荡过——至少从商务智能上来说，我从未对公司的运营方式以及需要解决的问题进行过如此深刻的思考，也从未在如此短的时间内处理过如此多的信息。所有这些，都是我在协助公司运营的日常工作之外完成的（迈克尔虽然在位，但他的注意力却常常在其他地方，这也是情有可原的），长日漫漫，重压在身，我也逐渐开始身心俱疲了。

这重担并不主要是工作量造成的。一直以来，我都因自己能够也愿意付出比任何人更多的努力而感到自豪。对于我来说，应对来自公众的审视以及那些公然表明我不应该当选下一任首席执行官的呼声，才是迄今为止我经历过的最艰难的考验。迪士尼的高管换届是一个有重量的商业故事，而围绕这个话题所展开的报道亦是铺天盖地——董事会在想什么？这件事牵扯到谁？公司能够被重新扶正吗？商业分析师和评论员们得出的共识与那些反对我的董事会成员的见解基本契合：迪士尼需要注入新血液和新视角。选择艾格，就等于选择了一个对迈克尔·艾斯纳言听计从的傀儡。

然而，我要应对的不仅仅是媒体。在竞选的初期，杰弗里·卡森伯格就跟我在迪士尼伯班克办公区附近吃了一次早餐。“你必须得离开，”杰弗里告诉我，“你是得不到这份工作的，因为你的名声已经受损了。”我知道，把自己跟迈克尔区别开来的难度很大，但在那一刻之前，我还没有考虑过外界已经给我罩上了污名。

杰弗里感觉他必须劝我打消念头，他说，想要跟过往几年的烂摊子划清界限难比登天：“你应该做一些无偿的公益工作来重建你的形象。”

重建我的形象？我一边听他把话说完，一边努力保持冷静，但杰弗里是如此确定我已走上末路，这让我既震惊又愤懑。虽然如此，我内心的一部分也在怀疑他是否是对的。或许，我真的没有完全理解周围所有人眼中显而易见的事：想要当选，是完全没有可能的。抑或，所有这些都只是好莱坞的“克里姆林宫学”而已，而我面前最重要的任务，就是尽己所能拿出最好的表现，对所有我无力掌控的杂音充耳不闻。

一不小心，我们就会被卷入流言蜚语的旋涡，担心甲乙丙丁对你的看法如何，或是别人会如何评论或书写你。一旦感觉自己受到了误解或误传，人们就很容易变得戒心重重、狭隘多疑，想要泄愤。我并不认为我有权得到这份工作，也不觉得当选是天经地义的事，但我认为，我是适合这份工作的。从某种程度上来说，想要证明这一点，我就应该沉着冷静地面对如此多的怀疑声。我还记得，《奥兰多哨兵报》的一则报道以“艾斯纳继承人前途堪忧”作为标题，许多别的报道也表达了类似的主旨，在一段时间里，仿佛每一天都会有人书写或讨论，如果董事会将我任命为首席执行官，这将会是一场多么严重的失职。根据另一家刊物的援引，斯坦利·戈尔德曾说我是“一位绅士，也是一位努力工作的高管，但迪士尼董事会的绝大多数人都对（我）继任迈克尔一事公开表达了疑问”。话语之间透露出不祥的预兆。还有一位名叫加里·威尔森（Gary Wilson）的董事会成员，不仅觉得我不该得到这份工作，还明显认为他可以通过激怒我和在会面中试图侮辱我而达到自己的目的。我必须时常提醒自己，加里·威尔森并不是我的问题。这个过程不仅是对我的构想的挑战，也是对我性格的挑战，不能让那些对我知之甚少的人所表达出来的负面情绪影响我对自己的看法。

整个过程下来，我一共进行了15次面谈：先是第一次的多对一面谈；然后是与董事会的每位成员进行的一对一面谈；再接着是跟提出要求的董事会成员进行的后续面谈；最后，则是与一位名叫加里·罗奇（Gerry Roche）的猎头面谈，他负责运营一家名叫海德思哲的知名国际咨询公司，而这也是我职业生涯中最为受辱的一次经历。

受董事会委托，加里要以我作为衡量公司外部候选人的“标准”，以帮助董事会更好地应对他们不了解的候选人。得知此事之后，我对乔治·米切尔抱怨说这样的做法对我很不尊敬，所有能对我提出的问题，我已经全部回答过了。“去见见他吧，”乔治说，“董事会想要做到万无一失。”

因此，我飞到纽约，在加里的办公室参加午餐会。我们坐在一间会议室里，桌上只放着水。加里拿出一本詹姆斯·斯图尔特（James Stewart）的《迪士尼战争》，这本书在当时刚刚出版，作者对迈克尔担任首席执行官和我担任首席运营官的经历进行了调查，还有几处报道失实。这本书的其中几页上粘着便利贴，标出他想要跟我对峙的段落。他草草翻过书，向我提出了一系列跟我无甚关系或完全不沾边的问题。面谈进行了30分钟后，加里的助理拿着给他一人准备的棕色纸袋包着的午餐走进来，告诉他准备载他去佛罗里达参加一场婚礼的私人飞机很快就要起飞，如果现在不走，就要误机了。就这样，他便起身离开了。我一口东西都没吃，这是在浪费时间，也是不尊重人，离开时，我的胸中满是愤怒。

真正被压力和沮丧击垮的经历，只发生过一次。那是2005年的1月，也就是选拔阶段进行了几个月的时候，我带着当时6岁的儿子麦克斯到斯台普斯中心观看洛杉矶快船队的比赛。比赛进行到一半的时候，我开始感觉皮肤变得汗涔涔的，胸口闷堵，喘不上气来。我的双亲都在50岁的时候出现过心脏病突发的情况，我当时54岁，也知道这些症状意味着什么。其实，我一直担心自己会有一天突发心脏病。我的内心一方面觉得这肯定是心脏病无疑，而另一方面又认定这是不可能的。我饮食健康，一周7天都健身，还会定期检查身体。我的症状不可能是心脏病突发，但谁知道呢？我也想过打电话把紧急医疗救援队叫到比赛现场来，但又担心会吓到麦克斯。

我告诉麦克斯说我胃里恶心，于是我们起身回家。当天下午，洛杉矶下起了倾盆大雨，我几乎连路都看不清楚，感觉心脏仿佛被胸腔里的一只拳头紧紧攥住一般。我知道，在这种情况下让孩子坐在后座、自己开车明显是愚蠢的做法，也不禁担心自己是不是犯了大错。然而在当时我唯一能想的，就是我一定要回家不可。我开进私家车道，麦克斯跳下车，我立即打电话联系了我的内科医生丹尼斯·伊万杰拉托斯（Dennis Evangelatos），又打电话叫了一位朋友开车过来，把我送到丹尼斯的家里。丹尼斯对我的情况很熟悉，也知道我最近所承受的重压。他又检查了一次我的生命体征，然后直直地盯着我的双眼，对我说："鲍勃，你这是典型的急性焦虑发作。你得休息一下才行。"

我松了一口气，但同时也担心起来。一直以来，我都觉得自己几乎不受压力影响，即便在高压情况下也能保持专注和冷静。竞选过程对身心造成的损害要比我敢于对自己承认的还要严重，家人和好友就更无从知晓了，而这件事是本不应该如此熬人的。我离开丹尼斯的住处，回到自己的家，花了一些时间对发生的一切做了一次盘点。这是一份很重要的工作，也是一个很重大的头衔，但是这毕竟不是我的生活。我的生活，是与薇罗和儿子们在一起，与纽约的女儿们在一起，与我的父母、妹妹、朋友在一起。归根结底，所有这些压力都是由一份工作而起的，我对自己发誓，要尽力客观全

屋里的每一个人都哑然无声，这次面谈就这样戛然而止。我没有跟任何人发生眼神交流，径直站起身离开了。我没有握任何人的手，也没有感谢任何人的聆听。我曾给自己设下用耐心和尊重来应对他们甩来的一切的考验，而今却挑战失败。那天晚上，乔治·米切尔和另一位董事会成员艾尔文·刘易斯（Aylwin Lewis）分别打电话到我家。“你也许没有给自己造成不可弥补的损失，”乔治说，“但也没给自己带来什么好处。”艾尔文的话则更加严厉，他说：“鲍勃，现在可不是让大家看到你焦虑失控的时候呀。”

我虽对自己的所作所为不满意，但我毕竟是凡人。当时的怒火，我是无论如何也压抑不住的，再说，我也觉得我的愤怒是事出有因的。与乔治的谈话快要收尾的时候，我说：“拜托你们赶快作出决定吧，是时候了，公司已经因为这件事而每况愈下了。”

现在回溯这段岁月，我觉得这些得之不易的教训，不仅关乎韧性和坚忍的重要，也关乎不为你无法控制的事情感到愤怒和焦虑的必要。对于自尊心的打击虽然往往是真枪实弹，但也不要让这些打击过多地占据你大脑的空间或是耗损你太多的精力，此中的重要性，我如何强调也不为过。当每个人都在夸赞你时，想要保持乐观是很容易的。但当你的自我认知如此公然地受到挑战的时候，保持乐观就困难了很多，也必要了很多。

这次竞选的过程，是我在职业生涯中第一次迎头面对如此程度的焦虑。想要完全筛去关于我的风言风语，或是全然不因公众关于我如何不配这个职位的讨论而心痛，是不可能做到的。但是，严格的自律和来自家人的爱让我意识到，我必须认清这些声音与我本人无关，并将之放在一个正确的位置去对待。我可以掌控的是自己的行为和态度，其他所有的一切都在我的控制之外。虽然不能每次都遵从这个观点，但是在力所能及的范围内，我没有被焦虑感击垮。

2005年3月的一个周六，董事会召开决策会议。绝大多数的成员都通过电话参加了会议，迈克尔和乔治·米切尔则是在纽约ABC办公楼的一间会议室里一起通过电话参会的。

早上醒来时，我觉得自己或许已经说服了足够多的“不确定”董事会成员把票投给我，但想到过程中经历的所有跌宕起伏和反复审查，我却感觉如果这些人作出相反的选择也完全有可能，一些怀疑者或许已在极力主张换血，而董事会已从公司外部定好人选的可能性也一样大。

我一整天都和两个儿子在一起，尽力分散注意力。我和麦克斯扔了一会儿球，出去吃午餐，然后又在他最喜欢的附近的公园待了一个小时。我告诉薇罗，如果坏消息来了，我就会驱车开始我梦寐以求的跨国越野自驾。在我看来，一个人驱车横穿美国应该会是一次美好的体验。

会议一结束，乔治·米切尔和迈克尔就给我家里打了电话。薇罗和我一起在我们二人共用的工作间里。他们说，首席执行官的职位是我的了，翌日就会公布消息。迈克尔能在电话的另一头，我很感激，我知道，这段时间对他而言一定很痛苦。他把自己完完全全献给了这份工作，还没有完全做好拱手让人的准备，但如果必须要有人顶替，我知道他很欣慰这个人选是我。

乔治在整件事期间对我的照顾，我也很感谢。如果没有他，我不认为自己能得到董事会其他成员的公平对待。

而我最想感谢的，还是薇罗。没有她的信任、智慧和支持，我就不可能有此成就。毋庸置疑，她在整个过程中都对我支持有加，但偶尔也会提醒我，这份工作并不是我和我们的生活中最重要的东西。我虽然理解她的话，但把这话铭刻于心却是需要一番努力的，而她也帮助我做到了这一点。挂上电话，薇罗和我一言不发地坐了一会儿，让杂陈的五味沉淀下来。我的脑中有一批想要马上打电话告知的人，我把立刻抓起电话的冲动遏制住，试着静静地坐着，深深呼吸，让欣喜和宽慰浸润我的身体。

最后，我先是打给了远在长岛的父母。两人都为我感到骄傲，甚至还有一点不敢相信，由华特·迪士尼创立的公司居然要交给自己的儿子运营了。接下来，我把电话打给了纽约的一双女儿，还有我在大都会的两位前老板丹·伯克和汤姆·墨菲。然后，我又打给了史蒂夫·乔布斯。虽然有些奇怪，但我觉得，鉴于将来或许还有弥补与皮克斯关系的机会，主动跟他联系是件很重要的事。

当时的我跟史蒂夫只是泛泛之交，但我想让他知道，我成为公司下一任首席执行官的消息会在翌日公布。他的回应基本上就是简单一句“嗯，好，挺好的”。我告诉他，我想要来拜访他，看看能不能让他相信如果我们能一起合作，那么事情或许会出现转机。他还是一副典型的史蒂夫做派：“你跟迈克尔一起工作多久了？”

“10年了。”

“哼，”他说，“好吧，我不觉得事情会有任何改变，但是没问题，等尘埃落定的时候，我们再联系。”

第二部分

领　导

第八章

尊重的力量

从我被任命到迈克尔退出迪士尼之间，共有六个月的等待期。每日管理公司的工作已经占用了我很多的精力，但我希望能找一个喘息的机会，在竞选之后花点时间整理一下思绪。我以为，既然新工作要从迈克尔走出迪士尼大门的那一刻算起，那么在此之前，我可以多少不受拘束地低调做事，耐心谨慎地实践我的计划。

然而，我却大错特错。消息公布之后，包括媒体、投资群体、行业内其他人士、迪士尼员工在内的每一个人都在提一个相同的问题：你准备用什么策略拯救公司，多快能够实施？由于公司的性质和迈克尔带来的巨大转变，一直以来，迪士尼都是世界上最受人关注的机构之一。我们在过去几年经受了众所周知的困难，这让大家对我本人和我准备采取的措施更加关注了。不少怀疑者仍然把我看成是一个临时的首席执行官，不过是公司从外部找到合适人选之前的短期替补而已。人们的好奇心高涨，但期望值却很低，而我也很快意识到，我必须在任期正式开始之前明确公司的方向并处理一些重要事务。

在等待上任的首周，我便把几位关系最好的顾问——已升任首席财务官的汤姆·斯泰格斯、总法律顾问艾伦·布雷费曼以及首席传讯官泽尼亚·穆哈——叫到我的办公室，列出了一份在接下来的六个月里最要紧的待办事项清单。我表示："首先，我们需要和罗伊摒弃前嫌，重归于好。"迈克尔被挤出公司一事多少让罗伊·迪士尼感觉自己的判断得到了证实，但他仍为董事会没有早些拿出行动感到愤愤不平，也对他们把工作交给我的决策心怀不满，尤其是在我公开替迈克尔说话之后。我虽然不认为罗伊能对当时的我造成什么实质性的伤害，但仍觉得停止这场与迪士尼家族成员的持久战，对于公司的形象有着重要意义。

"其次，我们还要努力挽救与皮克斯和史蒂夫·乔布斯之间的关系。"无论从经济还是公关角度来看，与皮克斯合作关系的中止，都对迪士尼造成了重大的打击。无论在科技、商业还是文化领域，史蒂夫都是当时世界上最受尊重的人物之一，他对迪士尼的排斥和尖锐批判引起了广泛关注，如果能对这圈篱笆进行任何的修补，都是一项我上任初期的创举。另外，当时的皮克斯已经成为了动画界的标杆，虽然我还没有完全把握迪士尼动画到底有多衰落，但我知道，任何程度的再次合作都对公司有积极意义。同时我也明白，像史蒂夫这样任性顽固的人能接受再次合作的概率小得可怜，但尽管如此，我也必须得做出尝试。

最后，我还要开始对公司制定决策的方式作出改变，这也就意味着重组战规部，对其大小、权限以及使命作出调整。如果说前两个优先事项的侧重点在于公众对我们的看法，那么这个事项的侧重点便是从内部改变人们对公司的认知。具体的实施需要一定的时间，我们也必然要对抗来自战规部的不满和阻力，即便如此，对组织进行重新调整并将战略职责重新归还给各个业务部门，这是迟早都要着手的事。如果能够削弱战规部对所有业务部门的掌控，我们就有望开始慢慢重塑企业的士气。

首先要做的，便是与罗伊·迪士尼达成和解。然而，还没等到我主动找他，和解的可能性就破灭了。我被提拔的消息宣布后不到几天，罗伊和斯坦利·戈尔德便以“竞选过程造假”的罪名将董事会告上了法庭。他们怀疑选拔早有内定，我得到这份工作其实是预设的必然结果，这项指控虽然子虚乌有，但也确实会制造出很大的杂音。还没有来得及上任，我就已经遭遇了第一个危机：一场关于我担任首席执行官合法性的官司，闹得沸沸扬扬。

我决定不通过律师而是亲自给斯坦利打电话，看看他愿不愿意坐下来跟我谈谈。在斯坦利和罗伊于2003年秋天辞职之前，我们曾同在董事会任职。我很容易看出斯坦利在那些年里对我并不尊重，但我觉得，他至少愿意听我给出一个解释。他没有罗伊那么感情用事，也更脚踏实地一些，而我也猜想自己或许能够让他理解，与迪士尼进行长期的法律战对谁都没有好处。斯坦利同意跟我见面谈话，我们在他名下一家离迪士尼总部不远的乡村俱乐部[1]见面。

谈话刚开始时，我对斯坦利描述了自己刚刚经历过的重重挑战：没完没了的面谈，从外部雇来的调查机构，董事会考虑过的诸多候选人，还有六个月里来自公众的无休无止的监视。“选拔调查进行得很彻底，”我说，“他们在最终人选上投入了很多时间。”我想让罗伊彻底明白，他的起诉毫无依据，胜算很小。

他与我把旧话提了个遍，重复完他的陈词滥调之后，又重述了一遍罗伊对迈克尔本人和前几年公司运营情况的不满。我没有和他争辩，而是听他把话说完，然后重申，所有这一切都已是过去，且董事会的竞选过程也是合理合规的。谈话快要收尾的时候，斯坦利收起了一些锋芒，他表示，造成这些仇怨的主要原因是，虽然罗

1　一种提供各种休闲运动设施的会员制俱乐部。

伊为了抗议而先发制人地提出了辞职，但迈克尔还是援引董事会的强制退休年龄规定把他挤下了台，这种做法对人很不尊重，也让罗伊感觉自尊心受辱。斯坦利说，罗伊与这个他曾经看成自己家的地方的纽带已经剪断。他责怪董事会，在他当初发起罢免迈克尔的运动时没有听从他的建议。虽然董事会最终还是挤走了迈克尔，但是罗伊觉得，他本人也在过程中付出了惨重的代价。

谈话收尾时，斯坦利告诉我："如果你能想出任何让罗伊回来的方法，那我们就取消诉讼。"我完全没有预料到他会说出这样的话，会谈一结束，我便把电话打给了乔治·米切尔。乔治也很想早点把这一章翻过去，于是恳求我想出解决方法来。我回电给斯坦利，告诉他说我想和罗伊直接谈话。虽然没有抱什么希望，但是我认定，往前推进的唯一方法，便是跟罗伊面对面把误会解释清楚。

罗伊和我在同一家乡村俱乐部会面。我们的谈话虽然诚恳，但不能完全用"愉快"来形容。我告诉他说，我明白他瞧不起我，但也请他接受，我已经被任命为首席执行官，而且竞选过程并没有做什么手脚。"罗伊，"我说道，"如果我做砸了，等着取我头颅的队伍可比你和斯坦利的两人阵营庞大得多。"

他明确指出，一旦觉得公司没有朝着正轨发展，他便会毫不犹豫地再次宣战，但是，他也展示出了我从未见过的脆弱一面。对他而言，被公司排挤是件痛苦的事，而持续不断的斗争也似乎让他筋疲力尽。在离开董事会的两年中，他衰老了很多，也给我留下了渴求关注和脆弱敏感的印象，这一面，他从未在我面前展现过。我在想，不知这一切是否是他内心更大的斗争的部分体现。实际上，与罗伊有矛盾的人不止迈克尔一个，除了斯坦利之外，迪士尼里没有多少人对他抱有他自认为应得的尊重，包括他逝去已久的叔叔华特。我从未与罗伊有过任何真正意义上的谈话，但现在的我，能够感受到他的敏感与脆弱。让他感觉受了贬低或侮辱，是不会带来任何好处的。他只是一个渴望被人尊重的人，对他而言，这份尊重从不是唾手可得的东西。这件事牵扯到如此多的私人感情，也深深触及自尊心和自我价值，而对他而言，这场战争已经持续了几十年之久。

换了一种视角看罗伊后，我开始考虑，或许能找到什么方法安抚他的情绪，化解这场战争。但是无论选择什么方法，我都不想让他跟我或公司走得太近，因为我担心他会不可避免地试图从内部策反。同时，我也不能认同任何可以看作是对迈克尔不敬的观点，或是让别人觉得我默认了罗伊对他的批评，因此，我必须找到一个微妙的平衡点。我打电话找到迈克尔，解释了我面对的难题，并询问他的建议。听到我向罗伊抛出橄榄枝，迈克尔不大舒服，但也承认与罗伊之间的和平相处很重要。“我相信你会作出正确的选择，”他说，“但是，别让他走太近。”

我再次联系了斯坦利，表明了以下提议：我会给罗伊在董事会安排一个荣誉退休的位置，也会邀请他来参加电影首映、主题乐园开幕式以及公司的特殊活动（但他不能参加董事会会议）。我也会向他支付一小笔咨询费用，在总部给他安排一间办公室，好让他往返自如，再次把迪士尼当成自己的家。作为交换条件，罗伊要取消诉讼，不得发布获胜声明，并停止散播抨击言论。斯坦利回应说，我们应该起草一份合同，并在24小时内生效，这让我始料未及。

就这样，一个在我一担任首席执行官时就可能酿成大祸的危机便化解了。在一些人看来，与罗伊和斯坦利的和解是某种程度上的屈服妥协，但事情的真相我心知肚明，而真相，远比别人的看法要更有价值。

在讨论商业成功时，人们往往容易忽视一条原则，而与罗伊之间的纠葛，则恰恰证明了这一点：不要让你的自尊心阻碍你作出最佳抉择。当罗伊和斯坦利因我被选为首席执行官而把董事会告上法庭时，我非常震惊，也完全可以与他们剑拔弩张，甚至最终获胜，但是，所有这一切都会给公司带来巨大的代价，并分散许多本应用在真正重要事情上的精力。我的工作是把公司带到一条崭新的道路上，而第一步，便是平息这不必要的矛盾。想要做到这一点，最容易也最有效的方法，便是认识到罗伊的根本需求是得到他人的尊重。这尊重对他而言弥足珍贵，对公司而言却如举手之劳。

一点点的尊敬，有之便能够四两拨千斤，缺之却往往造成惨重的代价。在接下来的几年中，我们完成了数个大型并购案，让公司改头换面、重焕生机，而在此过程中，以下这个看似简单甚至老套的理念，与世界上所有的数据分析结果总和起来一样重要：如果你能带着尊重和同理心与人接触和交流，那么看似不可能的事情也终将实现。

与罗伊的和平协议一签好，我的下一个任务，便是要寻找有什么途径能够修补迪士尼与史蒂夫·乔布斯和皮克斯之间的关系。去电告知史蒂夫我被选为首席执行官的两个月后，我又一次拨通了他的电话。我的最终目的，是想要通过某种方法解决与皮克斯之间的矛盾，但我不能从一开始就提出这个条件。史蒂夫对于迪士尼的抵触根深蒂固，他和迈克尔管理着两家命运迥异的公司，又都是固执己见之人，而他们的意见相左，便是两人之间罅隙的肇始。当迈克尔批评科技行业对内容不够尊重的时候，史蒂夫觉得受了冒犯。而当史蒂夫暗示迪士尼在创意上风光不再的时候，迈克尔也觉得受了侮辱。迈克尔做了一辈子的创意总监，而史蒂夫则觉得自己掌管着皮克斯这家明显处于优势地位的动画工作室，因此也更懂行。当迪士尼动画越发式微时，史蒂夫对迈克尔的态度也变得越发傲慢，因为他觉得迪士尼更离不开他了，而迈克尔也因史蒂夫占了上风而怀恨在心。

这些事与我毫不相干，但这并不重要。在史蒂夫如此公开地切断与迪士尼的关系并发表严厉指责之后，如果只是请求他回心转意就能解决问题，未免太容易了。无论如何，这件事也不会这么简单。

但是，我有一个跟皮克斯无关的想法，或许能引起他的兴趣。我告诉他，我是个狂热的音乐爱好者，把所有的音乐都储存在iPod上，时常拿出来听。我一直在思考电视的未来，也意识到通过电脑收看电视剧和电影的日子迟早会到来。我不知道移动科技的进化速度到底有多快（当时离iPhone问世还有两年），因此我脑中构想出的，是一个电视节目的iTunes[1]平台。“想象一下，可以在电脑上调出所有已播电视节目是什么感觉。”我说道。无论是上周播出的某集《迷失》，还是《我爱露西》第一季中的某段内容，只要想看，就可以随心找出。“想象一下，如果在任何时候都能够把《阴阳魔界》的全部内容重温一遍，那该多好！”这是一股蓄势待发的潮流，这一点我很确定，也想让迪士尼赶上这股浪头的先机。我觉

1　一款供Mac和PC使用的免费数字媒体播放应用程序，能管理和播放数字音乐和视频，由苹果电脑在2001年1月10日于旧金山推出。

得，想要达到这个目的，最好的方法就是让史蒂夫相信我口中的“iTV”是必然实现的。

史蒂夫先是沉默了一会儿，最后发话了：“这件事我们回来再聊。我正在做一个项目，想让你看看。”

几周之后，他飞到伯班克，来到我的办公室。对于史蒂夫来说，所谓寒暄，就是盯着窗外简单发表一句对天气的看法，然后立马把话题转向手边的业务，那天早晨，他也完全是这个套路。“这件事你谁都不能告诉，”他说，“但是你对电视节目未来的构想，跟我们想的一模一样。”他从口袋里慢慢掏出一个设备来。乍眼一看，与我使用的iPod没有什么区别。

“这是我们的新款视频iPod。”他说。此设备的屏幕等于几张邮票大小，但他的口吻，却仿佛是在谈论一家IMAX影院。“这个设备能让人们通过我们的iPod收看视频，而不仅仅是听音乐而已，”他说道，“如果我们把这个产品推到市场，你能不能把你们的电视节目放进去？”

我毫不犹豫地答应了。

史蒂夫所做的任何产品演示都是震撼人心的，这次面对面的演示，更是不在话下。盯着眼前的设备，我不仅能体会到他的热情，也有一种将未来握在手中的不可思议的感觉。将我们的电视节目放在史蒂夫的平台上或许会产生麻烦，但在那时，我的直觉告诉我，这是正确的选择。

史蒂夫喜欢大胆的做派，而我也想向他暗示，未来与迪士尼的合作或许会与以前不同。在史蒂夫的诸多顾虑中，其中一个就是迪士尼做事的拖拖拉拉。每份合同都需要经过彻底审查和剖析，而这不是他的工作方式。我想让他理解，这也不是我的工作方式，也想让他知道，现在的我有权力作出决策，也迫不及待地想要和他一起探索未来之路。我想，如果他能认真对待我想要赌一赌的直觉和意愿，那么或许，也仅仅是或许，通往皮克斯的大门便有了再次打开的可能。

所以，我再一次告诉他，没错，我们愿意合作。

"好，"他说，"等我有更多消息的时候再联系你。"

第一次对谈的五个月后（也是我正式成为首席执行官的两周后），史蒂夫和我在苹果10月份发布会上同台宣布，五部迪士尼电视剧——包括《绝望主妇》《迷失》《实习医生格蕾》三部最火爆的节目——已经可以在iTunes上下载，并可以在带有视频功能的iPod上进行播放。

除了ABC总裁安妮·斯威尼（Anne Sweeney）的协助，这笔业务基本上是我一人谈成的。这次合作的过程之顺和速度之快，再加上对苹果公司及其产品的青睐，让史蒂夫大吃一惊。他告诉我，愿意尝试可能颠覆自家企业商业模式的人，他在娱乐产业中还是头一回遇见。

那天我走上台宣布迪士尼与苹果公司联手之时，观众刚开始都有些摸不着头脑，他们心想：这个迪士尼新上任的高管为什么会跟史蒂夫同台？原因只能有一个。我没有演讲稿，一开口便告诉大家："我知道你们在想什么，但我这次来不是因为那个原因！"台下有人开怀大笑，也有人不满嘀咕。但是，没有人比我更期望迪士尼和皮克斯能一起发布他们心中所想的那条消息。

2005年3月，被选为首席执行官几天后，我的日程上出现了一场商讨即将开园的香港迪士尼票价问题的会议。会议需求是战规部负责人彼得·墨菲的办公室人员提出的。我打电话找到当时乐园和度假区的负责人，问他是谁提出要开会。

"是彼得。"他说。

"彼得想开会讨论香港迪士尼的票价？"

"对。"

我打电话找到彼得，询问他原因。

"我们得确保他们在做正确的事。"他说。

"如果连票价多少都定不下来，那他们就不配在自己的职位上。"我说，"如果我们相信他们应该在自己的职位上，那么票价就应该由他们自己负责。"我取消了会议，虽然这并不是惊天动地的大事，但从此以后，我们曾经所认识的战规部便开始走向衰亡。

就如我之前所说的一样，彼得脑力一流，敬业程度也无人能及，随着公司的发展，迈克尔遇事几乎都只依赖于彼得一人，而彼得也对自己日益强大的权力进行了巩固和维护。他的能力和智力常导致他对别的资深高管态度轻蔑，这也进而引发许多高管对他的惧怕和嫌恶。矛盾逐渐加深，问题越发严重。

根据我的了解，情况并非一向如此。20世纪80年代中期，迈克尔和弗兰克·威尔斯在接手公司的时候设立了战规部，以便协助他们挖掘和分析新的商机。弗兰克于1994年去世，大都会/ABC广播公司于1995年被收购，在此之后，迈克尔亟须有人帮助他一起管理这家刚刚拓展的公司。在没有指定明确的二把手之前，他在决策的制定和迪士尼诸多业务的管理上非常依赖于战规部的协助。战规部所贡献的价值虽然不可否认，但我也能看到，每过一年，他们都会变得更大更强，而他们行使的权力越大，公司各业务负责人的权力也就越发削弱。等到迈克尔将我任命为首席运营官的时候，战规部有65名成员，而整个公司的所有重要决策，几乎都由他们掌管。

乐园和度假区、消费品以及华特迪士尼影业集团等业务的所有资深负责人都知道，他们所管理的部门的战略决策其实并不由自己制定。所有权力都由伯班克的这一个部门集中掌握，在人们看来，彼得和他的团队更像是公司内部的警察机关，而不是各业务部门的合作伙伴。

从很多层面来说，彼得都是一位未来主义者。他觉得我们的业务负责人都是老派管理者，其理念充其量只是在陈规基础上做一些微调而已。对此，他判断得没有错。彼得及其团队都是善于分析且咄咄逼人的人，而他们这种招牌式的能力和态度，是当时公司许多人都不具备的。尽管如此，把蔑视写在脸上也是不对的。这样做，人们要么会因恐惧感而变得屈从，要么会因挫败感而变得漠然。无论怎样，你都是在挫败他们带到工作中来的自尊心。久而久之，几乎所有人都把自己的职责拱手让给了彼得和战规部，而这支团队严谨分析的态度也为迈克尔带来了慰藉。

无论大小决策，战规部都要通过层层解析的筛选过滤，在我看来，这种做法往往慎重过了头。这群才干超群的人为了确保公司利益而对协议精筛细选，如果说这种做法能带来什么好处，也都往往因为行动时间拖得过长而抵消了。这并不是说调研和谨慎不重要。功课和准备都是必须做的。不搭建必要的模型来帮你判断某个协议是否合理，你自然不能进行重大的收购，但你也要认识到，100%的确定性是不存在的。无论你获取的数据有多少，风险仍然存在，而是否要冒这个险，就要靠一个人的直觉判断了。

对于这种由自己和团队分析师们“包办”公司决策的体系，

彼得觉得毫无问题。但与此同时，我们身边的各行各业都在跟随着瞬息万变的世界而前进。我们需要改变，需要更加灵活，也需要快点行动。

关于香港迪士尼票价的谈话过了大约一周之后，我把彼得叫到我的办公室，告诉他我计划对战规部进行重组。我说，我想要大幅缩减这支团队的规模，并把更多的决策工作交到业务负责人手里，从而逐步提高决策的效率。我们两个人都知道，我对于这支团队的愿景与彼得格格不入，再待下去，对他而言也没有什么意义了。

这次谈话后不久，我让人起草了一份媒体通稿，宣布彼得马上就要离职，而战规部也正在进行重组。然后，我立即开始着手解散团队，把原本65人的战规部缩小到15人。我的首席财务官汤姆·斯泰格斯提出建议，把曾经在战规部任职并于几年前离职的凯文·梅尔（Kevin Mayer）请回公司，让他管理这支刚刚经历了去粗取精和重新定位的团队。凯文将会向汤姆汇报工作，他和他的团队将专注处理潜在的并购案，另外我们也明确规定，任何并购都需要服务于公司的三个核心优先事项。

事实证明，重组战规部是我接手公司的前六个月里最为突出的一项成就。我知道，此举将收到立竿见影的实际效果，而关于战规部不再牢牢把控公司所有业务的消息，也立马让员工们士气大振。这感觉就仿佛所有窗户一下子被推开，新鲜空气顿时涌动起来一样。

就如公司的一名高管在当时对我说的一样：“如果迪士尼各处的尖塔上挂着教堂大钟的话，那就一定是一派钟声齐鸣的景象。”

第九章

迪士尼-皮克斯：未来之路

我用了几个月与史蒂夫商讨如何将迪士尼的电视节目植入他的新款iPod，而这几个月的时间，也逐渐引发了关于迪士尼与皮克斯未来新合作的讨论——然而，这个过程非常缓慢，也充满了不确定性。史蒂夫的态度稍微缓和了一些，虽然他愿意进行商讨，但构想出的所有新协议仍然无一例外地偏向于皮克斯的利益。

我们就新协议的大致内容进行了几次争论，但没有得出什么结果。我让汤姆·斯泰格斯加入谈话，想看看他能不能有所推进。另外，我们也请来自高盛集团的中间人吉恩·赛克斯（Gene Sykes）参与进来，他是我们信赖的人，跟史蒂夫也很熟。我们通过吉恩向史蒂夫提出了一些不同的想法，但他仍然不愿让步。实际上，他的坚持不难理解。他热爱皮克斯，对迪士尼却毫不在乎，因此他构想出来的任何合约都会严重偏向皮克斯，而让迪士尼背负高昂的代价。

其中一个方案，要求迪士尼将两家公司一起推出的影片的宝贵续集版权让给皮克斯，以换取皮克斯10%的股权，其中包括《玩具总动员》《怪兽电力公司》以及《超人总动员》。我们可以得到董事会的席位以及所有皮克斯新出影片的发行权，还可以举办一场大型媒体发布会，在会上宣布迪士尼和皮克斯将继续合作的消息。但是从经济价值而言，这个方案严重倾向于皮克斯。皮克斯可以创造自家品牌的原创电影和续集并永远持有版权，而迪士尼的角色基本上只是一家不占主动的发行商而已。还有几个类似的方案，我都一一回绝了。每轮讨论下来，我和汤姆都会面面相觑，扪心自问对史蒂夫提出的协议挑三拣四，会不会太不识抬举了。但一转念，我们又很快得出结论，公司签订的任何协议都需要具有长远价值，只是在发布会上宣布合作的消息，对我们而言是没有什么实质意义的。

当时的实际情况是，世界上所有的有利条件都在皮克斯一边。那时的皮克斯已经成为内容创新且技术成熟的动画电影的标兵，看来，史蒂夫也从不担心放弃与我们的合作。我们唯一的谈判筹码，就是之前几部影片的续集制作版权在我们手中，在两年前两家公司关系破裂时，我们已经在迈克尔的领导下开始了几部影片的前期开发工作。但是史蒂夫知道，鉴于迪士尼动画的状态，我们很难做出真正叫好的佳作，他几乎是在挑衅我们，想要看看我们能出什么“高招儿”。

2005年9月30日，迈克尔在这家他掌管了二十一载的公司度过了作为首席执行官的最后一天。这是既伤感又难堪的一天。离开的时候，他切断了与迪士尼的一切联系——没有在董事会留一席之地，也没有担任任何荣誉退休或咨询顾问的职位。他离开得彻彻底底。迈克尔虽然对我态度友好，但我仍能够感觉到我们之间的紧张气氛。过去几年虽然艰难，但迈克尔并不想离开，而我也不知该说些什么安慰的话。

我与泽尼亚·穆哈、汤姆·斯泰格斯以及艾伦·布雷费曼简短碰了一次面，告诉他们我感觉还是“不要去打扰他为好”，因此，我们便出于尊重跟他保持了一定的距离，给他一些私人空间自行离开。迈克尔的妻子简和他们的一个儿子过来一起吃了午餐，那天晚些时候，他便最后一次驱车离开了总部。当时他心中的滋味，我无法想象。二十多年前他入职并挽救了公司的命运，而现在开车离开公司的他知道，自己的时代已经画上了句号，这家经他打造而成的世界最大的娱乐公司，将脱离他继续前行。我想，就是在这种时刻，失去了长时间帮助我们界定身份的荣誉、头衔和职位的我们，会对自己到底是谁而感到困惑迷茫。我对他充满了同情之心，但也知道，面对他的痛苦，我几乎什么也做不了。

三天后的10月3日是周一，我正式成为了华特迪士尼公司的第六任首席执行官。从业以来，这是我第一次只需要向董事会汇报工作，在漫长的竞选过程和六个月的等待期之后，我终于要开始主持我的第一次董事会会议了。在几乎所有的董事会会议之前，我都会先让各部门负责人汇报业务的最新情况，以便让我将经营业绩、重要问题以及挑战和机遇告知董事会。但对于第一次会议，我的议事章程上只有一个事项。

开会之前，我让华特迪士尼影业集团董事长迪克·库克（Dick Cook）和他的二把手艾伦·伯格曼（Alan Bergman）准备一场演说，讲述迪士尼动画过去十年的发展历程：包括我们发行过的每一部影片、每部片子的票房成绩等等。两人都有所顾虑。“看上去一定很糟糕。”迪克说。

“数字难看极了，”艾伦补充道，“这可能不是你开场的最佳方式。”

我告诉影业团队的两人，无论这场演说有多么令人扫兴甚至愤怒，都不要为此而担心。接着，我让汤姆·斯泰格斯和凯文·梅尔做了一些调查，由于家有不满12岁孩子的母亲群体是我们最为重视的观众群，因此我们调查了她们对于迪士尼动画的印象，并将结果与其对几家竞争者的印象做了比较。同样地，凯文也表示调查结果并不乐观。“没关系，”我告诉他，“我只是想对我们现在的处境有个坦诚评估。”

所有这些工作都是在为一个大胆的想法作准备，到那时为止，我只和汤姆一个人分享过这个想法。在一周以前，我曾经问过他：“你觉得我们收购皮克斯这个想法怎么样？”

刚开始的时候，他还以为我是在说笑。当我告诉他我没开玩笑时，他的回应是：“史蒂夫是绝不可能把公司卖给我们的。就算他愿意，代价也不是我们或者董事会能够承担得起的。”他或许是对的，但我无论如何也想要在董事会面前把这件事交代清楚，想要做到这一点，我就需要一场关于迪士尼动画现状直白而详细的演说。汤姆迟疑不决，一方面是出于他对我的保护，另一方面则是因为，作为首席财务官的他对董事会和公司股东承担着责任，这也就意味着，他不能永远对首席执行官的想法言听计从。

就任首席执行官后的第一场董事会在一个晚上举行。我和其他十位董事会成员围坐在会议室长桌旁，我能感觉到，空气中弥漫着跃跃欲试的期待。对于我而言，这是我人生中一次最为意义重大的会议。而对于他们来说，这则是在二十多年里第一次听新任首席执行官在会上发言。

董事会在过去的十年里经历了风风雨雨：终止迈克尔任期的艰难抉择，与罗伊和斯坦利之间的持久战争，康卡斯特恶意收购的企图，迈克尔·奥维茨为争取1亿多美元的遣散费而引起的股东诉讼，因杰弗里·卡森伯格1994年被迫离职而引发的法律战。董事会承受了许多的批判指责，和我一样，随着选拔和过渡阶段的展开，他们也被放在显微镜下任人审视。会议气氛非常紧张，因为很快，董事会就要因把职位交给我的决定而接受别人的评判了，而且他们也知道，持怀疑态度的人仍然不在少数。在董事会中，有几个人（大概是两三个人，但我永远也无法确定这些人是谁了）从始至终一直对我的当选持反对意见。因此在走进会议室时，我明白虽然投票结果最终达到了一致，但桌旁坐着的人中，有几位在很长一段时间里都没有料到或不想让我站在今天的席位上。

乔治·米切尔就这一时刻的重大意义进行了一段简短而真诚的讲话，以此作为会议的开场。借用他的原话，他先是祝贺我“熬过了这个阶段”，然后将发言机会交给了我。我浑身充斥着躁动不安，迫不及待地想要立马点到议题的核心，于是省去了寒暄客套，开口就说：“大家都知道，迪士尼动画真是一团乱麻。”

这句话大家以前都听过，但我知道，现实情况远比他们之中任何人所意识到的还要糟糕。在展示我们准备好的财务情况和品牌调查之前，我回忆起几周前香港迪士尼乐园开幕式上刚发生的一幕。那是迈克尔作为首席执行官主持的最后一次大型活动，几位董事会成员特地到香港去参加开幕仪式。仪式在一个阳光刺眼的下午举行，气温高达35℃。汤姆·斯泰格斯、迪克·库克和我站在一起，看着开幕游行的队伍沿着美国小镇大街走过。一辆接一辆的花车从我们身边经过，有的车上面载着《白雪公主和七个小矮人》《灰姑娘》《小飞侠》等华特的传奇之作中的人物，有的车上是《小美人鱼》《美女与野兽》《阿拉丁》和《狮子王》等迈克尔在任头十年大热影片中的人物，有的车上，则是《玩具总动员》《怪兽电力公司》《海底总动员》等皮克斯影片中的角色。

我扭过头问汤姆和迪克："你们有没有看出这次游行有什么问题？"两个人都没有看出什么特别之处。我告诉他们："迪士尼在过去十年中创造的角色，这里几乎一个也没出现。"

我们大可花费几个月的时间去分析问题出在哪里，但在那时，问题就摆在我们面前。我们的电影不够好，也就意味着里面的角色不受人欢迎或无法给人留下深刻印象，从而对我们的业务和品牌都带来了严重的后果。迪士尼是以丰富的创意、新奇的故事以及精美的动画为基础而创立的，但这人尽皆知的优秀传统，我们近期却几乎没有一部电影能够达到。

对董事会描述完这一幕之后，我关上了灯。《钟楼怪人》《大力士》《花木兰》《人猿泰山》《幻想曲2000》《恐龙》《变身国王》《亚特兰蒂斯：失落的帝国》《星际宝贝》《星银岛》《熊的传说》以及《牧场是我家》，我们将迪士尼动画在过去十年推出的一系列电影投射在屏幕之上，屋里变得鸦雀无声。其中有的影片在票房上获得了一定的成果，有的简直就是灾难。而在口碑上广受赞誉的影片，更是一部也没有。在这段时间里，迪士尼动画已经损失了将近4亿美元的成本。我们为了制作这些影片花费了十多亿美元，也在宣传上下了很大功夫，但到头来，这些投资所产生的业绩却少得可怜。

在同一时期，皮克斯却打造出一部接一部的精品，在创意和票房上获得双丰收。从科技上来说，皮克斯在创作中正在使用的数码动画技术，我们仅仅浅尝辄止过——而我们可是迪士尼呀！更重要的是，皮克斯与父母和孩子之间都建立起了坚固的纽带。为大家描绘完这幅暗淡图景之后，我让汤姆把我们的品牌调查结果展示给大家看。在孩子不满12岁的母亲这个群体中，有更多的人将皮克斯看作“对家人有益”的品牌，迪士尼则相形见绌。在一项直接对比中，皮克斯远比迪士尼更受人喜爱——差距之大，简直让我们望尘莫及。我发现几位董事会成员正在交头接耳，也感觉到一些不满情绪逐渐酝酿了起来。

董事会知道迪士尼动画已经挣扎了许久，也当然意识到皮克斯正在突飞猛进之中，但是，现实情况被如此直白地呈现在他们面前，这还是头一次。大家没有料到具体数字竟然如此糟糕，也从未认真考虑过品牌调查。我的发言完毕后，董事会的几个人开始反击。在竞选过程中对我最有敌意的加里·威尔森发话了：“在这几年里，你有五年都在担任首席运营官。你对这种结果没有责任吗？”

在这种情况下，极力辩护没有任何好处。我说：“迪士尼和迈克尔能从一开始就和皮克斯建立合作关系，这是很有功劳的。合作虽然并不总是一帆风顺，但还是带来了很好的收效。”我还说，在迪士尼并购ABC之后，管理这家公司变得越来越困难，而动画部门也没有得到应有的关注。另外，公司资深高管的频频更换也使得问题被进一步加重，且这些人在这个部门的管理上并没有做出什么突出的成绩。接着，我又重复了一遍我在竞选过程中说过多次的话：“我们不能沉迷于过去。过去那些糟糕的创意决策和让人失望的电影，我们无法挽回。但是关于改变未来，我们能做的却很多，而且需要现在就开始行动。”

我对董事会指出，“迪士尼动画的命运，就是迪士尼公司的命运”。从很多方面来说，迪士尼动画就是我们的品牌。消费品、电视以及主题乐园等很多其他项目，都是由迪士尼动画支撑的，而在过去的十年间，我们的品牌却遭遇了许多挫折。在当时，还没有并购皮克斯、漫威以及卢卡斯影业的迪士尼比现在要小很多，迪士尼动画取得佳绩的压力也比现在沉重许多，因为这不仅关乎品牌本身，更能对公司几乎所有其他业务起到推动作用。我说："想要找到走出颓势的道路，我感觉肩上的压力非常沉重。"我知道，股东和分析师们是不会给我放宽限期的，而他们对我作出评判的第一个标准，就是我是否有能力扭转迪士尼动画的命运。"催促我解决问题的鼓声，已经打得震天响了。"

接下来，我又阐述了我能想到的三条前进的道路。第一条路便是继续维持现在的管理阵容，看他们能不能制造转机。鉴于现任管理层迄今为止的业绩，我立刻表达了自己对这一选项的怀疑。第二条路是寻找新人来管理动画部门，但在宣布任命之后的六个月里，我找遍了动画和影片制作圈，想找着能够按我们的标准管理动画部门的人选，却空手而归。"或者，"我继续说，"我们也可以买下皮克斯。"

大家对这个想法的回应非常激烈，如果手中握着小槌，我简直可以敲槌强制"法庭肃静"了。

"我不知道皮克斯会不会考虑出售公司，"我说，"就算有考虑，我也很肯定他们的价钱一定高得离谱。"作为一家上市公司，皮克斯的市值超过60亿美元，而其中一半的股票都在史蒂夫手里。"同时我也觉得，史蒂夫想要出售公司的概率是非常小的。"这一番话好像让几位董事放了心，但也引发了其他人长时间的讨论：花费几十亿美元收购皮克斯到底有没有合理性。

我说："收购皮克斯可以让我们将约翰·拉塞特（John Lasseter）和艾德·卡特姆（Ed Catmull）带进迪士尼。"与史蒂夫·乔布斯一样，这两个人都是颇有远见的皮克斯领导者。"他们可以继续管理皮克斯，同时帮迪士尼动画恢复生机。"

"为什么不直接雇佣他们呢？"有人问道。

"首先，约翰·拉塞特跟皮克斯有合约在身，"我回答说，"除此之外，这两个人与史蒂夫关系紧密，也与他们在皮克斯打造的业绩不可分割，他们对皮克斯以及这家公司的员工和使命忠心耿耿。直接雇请他们的想法未免太天真了。"另一位成员建议，我们只用把一辆装满钞票的卡车开到皮克斯的门口，就大功告成了。"这些人不是钱能买来的，"我说，"他们不是常人。"

会后，我立即找到汤姆和迪克，想看看他们觉得这场演说效果如何。"我们真没想到你开完会后还能保着饭碗。"汤姆说。他听上去像是在说笑，但我知道他是认真的。

那天晚上回到家里，薇罗便问我会开得怎么样。这个计划，我连她都没有透露。我对她说："我告诉他们，我认为迪士尼应该收购皮克斯。"

和其他人一样，她也直盯着我，仿佛我脑子出了问题。她的回应印证了其他人的顾虑："史蒂夫是绝不可能同意把公司卖给你的。”但说完后，她又提醒我不要忘记她在我被任命不久之后说过的话：“世界500强企业首席执行官的平均任期不到四年。”当时，这只是我们两人之间的一句玩笑话，以确保我为自己设定的期望要脚踏实地一些。但现在，她的语气却是在暗示，抓紧时间采取行动是不会对我造成什么损失的。她的话中含义，其实就是让我“大胆去做”。

董事会里的一部分人对这个想法极力反对，且表现得非常明确；但也有足够多的人对这个构想表现出兴趣，并给我开了所谓的“黄灯”：去探索这个想法的可行性，但要谨慎推进。整体来说，大家认为这个构想很可能无从实现，但我们不如干脆做一下尝试，聊以自娱自乐。

第二天早晨，我让汤姆开始着手整理一套详细的财务情况分析，但同时也提醒他不用着急。我打算在当天晚些时候再跟史蒂夫启齿，但也觉得整件事情很有可能会在几小时内变得意义全无。我用了一整个早上的时间鼓足勇气，终于在下午时分下决心拨通了电话。电话没有打通，我松了一口气，而在我6点半左右开车离开公司回家时，史蒂夫回电了。

这时距离我们的视频iPod发布会还有一周半的时间，因此我们先花了几分钟讨论发布会的事宜，然后我发问道：“我有一个挺疯狂的想法。我能不能过一两天来找你聊聊？”

当时的我还没有完全领会到史蒂夫有多喜欢大胆的想法。“现在就告诉我吧。”他说。

电话还没打完，我就开进了自家的车道。那是一个温暖10月的傍晚，我关掉了引擎，因高温和紧张而汗流浃背。我提醒自己记住薇罗的建议——大胆去做。史蒂夫很可能会立马拒绝，也很可能觉得这个想法气焰嚣张，因而觉得受了冒犯。我凭什么胆敢把皮克斯看成迪士尼能够半路杀出随意购买的东西呢？但就算他让我滚蛋，放下电话，我还是在原地纹丝未动，不会有任何损失。“我在思考我们两家公司各自的未来前景，”我说道，“你觉得迪士尼收购皮克斯这个想法怎么样？”我等着他挂掉电话或是放声大笑。他回应之前的安静，漫长得仿佛无穷无尽。

没想到他回话说：“你知道吗，这不算是世界上最离谱的想法。”

理性告诉我，从这一刻开始到将想法变成现实之间还隔着千难万险。在此之前，我已经完全做好了吃闭门羹的准备，但听到这个回应时，我飙升的肾上腺素让我有了一切或许皆有可能的感觉。“好，”我说，“太好了。什么时候能详谈？”

有时，人们会在第一步还没迈出之前就对可能性进行估算，从而说服自己放弃尝试，而这也是他们怯于大胆冒险的原因。我的直觉一直告诉我，高风险事物的风险，其实往往并不像表面看起来那么高，这也是我在为鲁尼和迈克尔等人工作的过程中一次次得到印证的事情。鲁尼和迈克尔都相信自己有力量促成事情，也相信他们所在的公司有能力创造奇迹，只要有足够的精力、思考以及责任感，即便是最为大胆的想法，也能变为现实。在与史蒂夫继续对话的过程中，我便努力维持这种心态。

在我家车道上那次通话的几周后，我和史蒂夫在加州库比蒂诺苹果公司的董事会会议室见了面。这是一间很长的房间，中间摆放着一张几乎和屋子一样长的会议桌。一面墙是玻璃做的，透过玻璃可以看到苹果公司园区的入口，另一面墙上挂着一张白板，差不多有七八米长。史蒂夫说他很喜欢白板练习，无论谁手握着水笔，都可以随心所欲地将愿景中的所有构思、设计以及计算完整涂画出来。

不难想象，这次的笔在史蒂夫手中，而我也感觉到，他很习惯担任这个角色。他拿着水笔站在那里，在白板一边挥笔写下“优点”，又在另一边写下“缺点”。“你先开始吧，”他说，“能想出什么优点吗？”

我因为紧张而不敢起头，因此将第一次发球的机会让给了他。

“好吧，”他说，“嗯，我想到了几个缺点。”他饶有兴味地写下了第一个缺点：“迪士尼文化会把皮克斯给毁了！”他这么说，我也无可厚非。到那时为止，他与迪士尼的合作体验还无法提供任何反面例证。他继续写下去，把他想出的缺点整句整句地横着写满白板。“拯救迪士尼动画需要太长时间，会在过程中把约翰和艾德累得筋疲力尽。”“敌意太深，重归于好需要很多年的时间。”“华尔街不会喜欢这个主意。”“你的董事会是绝不会让你这么做的。”“就像身体排斥捐献移植的器官一样，皮克斯是不会接受迪士尼做东家的。”其他的缺点还有很多，但其中有一个是全部用大写字母写的：“分心会扼杀皮克斯的创造力。”我想他的意思是说，整个合作和同化的过程，会对皮克斯打造的系统造成巨大的撼动（几年之后，史蒂夫提议将迪士尼动画彻底关闭，只通过皮克斯制作动画电影。这个想法让约翰·拉塞特和艾德·卡特姆都难以接受，而我也表示了拒绝）。

再往他的清单上添加内容好像已经没有什么意义了，于是我们便把话题转移到了优点上。我第一个发了话：“迪士尼能因皮克斯起死复生，大家从此都能过上幸福的日子。”

史蒂夫露出微笑，但没有把这句话写下来。“你这话什么意思？”

我回答：“扭转迪士尼动画的命运将完全改变人们对于迪士尼的看法，从而让我们的命运出现转机。另外，约翰和艾德也能在一幅更大的画布上作画。”

两个小时之后，优点一栏仍显稀薄，而缺点一栏中有几项在我看来虽嫌琐碎，也仍然浩浩荡荡。我心灰意冷，但这是早就该意料到的结果。“好吧，”我说，“这是个好想法，但我觉得这条路行不通。”

“几个实打实的优点要比一堆缺点更有力，”史蒂夫说道，“所以说，我们接下来该怎么办？”这又是宝贵的一课：史蒂夫很擅长衡量一件事情的方方面面，不允许优点被缺点掩盖住，在他想要争取的事情上更是如此。这是他的一个很突出的特质。

史蒂夫在六年之后离世。他逝去不久后，我加入了苹果的董事会。每次来苹果公司开会，看着那张巨大的白板，我都会看到史蒂夫，他专心致志、精力充沛、全心投入，更加愿意敞开胸怀，相信我们的这个想法（我相信还有很多别的想法）终会实现。

我提出：“我得去皮克斯看看。”我从来也没去过皮克斯。在合约快到期的时候，双方剑拔弩张，合作基本终止，我们连对方在做什么项目也不知道。最后还剩一部《赛车总动员》需要迪士尼发行，但公司里没有一个人看过影片。我听说他们正在制作一部几只老鼠在巴黎餐厅的厨房里发生的故事，迪士尼的人却对这部片子嗤之以鼻。在双方为最终终止合作作准备的阶段，沟通也随之被完全切断了。

然而，如果要论证收购皮克斯是最好的选择，我对其运营方式的了解就必须加深很多才行。我想与核心人物会面，了解他们的项目，并对公司的文化有所把握。在皮克斯工作的感觉如何？之所以能够持续不断地打造精品，他们的做法与我们又有何不同？

史蒂夫立刻同意让我去皮克斯参观。他向约翰和艾德解释了我们的谈话内容，虽然他当时并没有作出任何承诺，也不会在没有这两个人同意的情况下作出承诺，但仍然觉得由他俩带我四处转转是值得的。于是一周之后，我便一人来到了皮克斯的爱莫利维尔园区。约翰的助手在大厅接待了我，带我走进由史蒂夫协助设计的宽敞中庭。中庭的两边是狭长的用餐区，中庭尽头便是影院的主入口。有的人在悠然散步，还有人在三两成群地聊天，给我的感觉更像是一个大学学生会，而不是一家电影制作公司。创意的能量让这里生机勃勃，每个人看上去都适得其所。

如果让我选出任期中最美好的十天，第一次到访皮克斯园区参观的那天一定会排在前列。约翰和艾德热情地对我表示欢迎，并告知我会在前半天与每一位导演会面，由他们向我展示正在制作的影片中的元素——比如某些场景的粗剪版本、故事板、概念艺术[1]、原创音乐，以及配音演员名单等。然后，我将会看到他们最新的“科技流水线”，了解科技和创意是如何相互配合的。

第一个进行展示的是约翰，他给我播放了一版已经几乎剪好

1　以插画形式表达想法的一种设计方法。

了的《赛车总动员》，我坐在影院里，被片子的动画质量深深吸引，也被科学技术从皮克斯上一部影片到现在的突飞猛进而折服。比如说，光线被赛车金属漆折射的样子，就让我为之惊叹。这些画面，都是我在CG动画中从未见过的。接下来，布拉德·伯德（Brad Bird）为我展示了他正在制作的作品，也就是那部被当成笑柄的“老鼠片”《美食总动员》。在我看来，这是皮克斯在当时为止的电影中主题最为成熟、叙事最具独创性的影片之一。刚刚制作完《海底总动员》的安德鲁·斯坦顿（Andrew Stanton）为我播放了《机器人总动员》中的一段内容，这是一部关于一个孤独的机器人爱上另一个机器人的反乌托邦式的故事，展现了消费主义大行其道对于社会和环境造成的破坏，传达了一条催人警醒的信息。接下来，皮特·多克特（Pete Docter）为我讲述了《飞屋环游记》的大纲概念，这是一个讨论伤痛和生死的爱情故事，以震撼人心的南美洲风景为背景展开（在《飞屋环游记》之后，皮特又导演了《头脑特工队》）。嘉里·瑞德斯托姆（Gary Rydstrom）以两只长着蓝脚的蝾螈的一场冒险为视角，为我概述了一个关于物种灭绝的故事。皮克斯后来放弃了这个项目，但嘉里在演讲中展现的想象力和聪明才智，都让我记忆犹新。布兰达·查普曼（Brenda Chapman）为我展示了《勇敢传说》的内容。日后导演了《玩具总动员3》和《寻梦环游记》的李·昂克里奇（Lee Unkrich），则为我描述了一部关于住在一栋曼哈顿上西区公寓楼里的宠物们的影片（《美食总动员》《机器人总动员》《玩具总动员3》《勇敢传说》《头脑特工队》以及《寻梦环游记》都在日后斩获了奥斯卡金像奖的最佳动画长片奖）。

然后，我又花了几个小时与艾德·卡特姆和科技工程师们会面，他们为我详细介绍了服务于这些创意工作的科技平台。在这里，我亲眼见到了那天早晨约翰在把我接进大楼时描述的内容。动画师和导演们不断激励着工程师们提供让他们实现创意梦想的工具——比如给片中的巴黎赋予真正巴黎的感觉。艾德和他的工程团队则会不断研发自己的工具，然后带给艺术家，启发他们用从未用过的方法去思考问题。“看看我们创造出来的雪、水和雾吧！”艾德向我展示了有史以来最为成熟的动画工具，正是这些科技上的天才发明，才使得最高形式的艺术成为可能。科技和艺术的阴阳结合，便是皮克斯的灵魂所在。所有一切，都源于此。

一天末了，我一坐进停在皮克斯停车场的车里，便立马开始记起笔记来。然后，我给汤姆·斯泰格斯打了电话，告诉他我一到洛杉矶就得马上去见他。我不确定董事会能不能通过这个决定，也知道史蒂夫随时随地都有可能改变主意。但在向汤姆描述皮克斯员工的聪明才智和创意野心，说到他们在品质上的一丝不苟和讲故事上的别具匠心，谈到他们的科学技术、领导架构以及热情高涨的合作精神——甚至办公大楼的建筑时，我都兴奋得喘不过气来。这样的企业文化，是包括创意产业在内的任何产业都渴望打造的，也远远超越了迪士尼的现状和单靠自己能够达到的水平。我觉得，为了促成这件事，我们应不惜倾尽全力。

一回到伯班克的办公室，我立即与我的团队会面。若说我的激情没有得到他们的共鸣，简直是在轻描淡写。我是唯一一个亲眼见过皮克斯精髓的人，对于他们来说，这个想法仍然显得不切实际。他们表示，牵扯到的风险太多了。除了价钱可能过高之外，他们也担心，我还没有在首席执行官的位置上坐稳，如果执意推动这笔合作，就等于是拿着自己的未来——更不用提公司的未来——去铤而走险。

在我关于皮克斯进行的几乎每次讨论中，这个主题都会一再出现。我一次次被人告知，这个决定风险太大，也太欠考虑了。许多人都觉得史蒂夫是个难以相处的人，也会尝试着独掌大权。还有人告诉我，一位新晋的首席执行官不应尝试大体量的并购。借用我们的一位投资银行家的话，我简直是“疯了”，因为双方永远无法在金额上达成一致，而华尔街也是不可能为这笔交易“买账”的。

这位银行家的话有一定的道理。从理论上来看，这笔协议的确不合理。但我很确定，皮克斯所拥有的巧思创意，要比我们当时任何人理解或推断的都要珍贵。在这样一本书里，让领导者勇敢行动、相信直觉，或许不能算是最负责任的建议，因为这可能会被理解为鼓励冲动和冒险，而非缜密思考和细心调查。与所有事一样，个中的关键在于“感知”。吸收所有信息，衡量所有因素——你自己的动机，你所信赖的人的建议，缜密的调查分析结果，以及调查分析所不能告诉你的。对这些因素进行认真考量，认识到没有哪两种情况是完全相同的，如果事情由你掌握，那么一切最终还要归结到直觉上来。这件事是对是错？绝对的事情是不存在的，但是你至少需要有铤而走险的胆识。没有这种胆识，也就没有伟大的胜利。

我对皮克斯的直觉非常强烈。我坚信这次并购能够改变我们的命运：不仅挽救迪士尼动画，也能将堪称科技界最强音的史蒂夫带进迪士尼的董事会，还能把崇尚卓越和目标远大的企业文化注入我们的公司，进而如久旱逢甘霖一般惠及公司的上上下下。董事会最终也许会予以拒绝，但我不能只因害怕就让机会白白逝去。我告诉我的团队，我尊重他们的看法，也知道并感激他们为我着想，但我觉得这件事必做不可。在放弃之前，我至少要把所有可能促成这件事的方法都尝试一遍。

到爱莫利维尔参观后的第二天，我拨通了史蒂夫的电话。拨号之前，我嘱咐自己努力控制住心中的激动。我需要表示赞美，因为史蒂夫对于皮克斯充满了自豪，但这次谈话可能成为一场真正谈判的起点，因而，我不想让他因为觉得我愿为得到皮克斯孤注一掷而开出天价。然而，史蒂夫一接起电话，我那所谓的一本正经便瞬间崩塌了。我无法佯装自己的心中除了纯粹的兴奋之外还有别的杂质。我把那天的经历从头到尾向他描述了一遍，希望最终我的诚意能比任何“充满心机”的伪装达到更好的效果。这看起来或许是一种弱点——如果表现得对某件事魂牵梦绕，你就要被迫付出高价——但这一次，真诚流露的热情却达到了效果。谈话结束时，我对史蒂夫强调自己的的确确很想努力促成这件事情的发生，仿佛这一点还没有被点透一般。

史蒂夫告诉我，只有在得到约翰和艾德的同意后，他才会认真考虑这个提议。打完电话，他告诉两人他愿意接受谈判，也保证绝不会在没有得到两人许可的情况下敲定协议。根据我们的计划，我会再次与两人各见一面，好让我更加详细地描述脑中的愿景，并回答他们的任何问题。会面之后，他们再决定是否有兴趣进一步展开商谈。

几天之后，我飞到旧金山湾区，与约翰和他的妻子南希在其位于索诺玛的家里共进晚餐。我们愉快地聊了很久，彼此立即就产生了化学反应。我给两人概述了我的职业生涯，从《体育大世界》的岁月聊到被大都会并购的经验，又说到管理ABC黄金档节目的点滴，最终谈到迪士尼的收购和终于成为首席执行官的漫漫长路。约翰讲述了自己二十多年前在迪士尼动画工作的经验，那时，迈克尔还没有上任（当时的管理者感觉计算机动画没有什么发展前景，竟把约翰解雇了）。

“我知道被别的公司收购是什么感觉，”我告诉他，“即便是在最好的情况下，合并的过程也很复杂。同化是强迫不来的，对于一家你们这样的公司来说就更不可能了。”虽然不是出于有意，但购买一方往往会摧毁其收购的企业的文化，而这也会进一步造成价值的损失。

在并购其他公司时，很多公司都无法细心体会自己真正买到的是什么。它们感觉获得的是实体资产、工业资产，或是IP（某些行业要比其他行业更甚）。但一般而言，它们真正获得的，其实是人才。在创意行业中，人才才是价值的真正所在。

我颇为郑重地向约翰保证，唯有迪士尼精心呵护皮克斯独特文化的源泉，这次并购才有意义。将皮克斯带进我们公司，是对领导力和人才的一次大输血，因此来不得一点差池。“皮克斯还得是皮克斯，”我说，“如果我们不去保护你们创造的企业文化，那就等于是毁坏了让皮克斯不可取代的宝贝。”

约翰听到我这样说很高兴，然后，我便向他宣布了我的宏伟计划：“另外，我想让你和艾德联合运营迪士尼动画。”

约翰说，这么多年之后，被迪士尼开除的事情仍然让他耿耿于怀，但他对迪士尼动画的传统仍然抱有深深的尊敬之心。就像我无法在史蒂夫面前掩饰心中狂喜一样，想到有一天能够运营迪士尼动画，约翰也同样难掩心潮澎湃。“嗯，这真是像美梦成真一样。”他说。

几天之后，艾德·卡特姆飞到伯班克与我会面（我们在迪士尼总部旁边的一家牛排店吃了晚餐，但其实我们都不吃肉）。就像对约翰一样，我也费尽口舌地向他解释了我对并购的全面思考——他们所创造的企业文化，对于他们打造的魔法具有举足轻重的意义，而我也没有任何兴趣强迫他们变成现在之外的任何样子。我也聊到了摆在面前的另一个机遇：我想让约翰与他联手，让迪士尼动画恢复生机。

如果说约翰是个感情丰富、奔放外露的人，那么艾德便与他截然相反。他是一位安静、缜密、内向的计算机科学博士，让皮克斯的数字动画成为可能的许多技术，就是由他发明的。我们虽然在科技上落后皮克斯一大截，但其他部门还是有一些艾德有兴趣接触的科技资源。他用他低调的方式回应说：“很期待看到我们能够在这里实现什么创举。”

第二天，史蒂夫打来电话，说约翰和艾德已经为他与我的继续商谈开了绿灯。之后不久，我便和迪士尼的董事会召开了我的第二次会议，这一次，会议在纽约举行。我向他们讲述了参观皮克斯的体验以及与约翰和艾德的会面，还告诉他们，史蒂夫已经同意进行协商了。汤姆·斯泰格斯对此仍有一些顾虑，他谈到了并购对公司经济可能造成的影响，包括发行更多股票的问题以及可能出现的迪士尼股票稀释，在他看来，乐观来说，投资界最可能对这次并购作出的反应也只有好坏参半到非常负面而已。董事会认真听取了谈话，会议结束时，大部分人虽然仍然保持怀疑态度，但仍然同意让我与史蒂夫进行协商，等得到更多详细反馈之后再开会商讨。

离开会议，汤姆和我直接飞往圣何塞，并在翌日与史蒂夫在苹果公司的总部会面。从一开始，我就知道把协商过程拖长不是明智之举。史蒂夫生性不擅冗长而复杂的唇枪舌剑（与迈克尔进行的没完没了的激烈之争，仍让他记忆犹新）。他对迪士尼的协商方式已经心存抵触，而我害怕，如果我们陷在某个点上停滞不前，他便会对整件事情产生反感，甩手走人。

一坐下来，我就对他说："我想开门见山地告诉你，我觉得这件事我们必须去做。"史蒂夫也同意这事必做不可，但与过去不同，当时的他没有利用自己占据的优势开出天文数字。我们谈妥的价钱对他们而言十分优厚，但他知道，这个价格也需要落在我们能够承受的区间。我觉得，是我的开诚布公打动了他。

在接下来的整整一个月里，汤姆和史蒂夫非常仔细地研究了可搭建的财务架构，并在74亿美元的价钱上达成了协议（这是一次股权置换交易——用每2.3股的迪士尼股份置换皮克斯的1股，最后成交股票净值64亿美元，因为皮克斯有10亿美元的现金）。虽然史蒂夫这次总归谈不上贪婪，但这仍是一笔巨款，想要说服董事会和投资者同意，难度一定很大。

我们还商讨了一份所谓的“社会契约”——这是一份两页的清单，划定出我们承诺要予以保护的重要企业文化特质和元素。对方希望保留皮克斯的感觉，因此与此相关的一切因素都很重要。他们仍会使用皮克斯的邮箱地址，大楼外仍应挂着皮克斯的标牌。他们要保留欢迎新员工的仪式以及每月一次的啤酒狂欢传统。另外，双方就电影、衍生品以及主题乐园设施的品牌问题，也进行了一次更为细致的讨论。我们的研究表明，皮克斯的品牌已经超越了迪士尼——对方对这一点也心知肚明，但我认为如果从长计议，迪士尼-皮克斯才是皮克斯影片最响亮的招牌，而今约翰和艾德接管了迪士尼动画的管理工作后则更应如此。最终，双方在这个名字上达成协议。皮克斯的每部影片仍然使用其著名的“跳跳灯”动画开场，而迪士尼城堡的动画则会在此之前出现。

现在，摆在我面前的挑战便是说服我的董事会了。我意识到，让他们与史蒂夫、约翰和艾德会面并直接地听他们介绍，胜算是最大的。在这件事上，没有人能比他们三人更有说服力。就这样，在2006年1月的一个周末，众人齐聚高盛集团洛杉矶的一间会议室。

董事会中的几名成员仍对这笔交易持反对意见，但史蒂夫、约翰以及艾德一张口，屋里的每一个人就完全被吸引住了。他们不看笔记，不放图片，也不借助任何的直观教具，单凭嘴巴诉说皮克斯的哲学和工作方法，描述我和他们构想出的一起完成的创举，也刻画出他们每个人的个人背景。

约翰充满激情地讲述了他对迪士尼一辈子的钟爱，也表达了他对带领迪士尼动画重回辉煌的渴望。艾德的发言像是一篇严谨缜密而引人入胜的论文，内容涉及科技的走向以及迪士尼和皮克斯的未来可能性。对于这样一个宏大的构思，很难想象还有比史蒂夫更加优秀的推销员了。他谈到了大公司冒大风险的必要；谈到了迪士尼曾经的地位以及彻底改变航向所需要做的事；还谈到了我，以及我们之间建立起来的友谊——不仅通过iTunes的合作，也通过关于保护皮克斯的企业文化所展开的一系列讨论；还谈到了他对与我们一起将这个疯狂构想成功实现的期盼。看着他的演讲，我第一次感觉，这件事或许有希望成为现实。

董事会预定于1月24日开会进行最后投票，但关于这笔可能成交的协议的风声却被泄漏了出去。一时间，人们开始给我打来电话，力图劝阻我。打电话的人中，就有迈克尔·艾斯纳。“鲍勃，你不能这样做，”他说，“这是世界上最荒谬的事。”他的担心与别人一样。这笔收购太过昂贵，也太冒险了；另外，把史蒂夫带进公司会酿成大祸。“你自己也可以挽救迪士尼动画，”他说，“不需要交给他们来做。他们只要失败一次，就会被打回庸才原形了。”他甚至打电话找到沃伦·巴菲特，想着如果沃伦觉得这是一笔愚蠢的投资，那么就能够劝阻他认识的迪士尼董事会成员。沃伦没有插手此事，因此迈克尔又打电话找到汤姆·墨菲，想看看他愿不愿发表意见，然后又联系了乔治·米切尔，问他能不能亲自劝说董事会。

乔治给我打来电话，把迈克尔的请求告诉了我。“乔治，”我说，“你是不会让他这样插手的，对吗？尤其是在这样的节骨眼上。”迈克尔当时已经离开公司四个月，与迪士尼的联系在他任期最后一天就已经切断。我知道这对于迈克尔而言是件难以接受的事，但也因他的插手而感到愤怒。他在担任首席执行官时，是绝不能容忍这种事的。

乔治说：“虽然有点不磊落，但还是顺其发展吧。我们给迈克尔面子，听他把想说的说完，然后你自己作决定就行。”乔治就是这样一个人。他在参议院任职多年，做过一段时间的多数党领袖，还参与了北爱尔兰和平问题的协商，这些经历将他造就成了一位八面玲珑的政治家。他真心觉得迈克尔应该得到尊重，但他也知道，在这件事上，迈克尔可能形成一股从外部影响董事会的“入侵势力”，因此最好的方法，是让他本人来到公司进行发言，以便让

1990年，艾格在从ABC电视台二把手晋升到ABC娱乐总裁不久之后，与《双峰镇》演员一起合影。他即将经历大起大落的学习曲线。华特迪士尼公司

1995年，被迪士尼收购的消息宣布当天，
艾格与大都会首席执行官汤姆·墨菲在一起。华特迪士尼公司

1995年8月，艾格与马上就要成为他上司的迪士尼首席执行官迈克尔·艾斯纳一起。
华特迪士尼公司

1996年，艾格与其ABC体育部早期职业生涯的导师鲁尼·阿利奇在一起。教会艾格"拼死创新"的就是鲁尼。华特迪士尼公司

2005年，艾格在库比蒂诺的讲台上与苹果公司首席执行官史蒂夫·乔布斯一起宣布，ABC电视节目将会在新款视频iPod上播出，这是两人友谊中的一次重大突破。

贾斯丁·沙利文/盖帝图像

2012年10月，艾格与乔治·卢卡斯一起签订收购卢卡斯影业和《星球大战》的合约。

华特迪士尼公司

2013年，与我的老友米老鼠一起在东京。鲍勃·艾格私人图像

2014年，艾格与薇罗（还穿着尤大的服装！）一起参加奥斯卡金像奖颁奖仪式。

华特迪士尼公司

2015年，艾格与薇罗（这次没穿尤大的服装）在奥斯卡金像奖颁奖仪式走红毯。

华特迪士尼公司

2016年，艾格与“开山元老”华特·迪士尼在一起。

华特迪士尼公司

在刚刚听闻从奥兰多迪士尼传来的噩耗后，艾格准备为上海迪士尼乐园致开幕词。

鲍勃·艾格私人图像

即将开园的上海迪士尼乐园里的城堡。

华特迪士尼公司

2016年，上海迪士尼乐园，艾格在灰姑娘奇幻童话城堡后台与演职人员在一起。

华特迪士尼公司

2018年，艾格与查德维克·博斯曼（Chadwick Boseman）一起参加《黑豹》洛杉矶首映典礼。

华特迪士尼公司

同处一室的我有机会立即予以反驳。这是乔治在担任董事长后所做的唯一一件让我感到不快的事情，但我别无选择，只能听信他的直觉。

董事会预定投票的当天，迈克尔走进会议室，面对大家发言。发言的内容和他对我说的一样——这桩交易的价格太高；史蒂夫难以相处、专横跋扈，定会要求掌权；迪士尼动画还没有沦落到无可救药的地步。他看着我，说："鲍勃就可以挽救迪士尼动画。"我回话说："迈克尔，连你都不能做到的事，现在你却说我能？"

在会议之前，乔治来到我的办公室对我说："听我说，我觉得你会成功，但这不是板上钉钉的事。你一会儿进去发言的时候，得说得声情并茂，要捶桌顿足，把激情拿出来，请求他们给予支持。"

我说："我以为这些我都做过了。"

"那你就得再做一遍。"

我带着使命走进会议室。在进屋之前，我甚至腾出时间把西奥多·罗斯福的演讲稿《竞技场上的人》重读了一遍，很久以来，这篇演讲一直给予我鼓励："荣誉不属于批评家，那些指出强者如何跌倒或者实干家哪里可以做得更好的人。荣誉属于真正在竞技场上拼搏的人，属于脸庞沾满灰尘、汗水和鲜血的人。"我的脸上虽并未沾满灰尘、汗水和鲜血，迪士尼董事会会议室也不能算是最为残酷的竞技场，但我需要走进去，努力争取一件我明知风险巨大的事情。如果他们同意，如果一切发展顺利，那么我就会成为改变公司命运的英雄。如果他们同意，但事情发展不利，那么我在这个位置上的日子也就所剩无几了。

我调动起能够调动的所有热情，说道：“公司的未来就在此时此刻，就在你们的手中。”我将担任首席执行官后在10月召开的第一次董事会上说过的话重复了一遍：“迪士尼动画的命运，就是迪士尼公司的命运。对于1937年的《白雪公主和七个小矮人》来说如此，对于1994年的《狮子王》来说如此，对于现在而言也同样如此。迪士尼动画蒸蒸日上的时候，迪士尼也节节高升。这件事我们必做不可。通往未来的道路始于今晚，始于脚下。”

说完之后，乔治宣布投票开始。他按照姓氏英文字母顺序让每位成员说出投票结果，并给愿意发言的人留出机会。屋里安静下来。记得我与汤姆·斯泰格斯和艾伦·布雷费曼交流了一下眼神，他们两人都相信我们能够得到董事会的支持，但现在，我的心里却打起了鼓。在经历了过去几年的大风大浪之后，董事会很可能已将规避风险当成了做事标准。前四位成员投了赞成票，第五位也投了赞成票，但补充说他这样做完全是为了表示对我的支持。在剩下的五人中，两人投了反对票，因此最后的统计结果为九票赞成，两票反对。就这样，决议通过了。

大家讨论了一会儿是否该再进行一次投票，好达成全票通过的结果，但乔治表明投票过程需透明，因此很快就否定了这个提议。有的人担心公众对非一致通过的投票结果会有一定的看法，但我表示并不在意。这个决议得到了迪士尼董事会的批准，人们只要认识到这一点就足够了。投票结果不一定非要公布，但如果有人问起结果是否是全票通过的话，我们就应该用真相来回应（几年之后，迈克尔对我承认他对皮克斯看走了眼，能够这样做，也表明了他的气度）。

宣布结果当天，艾伦·布雷费曼、汤姆·斯泰格斯、泽尼亚·穆哈和我一起来到皮克斯在爱莫利维尔的总部。史蒂夫、约翰和艾德都在那里，我们计划，在太平洋标准时间下午1点整股市关闭后马上发出声明，然后举行媒体发布会，并与皮克斯的员工召开一次全体职工大会。

正午刚过，史蒂夫找到我，把我拉到一边。“咱们出去走走。”他说。我知道史蒂夫喜欢长距离散步，经常会和朋友或同事一起约走，但选在这个时机，让我不禁对他的请求起了疑心。我找到汤姆，问他觉得史蒂夫此举是何意图，我们猜想，他要么是想要退出，要么就是想要加码。

与史蒂夫一起走出大楼时，我看了看我的手表，时间已经到了

12：15。我们走了一段时间，然后在皮克斯风景如画、修剪精美的园区中心的一张长椅上坐下。史蒂夫把一只胳膊搭在我身后，这举动很友好，也是我没有意料到的。然后，他对我说："我要告诉你一件只有劳伦（他的妻子）和我的医生知道的事。"在要求我绝对保密后，他告诉我说，他的癌症又复发了。几年前，他被诊断出患有一种罕见的胰腺癌，并在术后宣布自己已经完全康复。但现在，癌症又回来了。

"史蒂夫，你为什么要跟我说这个？"我问道，"还有，你为什么要现在告诉我？"

他回答说："我就要成为你们最大的股东和董事会的一员了。现在你已经知道了我的情况，你可以选择退出，我觉得我欠你这个权利。"

我又看了一眼手表，时间是12：30，离发布消息只剩下30分钟了。我不知道该怎么回应，也不知该如何处理刚才得到的信息，我还在考虑，被告知此事的我，是否需要担负起披露责任。我是不是必须通知董事会？能不能向法律总顾问求援呢？史蒂夫想让我完全保密，因此我只能接受他的建议，从这笔我本人殷切渴望且公司迫切需要的合作中退出，除此之外别无他法。终于，我发话了："史蒂夫，原定再过不到30分钟，我们就要宣布一笔70多亿美元的收购协议了。我该怎么跟董事会开口呢？说我临阵畏缩吗？"他告诉我说，我可以把责任推在他的身上。然后我又问道：“还有没有别的我需要知道的信息？帮帮我作这个决定。”

他告诉我癌症已经转移到了他的肝脏，也谈到了战胜癌症的概率。他说，为了参加儿子里德的高中毕业典礼，他不惜付出任何代价。当他告诉我毕业典礼还有四年的时候，我心里一沉。一边是史蒂夫面前即将到来的死亡，一边是我们原定在几分钟后就要敲定的协议，我无法把这两个话题放在一起同时进行。

我下定决心，拒绝了他取消协议的提议。公司的董事会不仅通过了这笔协议，更忍受了我几个月的游说，即便听从了史蒂夫的建议，我也无法跟公司董事会交代原因。现在，距离我们的信息发布还剩下十分钟时间。虽然不知自己的选择是否正确，但我很快便意识到，史蒂夫对我而言举足轻重，但他对于这笔协议本身却不是不可或缺的。就这样，我和史蒂夫沉默不语地走回中庭。那天稍晚，我与如兄长般信赖的艾伦·布雷费曼谈话，并把史蒂夫告诉我的事情吐露给了他。他对我的决定表示了支持，这对于我来说是个很大的慰藉。那天晚上，我也向薇罗倾吐了心声。薇罗认识史蒂夫的时间比我更早，已有数年之久，对于我刚升任首席执行官后如此意义重大的一天，我们两人并没有举杯欢庆，而是一起潸然泪下。无论史蒂夫怎么对我说，也无论他对这场与癌症的斗争有多么决绝，我们俩都为他的前景而忧心如焚。

收购皮克斯的消息于太平洋标准时间下午1：05宣布。对媒体发表完讲话之后，史蒂夫和我站在皮克斯空旷中庭的讲台上，约翰和艾德在我们两边，台下则是将近一千名的皮克斯员工。在我讲话之前，有人送了我一盏跳跳灯，作为纪念这一时刻的礼物。我即席对团队表示了感谢，也告诉他们，我将会用这盏台灯来照亮迪士尼城堡。这盏明灯，一直闪耀至今。

第十章

漫威：这边“风险”独好

对皮克斯的收购填补了迪士尼动画重振雄风的迫切需求，同时也是公司实现更大增长策略中的第一步：增加我们打造的优质品牌内容；在技术上继续迈进，将产品打造得更加诱人，并提高将这些产品推广给消费者的能力；另外，还要实现全球性的增长。

汤姆·斯泰格斯、凯文·梅尔和我有一份“并购目标”清单，我们觉得，这份清单可以帮助我们完成这些优先事项，并决定首先把目标放在IP上。有谁拥有可以与我们的业务全方位结合的优质IP呢？我们很快便想到了两家公司：漫威娱乐和卢卡斯影业。我们不知道这两家公司是否出售，但因为种种原因（其中一个原因是，我觉得很难说服乔治·卢卡斯出售他亲手搭建的公司，放弃对

《星球大战》系列的控制权），我们将漫威放在了清单的首位。我虽不能说是浸淫在漫威神话之中，但无须成为毕生的读者，我也知道这家公司是一个满是有趣角色和故事的宝库，很容易植入我们的电影、电视、主题乐园以及消费者产品业务中。

然而，具体的过程却并非一帆风顺。首先，漫威已有与其他电影公司签订的合约在身，他们与派拉蒙签订了一份即将推出的几部影片的发行合同，将《蜘蛛侠》的版权卖给了哥伦比亚影业（最后被索尼影业收购），其《绿巨人》的版权被环球影片公司掌控，而《X战警》和《神奇四侠》则归福克斯所有。因此，即便能将尚未被其他电影公司占有的所有内容买下，此次IP收购也不像我们理想中的那么纯粹。我们不能将所有漫威角色置于一把伞下，这也有可能会在日后制造一些品牌混淆和授权纠纷。

然而更大的阻碍在于，掌管漫威的艾克·珀尔马特（Ike Perlmutter）对于我们而言还是一个谜一样的存在。艾克是一个手腕强硬、深居简出的传奇人物，曾在以色列军队当过兵的他，从未在公开场合露过面，也从不允许别人拍照。他买下亏损公司的债务，然后利用债务获得控制权，赚得盆满钵满。另外，坊间传言他是个极度吝啬的人（有人说，艾克会把扔进垃圾桶里的回形针捡回来）。除此之外，我们对他知之甚少。我们不知道他会对我们的提案作何反应，甚至不确定如果主动联系，对方会不会对我们全然不理。

艾克与漫威漫画的关联要追溯到20世纪80年代中期，那时，漫威的老板罗恩·佩雷曼（Ron Perelman）收购了ToyBiz的部分股份，而这家公司，正是艾克与一位名叫阿维·阿拉德（Avi Arad）的合伙人共同所有的。在20世纪80年代中期到90年代初期的漫画收藏热期间，漫威获得了颇丰的盈利。但当热潮冷却后，亏损开始愈演愈烈。公司经历了财务重组和破产申请，最终还遭遇了一场旷日持久的权力之战，其中一方为佩雷曼和日后成为漫威总裁的投资人卡尔·伊坎（Carl Icahn），另一方则是艾克和阿维·阿拉德。1997年，艾克和阿拉德将公司的控制权从佩雷曼和伊坎两人手中夺走。翌年，他们将ToyBiz公司与漫威合并重组，成立了漫威影业，并最终演变为漫威娱乐。

2008年，我们开始对漫威进行认真调查。当时的漫威是一家上市公司，由艾克担任首席执行官和控股股东。我们花了六个月的时间试图和他见个面，却一直没有实现。大家可能认为一家企业的首席执行官约见同级不可能有这么困难，但是艾克不会做任何他不想做的事情，另外，由于他的低调，也没有什么直接渠道能够联系到他。

如果艾克真肯赏脸，那也是因为他信任的人为我们作了担保。我们还真有一层关系。有一位名叫大卫·梅赛尔（David

Maisel）的前迪士尼高管在漫威任职，帮助他们进军电影行业。大卫和我一直关系不错，也会时不时地联系我，看看有没有能一起做的事情。他已经鼓励了我几次，让我考虑成为漫威准备制作的影片的发行商，但我对单纯只做发行没有什么兴趣。我告诉大卫说想要见艾克一面，并问他有没有什么建议。大卫说会试着安排，也表示他觉得这是一个很好的主意，但他没有给我任何承诺，只是劝我耐心等待。

与此同时，凯文·梅尔却无法停止幻想有了漫威助力后的迪士尼能施展什么神通。凯文是我共事过的人中最有活力也最为专注的一位，一旦将目光投在某个有价值的目标上，他便很难将我“耐心等待”的建议听进去。因此，他几乎每天都要煞费苦心地跟我理论，让我想办法联系上艾克，而我则会告诉他，我们还需等待，看看大卫能不能有所收获。

几个月就这样过去了。其间，大卫会偶尔发来同样的信息——还没结果，再等等。终于在2009年6月的一天，他打来电话，说艾克愿意见面。大卫从来也没有解释事情为什么会出现转机，但我猜想，这是因为他告诉艾克我们有意愿收购漫威，从而引起了他的兴趣。

得到大卫的消息几天之后，我来到曼哈顿中城区的漫威办公室与艾克会面。就像与约翰和艾德在皮克斯的会面一样，我想让艾克感觉到我心中的敬意，因此特地来到纽约亲自与他面谈，并且单枪匹马，没有带着迪士尼的高管团队。漫威的办公室朴实无华，果然证实了艾克的名声。而他自己的办公室则既狭小又简朴：只有一张小办公桌、几把椅子、几张桌子和几盏台灯。没有昂贵的设备，也没有开阔的景观，墙上挂着的东西也寥寥无几。怎么也看不出，这间办公室的主人竟是一家娱乐公司首席执行官。

很明显，艾克对我非常谨慎，但并没有表现出冷漠或敌意。他身形精瘦而结实，握手时很有力。我坐下身来，他给了我一杯水和一根香蕉。“从开市客买的，”他说，“我夫人和我每个周末都去那儿买东西。”我不知道大卫对艾克介绍了多少我的背景，也不知道该说些什么，但刚一见面寒暄几句之后就开口说想要买对方的公司，总归是不合适的。因此，我虽然怀疑艾克知道我此行的目的很可能只有一个，但还是先聊了聊彼此的背景和各自的公司。他特地询问了皮克斯的收购案，我告诉他我们是如何在保护皮克斯独特企业文化的同时将其融入进迪士尼的。说到这里，我向他解释了我此行的目的，也提出了想以类似的方式收购漫威的想法。

艾克既没有欣然接受，也没有断然拒绝。我们又聊了半个小时，然后，他建议我们当晚在东区60街他喜欢的“驿站牛排馆”见面。晚餐时，我们聊了很长时间，话题也很广。我了解了艾克打理过的各种生意，也听他讲述了来美国前在以色列的生活。他就如坊间流传的一样态度强硬而高傲，而我也没有太着急催促艾克出售漫威，只是旁敲侧击地描绘了我对漫威加入迪士尼光明未来的愿景。晚餐接近尾声时，他对我说："我得考虑一下。"我说我第二天再与他联系。

第二天，我打电话联系艾克，他告诉我虽然还有疑虑，但对我的提议挺感兴趣。艾克是一位精明的商人，也会利用其优势通过这笔交易大赚一笔，但他也毕竟在漫威处于低谷时将公司接了过来，并使之起死回生。我觉得，虽然他知道自己能通过这笔收购积金累玉，但其他公司的首席执行官就这样半路把公司买走，这是他难以接受的。

我和艾克是非常不同的两种人，收购漫威后的这些年间，我和他之间也有过争议，虽然如此，我仍打心里对他的出身和经历感到尊敬。他在几乎身无分文的情况下来到美国，凭借自己的聪明和坚持获得了巨大的成功。我想让他知道，我尊重他的经历和所取得的成就，他和他的公司也都会得到妥善的照顾。但是，对于他眼中的好莱坞圆滑做派，艾克是绝不会轻易接受或欣然容忍的，因此，如果想要放心将公司出售给迪士尼，他就得感觉自己是在与他赤诚相见、推心置腹且志同道合的人打交道。

幸运的是，薇罗那一周也恰好到纽约出差，于是我便向艾克建议，让他带着夫人和我们共进晚餐。薇罗不常跟我一起参加商务会餐，但她的经验履历、对商业的理解以及待人处事的落落大方，都让她成为了我的秘密武器。我们又一次在“驿站牛排馆”见面，仍然坐在我和艾克几天前坐过的同一张桌旁。艾克的夫人劳里是个精力充沛的人（她还是一位很厉害的桥牌手），有了她和薇罗，整个谈话变得轻松而流畅。我们没有聊生意，这次机会，只是让对方认识我们和我们所重视的东西，同时也让我们对对方有个了解。虽然艾克没有直接说出口，但当晚的聚会接近尾声时，我确信他对这个提议越发认同了。

其实，这并不是漫威第一次受到迪士尼的关注。刚开始在迈克尔手下工作时，我参加过一次员工午餐会，会上，他曾经提出过收购漫威的想法。桌旁的几位高管表示了反对。他们说，漫威太过前卫，会有损于迪士尼的品牌。当时，公司内部员工以及董事会成员们有这样一个看法，觉得迪士尼是一个单独存在的巨型品牌，公司的所有业务都存在于这把大伞之下。我本以为迈克尔的视角会更加客观，然而，任何对品牌的负面反应或是对品牌管理不当的映射，都会被他当作针对自己的人身攻击。

此外，迈克尔在1993年并购了鲍勃·韦恩斯坦（Bob Weinstein）和哈维·韦恩斯坦（Harvey Weinstein）兄弟创立的米拉麦克斯影业公司。迪士尼与米拉麦克斯的合作虽然成功，但也常常闹得剑拔弩张（两家公司于2005年解除关系，当时的迈克尔还是迪士尼的首席执行官，七年之后，迪士尼将米拉麦克斯公司全盘售出）。这些年里，米拉麦克斯发行了大约三百部影片。其中许多影片都得到了票房和口碑上的双丰收，但亏本的电影也不在少数。迪士尼与韦恩斯坦兄弟就预算和电影内容问题进行了激烈的争执，其中尤以迈克尔·摩尔（Michael Moore）导演的纪录片《华氏911》为甚，原因在于迈克尔·艾斯纳不希望迪士尼发行这部影片。问题一个个接踵而来，虽然合作的影片斩获了不少奥斯卡奖，但两家公司高管之间的关系却从未融洽过。其中一个例子发生在1999年，当年，米拉麦克斯推出了让公司蒙受了巨大亏损的《说道》杂志。迈克尔还没来得及出资参与，韦恩斯坦兄弟便与蒂娜·布朗（Tina Brown）一起创办了杂志，而从创刊开始，这本杂志便是一个败笔。我虽然与米拉麦克斯的合作毫无关系，但也目睹了这场合作在公司内外对迈克尔造成的伤害。董事会认为米拉麦克斯花钱没有节制，而除了要应付董事会之外，与韦恩斯坦兄弟的拉锯战也在不断地为他制造压力。最后的几年之间，迈克尔肩上的担子越来越沉重，而我也眼睁睁看着他逐渐变得疲惫不堪、疑神疑鬼。因此，当收购漫威的提议遭到了一些高管的反对之后，他的第一反应并不是努力争取。他毕竟刚在不久之前完成了ABC的收购，因此，买下另一家公司并不是什么刻不容缓的事。

我继任首席执行官后的第一要务，便是通过重振迪士尼动画来复兴迪士尼品牌。现在，约翰和艾德已经各就各位，这个问题也在逐步好转。迪士尼动画局势一稳，我便开始考虑其他并购可能，即便这些候选对象并未打着明显的“迪士尼”烙印。实际上，我是在有意避免中规中矩。我们已经在收购皮克斯一事上承担了巨大的风险，与争取进一步的成长相比，暂时握牌不出的确是稳妥之举。然而，在皮克斯加入迪士尼的三年之后，整个娱乐行业的局势动荡更加剧烈，而对我们而言，保持野心、利用势能以及扩充品牌旗下的故事储备，就变得尤为重要了。

若说我对漫威有什么顾虑的话，与那些担心收购一家比迪士尼前卫许多的公司的人相比，我的顾虑恰恰相反：我担心的并不是漫威会对迪士尼造成什么影响，而是漫威的忠实粉丝会对这家公司与迪士尼的合并有何反应。我们会不会因为这次收购而让漫威丧失部分价值呢？凯文·梅尔的团队对这个问题进行了调查，与凯文进行了几次谈话之后，我自信我们能够对漫威和迪士尼两个品牌进行独立管理，也相信二者可以共存，不对彼此造成负面影响。

不难理解，艾克手下的一部分关键创意人才也对收购一事心存顾虑。我把其中几位邀请到伯班克，并亲自与他们见面，对他们描述了先后被大都会和迪士尼收购的亲身经历，并向他们保证，我非常理解被另一家公司吞并的感受。我把与史蒂夫、约翰和艾德进行协商时常挂嘴边的一句话又对他们重复了一次："把你们照现在的样子买下来，然后再变成另一副模样，这完全是说不通的。"

艾克表示愿意进行更正式的协商后，汤姆·斯泰格斯和凯文·梅尔便携团队立即开始行动，对漫威作为独立公司和加入迪士尼后的当前和潜在价值进行完整评估，以便得出一个合理的出价。这个过程包括对其资产、负债以及签订合约的障碍进行彻底统计，并对公司人员和融入迪士尼过程中可能出现的问题进行全面清点。我们的团队打造了一个多年的预估方案，其中包括潜在影片的发行及票房收益推算。他们还在模型中加入了漫威在迪士尼公司里的发展渠道——范围涉及我们的主题乐园、出版物以及消费品业务。

自从收购皮克斯之后，史蒂夫也成为了董事会一员和我们最大的股东，每当想要尝试大的举措时，我都会与他讨论，先征得他的意见和支持，再与整个董事会商讨。史蒂夫的发言在董事会里掷地有声，大家都非常尊重他。在进一步推进这次收购之前，我先到库比蒂诺与史蒂夫吃了一顿午餐，并向他介绍了漫威公司的情况。由于他表示一辈子从未读过一本漫画（他的原话是："漫画比电子游戏更招我讨厌。"），我特地带来了漫威角色的百科全书，向他介绍了漫威宇宙，并展示了我们将要买下的内容。他只花了大约十秒钟的时间扫了几眼，然后便把书推到一边，说：“这家公司对你重要吗？你是真心想买吗？这家公司能和皮克斯媲美吗？”

收购皮克斯后，史蒂夫和我成了好朋友。我们偶尔聚会，一周也会聊上几次。有几次，我们会在夏威夷度假时入住在毗邻的酒店，约着一起在沙滩上走很远的路，谈论我们的妻子和孩子、音乐、苹果公司和迪士尼以及还有可能一起尝试的事情。

我们的关系远比普通商业伙伴更深厚。我们都非常享受彼此的陪伴，也感觉我们坚固的友谊永远不会因坦率而受到威胁，彼此能够无话不谈。人们往往很难在后半生获得如此亲密的友谊，但当我回望担任首席执行官的这些年的经历，回想起那些最令我感恩和惊喜的事情时，我与史蒂夫结下的深厚友谊便是其中之一。他可以对我提出批评，而我也可能表示反对，但我们两个都不会往心里去。很多人都警告过我，说我能作的最坏的选择就是让史蒂夫加入公司，还说他一定会在我和所有人面前横行霸道。但我却永远都会给出同样的答案：“史蒂夫·乔布斯加入我们的公司怎能不是一件好事呢？即便是让我付出一些代价又何妨？有谁会不想让史蒂夫·乔布斯来左右公司的运营呢？”我对他的行为毫不担心，即便他做了出格的事情，我也相信自己有能力及时指出和制止。他在评判别人时的确缺乏考虑，而且往往言辞激烈。话虽如此，所有的董事会会议他都悉数到场，并在会间积极发言，像每一位董事会成员那样提供客观的评论。他几乎从未给我惹过麻烦。并非一次没有，但发生的次数屈指可数。

我曾经带他参观过奥兰多迪士尼的“动画艺术度假村”。这是一家共有3000间客房的大型酒店，价格比我们的许多酒店都更亲民。这种价钱能住到如此高质量的酒店，我对此感到很骄傲。酒店开业之后不久，史蒂夫来到奥兰多参加董事会拓展活动，于是我便带他参观。我们走进酒店，史蒂夫环视四周，然后脱口而出：“这真是垃圾！你是骗不过任何人的。”

“史蒂夫，”我说，“这间酒店的受众，是那些想要带孩子来迪士尼世界，但又没钱住几百美元一晚酒店的游客。这里的房间90美元一晚，而且环境幽雅美观，干净舒适。”

“我欣赏不来！”史蒂夫厉声说道。绝大多数人都能领会到酒店的品质以及我们在设计上的用心，但史蒂夫不是绝大多数人。他是戴着自己的滤镜去审视这家酒店的。

“这家酒店不适合你，”我说，“很抱歉带你来参观。”我对他的自以为是有些生气，但也知道他就是这样一个人。他打造的全是质量最高的东西，不一定人人支付得起，但他绝不会为了价格亲民而在质量上打折扣。从那以后，我再也没有给他看过任何类似的东西。

《钢铁侠2》上映时，史蒂夫带着儿子去看了电影，第二天就给我打来电话。“我昨天晚上带着里德去看《钢铁侠2》了，”他说，“真是烂片！”

“谢谢你啊。这部片子已经赢得了差不多7500万美元的票房，这周末还要冲高呢。史蒂夫，我从不轻视你的批评，但这部片子是成功之作，只是你不属于我们的观众群罢了。”（我知道《钢铁侠2》不可能是任何人心中的奥斯卡最佳影片得主，但我只是不想让他感觉自己永远是对的。）

这件事过了不久，在2010年的迪士尼股东大会上，我们的法律总顾问艾伦·布雷费曼找到我说：“我们的四个董事吃了一张巨大的反对票。”

“有多大？”

他说：“超过一亿股。”

我百思不得其解。一般来说，股东大会的反对票最多只占2～4个百分点，但一亿股已经远远超出了这个数字。一定是出了什么情况。“一亿股？”我又重复了一遍。那时，公司的经营情况很乐观，我们的董事会成员也都备受尊重。据我所知，公众对公司并没有什么批评，也完全没有发生这种事的预兆。出了这种事，是怎么也讲不通的。片刻之后，艾伦发话了：“我觉得这事可能是史蒂夫干的。”拥有这么多股权的人只有他一个，是他对四位董事会成员投了反对票。这时，距离我们公布投票结果还剩下一天的时间。对外宣布四位董事会成员吃了一张重量级的反对票，这简直是公司形象的大灾难。

我给史蒂夫打去电话："你是不是给四位董事会成员投了反对票？"

"是的。"

我说："第一，你事先怎能不跟我打招呼呢？这件事肯定会非常扎眼，我真不知道该怎么样跟公众解释，也不知道该怎么给这几个董事会成员交代。投票人是你这个消息，最后一定会走漏出来的。另外，这四个董事会成员都很称职！你为什么要给他们投反对票呢？"

"我觉得他们占着位置不做事，"他说，"我不喜欢这几个人。"我开始为这几个人辩护，但又立即意识到这一招在史蒂夫身上没有用。我是没法说服史蒂夫相信自己是错误的。最后，史蒂夫开口了："你想让我怎么办？"

"我想让你把投票改了。"

"我的投票还能改吗？"

"是的。"

"好吧，我把投票给改了，因为这事对你来说很重要。但是我告诉你，我明年还要投他们反对票。"

这句话他再也没能兑现。到了下一次股东大会召开的时候，他已经病入膏肓，无暇顾及投票了。除了这几个少数例外，史蒂夫是一位优秀而仗义的商业伙伴，也是一位睿智的咨询顾问。

当被问到漫威能否与皮克斯媲美的时候，我回答说虽然我不确定，但漫威的确拥有优秀的人才和丰富的内容，如果能拥有这些IP，我们就能与所有其他竞争者真正拉开距离。我问他是否愿意联系艾克，并为我作担保。

史蒂夫说："好吧，如果你觉得这样做是对的，那我就给他打个电话。"史蒂夫本人是绝不会在这样一家公司里投资的，但他对我的信任和想要帮助我的愿望，还是胜过了他对漫画书和超级英雄电影的厌恶。第二天，他给艾克打了电话并和他聊了一会儿。我觉得，即便是艾克，也会为接到史蒂夫·乔布斯的电话而感到惊喜和荣幸。史蒂夫告诉他，皮克斯的收购远远超出了他的预期，因为我兑现了自己的承诺，也对皮克斯的品牌和员工表现了尊重。

漫威的收购案完成之后，艾克曾经告诉我，当时的他心里仍有疑虑，但史蒂夫的电话对他产生了巨大的影响。艾克说："他说你是个言出必行的人。"说实话，史蒂夫这样做与其说是因为他是董事会中影响力最大的人，不如说是出于对我的友谊，对此，我心存感激。我偶尔会对他说："我得问问你的意见，因为你是我们最大的股东。"而他则每次都会回答说："你不能这样看我，这太伤我的心了。我只是你的一个好朋友，仅此而已。”

2009年8月31日，我与艾克第一次会面的几个月后，我们宣布了以40亿美元购买漫威的消息。消息并没有提前泄露，媒体也没有预测到这场可能发生的收购。我们只是宣布了消息，然后开始应对反对声：漫威优势不再！迪士尼从此“失贞”！迪士尼砸下40亿美元重金，却连《蜘蛛侠》也没买到！宣布收购的当天，我们的股票下跌了3个百分点。

消息公布后不久，奥马巴总统在白宫玫瑰园主持了一场企业领导人参加的小型午宴。在场数位嘉宾中有康卡斯特的布莱恩·罗伯茨以及福特公司的艾伦·穆拉利（Alan Mulally）。我们边吃边讨论着各自管理的企业，席间，总统提到他是一个忠实的漫威迷。午餐后，布莱恩和我一起乘车离开白宫，他在车里问我：“你觉得漫威的价值在哪里？”我回答说，漫威有无穷无尽的IP。“这些IP不都名花有主了吗？”我回答说，有些的确已经被别人拿走了，但剩下的还有很多。然后布莱恩便告诉我，他正在和通用电气公司的首席执行官杰夫·伊梅尔特（Jeff Immelt）交流，当时，NBC环球集团[1]还在通用电气集团旗下（不久之后，康卡斯特便

1 NBC Universal, Inc.，一家集娱乐与传媒于一身的美国公司，拥有一家美国电视网、数家有线电视频道和多家美国地方电视台，以及电影电视制作公司和主题乐园。

从他们手中将NBC环球集团买下）。很显然，杰夫曾经告诉布莱恩，说漫威收购案让他百思不得其解。他的原话是：“怎么会有人愿意花40亿美元买下一个满是漫画角色的资料库呢？这事儿简直让我想离开这个行业。”

我微笑着耸耸肩，说：“那我们就走着瞧吧。”我对其他公司的首席执行官的意见不以为意，我们已经做足了功课，知道时间会证明这两个品牌能够顺利并存，也理解很多人尚未意识到漫威宇宙的深度。在研究过程中，我们整理了一份包含着大约七千个漫威角色的资料。即便拿不到《蜘蛛侠》或者其他电影公司控制的IP版权，我们仍然有丰富的资产等待开采。内容一触即发，人才也准备就绪［实际上，在凯文·费奇（Kevin Feige）带领下的漫威影业员工，已经向我们描绘了他们对于漫威电影宇宙（MCU）雏形的长远愿景。虽然前面的道路还很长，但凯文所规划的蓝图一直延伸到了十年之后，并将多部电影中的角色命运交织在一起，让我惊叹不已］。

漫威的融入很迅速也很顺利。艾克继续在纽约管理公司业务（包括漫威的出版、电视以及电影等部门）；凯文·费奇在洛杉矶的曼哈顿海滩工作，继续向艾克汇报工作。刚开始的时候，这种结构从表面看来还算合理。电影取得了不俗的成绩，而且收购完成不久之后我们就看出，除非我们自己犯下某些离谱儿大错，或是被什么无法预知的外部因素障了眼，漫威的市值都会远远超出我们的预期。

随着对漫威运作方式理解的加深，漫威纽约总部与凯文在加州统领的制片部门之间的矛盾也逐渐暴露了出来。电影是一个既激动人心又让人抓狂的行业，其运作机制不像其他传统行业，依赖的是空凭直觉所下的一个接一个的赌注。每一件事都是一次冒险。即便你觉得某个构想很棒且团队也无可挑剔，事情也可能因为一系列往往在你掌控之外的原因而脱轨。剧本问题频出，导演及其团队不合或是对影片的构想与你的截然相反，要么就是有一部同类型的影片上映，把你的预期全部推翻。人们很容易被好莱坞的灯红酒绿冲昏头脑，也同样容易因蔑视好莱坞而迷失方向。这两种情况，我都屡见不鲜。

无论出于哪种原因，我都能察觉到，漫威的纽约团队和凯文的洛杉矶团队之间的关系越来越紧张了。纽约团队负责把控电影公司的预算，因此要承担成本和风险带来的焦虑，但与此同时，他们对于好莱坞的文化较为疏离，对于创意过程中的挑战或许没有那么敏感。在以创意制片人为首的影视高管身上施加压力，以期用更少的预算做出更好的影片，这或许并不是个糟糕的策略。任何电影公司都要关注行业经济的现实情况：制片成本有时的确会严重超支；在合同的谈判中，确实偶尔需要采取强硬态度；为了防止电影亏本，也着实有没完没了的财务决定需要处理。然而，个中的平衡很是微妙，我时常会看到，商业团队有时会对创意团队提出太多的要求，对于电影创作者所承受的压力却无动于衷，而这种摩擦，往往是弊大于利的。

凯文是业界能力最强的影视高管之一，但我感觉，与纽约总部关系的恶化已经对他的继续发展造成了威胁。我知道非插手此事不可，于是在2015年的5月作出决定，将漫威的电影制作部门从其他部门中分割出来，归于艾伦·霍恩（Alan Horn）和华特迪士尼影业集团旗下。从此之后，凯文开始直接向艾伦汇报工作，并能得到经验丰富的艾伦的指点，而他和纽约总部之间积下的矛盾也能得到缓解。这次过渡虽然并不容易，但最终还是化解了一场可能演化得难以平息的灾难。

解雇员工或是从员工手中撤销权力，或许要数领导者要做的最艰难的工作了。我也有几次不得不将坏消息带给优秀人才的经历，他们中有的是朋友，有的则没法在我为他们安排的位置上做出成绩来。关于如何解雇员工，并没有什么好用的秘籍，但我脑中有自己的一套原则。这件事需要当面做，而不是通过电话通知，电子邮件或短信就更别提了。你需要双眼直视对方。不能用任何人作挡箭牌。这是你对他们所作的决定——这决定不关乎他们本人，而只涉及他们在职位上的表现，他们需要也应当知道，这个决定是你作出的。一旦跟某人谈到解雇一事，就不能再寒暄打马虎眼了。我一般会说：“把你叫到这里，是因为一个让我难以开口的原因。”然后，我便会尽可能直接地切入问题本身，清楚而简明地解释问题出在哪里，阐明我为何觉得事情不会再有起色。我会强调作出这个决定并不容易，我也理解这个决定对于他们而言更加难以接受。在解雇员工时，人们往往会使用一种委婉含蓄的职场用语，而我却一直认为这种语言是不尊重人的表现。这样的谈话不可能不伤人，但我们至少可以做到以诚相待，这样一来，即便被约谈的一方在离场时怒不可遏，但他们至少能有机会理解事情发生的原因，并最终从悲伤中走出来。

其实，艾伦·霍恩之所以现在能够担任迪士尼影业的主席，也是我解雇了他的前任里奇·罗斯（Rich Ross）的结果。在收购漫威之后，我马上安排里奇担任了迪士尼影业的主席一职。当时，我觉得自己是在作一个大胆而创新的抉择。里奇对电影没有什么经验，但将迪士尼频道运营得风生水起。他推出了数部系列电视节目，并将这些节目取得的成功与公司各部门资源进行整合，还把我们的儿童电视业务拓展到世界各地的市场之中。但是，我低估了从电视策划到运营一家电影公司之间的跨度有多大，其中一部分原因，是我自己也没能完全理解电影行业的错综复杂。我渴望做出大胆的尝试，因此，虽然里奇对于如何应对抱团严重的好莱坞文化没有任何经验，我还是认为他能将一套与众不同而不可或缺的新技能带到工作中来。

在过去的几年中，我作过一些重大的错误选择，而这个选择便是其中之一。鉴于我在一个行业中的成功，汤姆·墨菲和丹·伯克便赌我在另一个行业也能取得成绩，对此我一直心存感激。我在里奇身上下了同样的赌注，但这个过渡对他而言实在太难了，一旦落水，他便再也没有停止过挣扎。几年过去了，我们开发的电影却少得可怜。迪士尼内外的许多重要合作伙伴都已经对里奇失去了信心，并公开抱怨与他合作的经历（艾克是里奇最直言不讳的抨击者）。放眼望去，迪士尼影业几乎就像一潭死水，很显然，我的直觉是错误的。我没有为了得到结果而继续努力推进，也没有对自己做出的决定进行辩解，我需要做的，就是控制损失，从错误中汲取经验，然后赶紧继续前进。

在里奇担任迪士尼影业董事长的短暂任期中，时任华纳兄弟联合董事长的鲍勃·戴利（Bob Daly）给我打来电话，说我应该跟艾伦·霍恩谈谈，让他来当里奇的顾问。艾伦曾任华纳兄弟的总裁兼首席运营官，最后却落了个被扫地出门的结果。当时的他已有六十八岁了，虽然他对《哈利·波特》系列等数部过去十年间的重量级影片功不可没，但华纳兄弟首席执行官杰夫·比克斯（Jeff

Bewkes）却想找更年轻的人员来运营他的电影公司。

当鲍勃提出尝试让艾伦当里奇的导师时，艾伦与华纳兄弟的合约还未到期，但一年之后，当行业里的每个人都看出里奇在位置上时日不多之时，鲍勃又给我打了一次电话，力劝我考虑艾伦。我虽然和艾伦不熟，但我佩服他的业绩，也尊重他在行业内外所坚持的立场。同时，我也注意到被迫退休一事让他颜面尽失。我邀请他共进早餐，并向他解释我必须赶紧找人顶替里奇。通过这次早餐和接下来的两次会议，我看出艾伦很希望证明他的人生之书还有一章未完待续，但也担心新的尝试半路出错，给他职业生涯乐曲的结尾带来又一个刺耳的音符。他说，换到新的地方却做不出成绩，这是他最不想看到的结果。

“我也没有资本再犯错误了。”这是我对他的回应。在接下来的几个月里，艾伦和我一起探讨了由他担任迪士尼影业新晋主席的可能性。他提出的一个问题是，我对他的业务将有哪些参与的权力。我告诉他，没有我的同意，公司里任何人都无权批准大型项目。我说：“没有我的通过，主题乐园和度假村的负责人不能搭建两亿美元的游乐设施，电影也一样。”虽然与华纳兄弟的关系在硝烟弥漫中收场，但艾伦仍然习惯拥有几乎绝对的自主权。虽然杰夫·比克斯也想参与到电影行业中来，但他毕竟在距离五千公里外的纽约。我告诉艾伦：“我离你只有十米远，而且我对电影业务非常在意。在做决策之前，你必须清楚，我是一定会参与到你的工作中的。99%的时间里，你都可以做你想做的影片，但我不会给你100%的自由。”

最终，艾伦同意了我的提议。2012年夏天，他以主席身份加入了迪士尼影业。在我看来，他不仅仅是一个处在职业生涯晚期、因此有经验与电影行业重建良好关系的人，更是一个想要自我证明的人。艾伦精力充沛，而这股生机和专注也让他接手后的迪士尼影业焕然一新。在我写作本书的时候，他已经过了75岁生日，但仍然要数这个行业中最有活力和最为机敏的人物之一。他在这个职位上取得的成绩，远远超过了我的所有预期（在将近25部票房超过10亿美元的迪士尼影片中，几乎3/4都是在艾伦手下推出的）。另外，他在所有共事过的人面前都是一个正直、友善、直率、有协作精神的人。而这，也是我从雇佣他的这件事中学到的另一个经验：我们要把自己置身于不仅擅长自己的专业，而且必须为人正派的群体之中。有谁会做出缺德之事或是露出意想不到的阴暗面，这是无法次次都准确预见的。在最坏的情况下，你不得不去处理对公司不利且必须谴责的行为。这是工作中不可避免的一部分。但虽然如此，你还是应该要求所有人拿出正直和诚实的态度，一旦出现问题，你就应当刻不容缓地予以处理。

事实证明，收购漫威所带来的收效，要比我们最为乐观的模型所预估的结果更为喜人。在这本书创作到这里的时候，我们的第二十部漫威电影《复仇者联盟4：终局之战》，正在跻身电影史上首周票房最高影片之列。总体算来，这些影片的平均票房毛收入超过了10亿美元，而其人气也可以从我们的主题乐园、电视以及消费者产品业务中略窥一斑，其火热程度超出了我们的一切预期。

然而，这些影片对于公司和流行文化带来的影响，要远远超出票房的收益。从2009年开始，包括凯文、艾伦和我在内的几个人便会在每个季度会面，一起策划未来推出的漫威电影。我们讨论的项目中，有的已经开发成熟，有的则刚有创意火花。我们会仔细思考可以推出的新角色，以及有哪些续集和系列电影内容可以加入不断膨胀的漫威电影宇宙中。我们会探讨演员和导演，并规划如何对不同的故事进行“交叉授粉”。

在这些会议之前，我常会重新翻看我那方便好用的漫威百科全书，将自己沉浸在丰富的角色之中，看有哪个能点燃我的好奇心，激励我将其放入开发日程中。当凯文还在向艾克汇报工作且电影决策仍由纽约漫威团队制定的时候，我曾在一次会议中提出了多样性的问题。在此之前，漫威的电影大多是围绕白人男性主角展开的。当我提出应该改变这一现状的时候，凯文表示了赞同，但也担心纽约的漫威团队会对此提出疑问。我打电话找纽约团队探讨我的想法，其中一个人告诉我说：“女性超级英雄绝不可能带来巨大的票房收益。”他们另外的观点还包括，全球观众是不会为黑人超级英雄买账的。

这些陈腐“真理”并不能让我信服，因此，我便开始和大家讨论可以围绕哪些角色打造新电影。凯文提到了黑豹，这个角色当时正要被写入《美国队长3：内战》的剧本中，我和艾伦听后都很感兴趣。在《42号传奇》中因出演杰基·罗宾逊（Jackie Robinson）而受到如潮好评的查德维克·博斯曼，被确定饰演黑豹一角。他是一位魅力四射且引人注目的演员，在我看来，由他出演漫威主角是非常合适的选择。

与此同时，漫威电视和漫画部门的总裁丹·巴克利（Dan Buckley）告诉我，我心目中美国现代文学最具分量的一位作者塔那西斯·柯茨（Ta-Nehisi Coates），正在为我们执笔《黑豹》的漫画版本。我让丹把书发给我，书中那优美流畅的叙事以及塔那西斯为角色添加的深度，都让我为之震惊。我如饥似渴地读了起来，还没看到结尾，就已经在脑中把《黑豹》放进了漫威必做项目的清单。

认为由黑人主演的超级英雄电影不会在票房上获得好成绩的人，不只是纽约漫威团队中的怀疑者们。好莱坞对黑人演员占主要阵容或由黑人主演的影片抱有一个根深蒂固的看法，认为这些影片定会在许多国际市场上表现惨淡。在这种观念的影响下，黑人主演的电影数量和被选派的黑人演员人数都受到了限制，而许多此类影片也都削减了制作成本，以减小票房风险。

由于我在行业里的多年经验，书中列举的所有老旧的观点，我都已经听了个遍，而我也认识到，老旧观点就只是老旧的观点而已：迂腐陈旧，与世界的当下现实和未来趋势脱节。我们既有机会创作出一部伟大的电影，又有机会将美国一个未被充分体现的群体搬上银幕，这两个目标并不是互不相容的。我打电话找到艾克，让他告知他的团队停止设障，同时也下令将《黑豹》和《惊奇队长》投入制作。

艾克听从了我的要求。我们立即将《黑豹》投入制作，《惊奇队长》也很快启动。这两部影片，双双打破了每一条关于其票房表现的既成观念。在我写到这段的时候，《黑豹》已经成为了有史以来票房第四高的超级英雄电影，《惊奇队长》则排在第十位。两部片子的票房都远远超过了十亿美元，也在全球范围内获得了非同凡响的成功。而二者在文化领域取得的成就，则更为意义深远。

在座无虚席的杜比剧院与观众一起观看《黑豹》首映的体验，将永远成为我职业生涯中最为难忘的一刻。在首映式之前，我只在自家举行的试映会上或是和一小部分人在公司里看过这部影片。我知道这部片子与众不同，但却无法准确预估观众的反应。即便如此，我还是迫不及待地想要把这部电影与世界观众分享，并亲眼见证和亲身体会他们对影片的反应。那天晚上，在灯光暗下之前的很长一段时间，电影院中就如充斥着电流一般。你能感觉到人们按捺不住的激动，他们在期盼一个前所未有的历史性事件的发生，而影片本身，更是远远超出了人们的预期。

首映之后，我接到的电话和信函，要比我职业生涯中经手的任何一个项目所得的反馈都要多。斯派克·李（Spike Lee）、丹泽尔·华盛顿（Denzel Washington）以及盖尔·金（Gayle King）都主动联系了我。我让一位制片助理给奥巴马总统送去了一份电影的拷贝，事后与他聊天时，他向我表达了这部电影在他眼中的重要意义。奥普拉发来一封信，称这部电影“从方方面面来说都是一部伟大的杰作”，还补充说：“想到黑人孩子能够伴着电影传达的理念长大成人、度过一生，我激动得热泪盈眶。”

在我们创造的作品中，没有哪部要比《黑豹》让我更自豪的了。上映首周过后，我觉得我必须将这股自豪与大家分享，于是便给公司里的所有员工发了这样一封信：

亲爱的同仁们：

在分享《黑豹》带来的喜讯之时，怎能不以“瓦坎达万岁”[1]作为开场白！

漫威的《黑豹》是电影行业的一部杰作，从方方面面来说也都是一部成功之作，不仅触动了数以百万计的观众的心灵，打开了他们的视野，还为他们带来了欢乐，并远远超出了最异想天开的票房预估。这部开创性电影在美国本土市场的首周末票房，达到了创纪录的2.42亿美元，同时也取得了电影历史上首映4日票房第二高的好成绩。此片迄今为止的全球票房已经超过了4.26亿美元，而这样的成绩，还未算上尚未上映的几个重大国际市场的票房。

与此同时，《黑豹》也瞬间成为了一种文化现象，引发人们热议，启发人们沉思，为老少观众赋予灵感，也打破了由来已久的行业谬论。

作为这家伟大公司的首席执行官，我收到了很多人对我们所创作的作品发来的反馈。在担任此职的十二年间，人们对《黑豹》所表达的如此铺天盖地而发自内心的激动、赞美、尊敬和感激，是我见所未见……我们

1 瓦坎达为《黑豹》中虚构的非洲国家，几个世纪以来一直处于与世隔绝的状态。代表着瓦坎达的手势被称为“瓦坎达万岁”（双手十字交叉放在胸前），为影片中的经典动作。

看到了展示不同种族声音和愿景的重要性，也感受到，为社会所有群体提供舞台并在艺术娱乐作品中为其提供一席之地，是一件多么意义深远的事情。这部电影的成功，不仅证明了我们有勇气为具有突破性的业务和构思新颖的项目而冒险，也体现了我们有能力将创新的愿景完美落地，还彰显了我们有决心将优质娱乐内容带给渴望英雄、崇拜榜样、追随精彩故事的全球观众。

第十一章

星球大战

我真希望史蒂夫能看到我们对漫威投资取得的硕果。这些影片或许不会引起他太多的关注（但我仍然认为他会为《黑豹》和《惊奇队长》对行业陈规的公然挑战而动容），但是对于自己在说服艾克一事上起到的关键作用以及漫威在迪士尼旗下的蓬勃发展，他一定会自豪的。

史蒂夫去世后，每每在公司取得成功的兴奋之余，我总会闪念：真希望史蒂夫能在这里见证这一时刻。我无法不在脑海中勾勒出我们的对话——那些我想要与他面对面说的话。

2011年的夏天，史蒂夫和妻子劳伦来到我和薇罗在洛杉矶的家里，和我们共进晚餐。当时的他已经进入了癌症晚期，形销骨立，浑身剧痛。他身体羸弱至极，声音低沉沙哑。但即便如此，他还是想要跟我们共度一晚，为了庆祝我们几年前的合作。我们坐在餐厅，在晚餐之前举杯相庆。“看看我们的成果吧，”史蒂夫说，“我们拯救了两家公司。”

我们四人都热泪盈眶。这是史蒂夫最温暖也最真诚的一面。他坚信，如果没有加入迪士尼，皮克斯不会像今天一样蓬勃发展；而如果没有皮克斯的参与，迪士尼也无从恢复生机。我不禁回想起我们刚认识时进行的谈话，以及当时的我因主动联系他而心里直打鼓的样子。这些只是短短六年以前的事情，但感觉却恍若隔世。在我的工作和生活中，史蒂夫都成了不可或缺的一部分。举杯时，我几乎不敢直视薇罗。她认识史蒂夫比我要早很多，那是1982年，当时的史蒂夫还是苹果公司年轻气盛而才华横溢的创始人之一。而现在的他却形容枯槁，生命只剩下寥寥数月，我知道，看到史蒂夫这副样子，薇罗一定心如刀绞。

2011年10月5日，史蒂夫离开了我们。大约有二十五人参加了他在帕罗阿托的安葬仪式。我们紧紧围在他的棺材四周，劳伦问，有没有谁想要说些什么。我没有准备发言，但几年前在皮克斯园区里一起散步的回忆却涌上了心头。

这件事情，我只告诉过我们的法律总顾问艾伦·布雷费曼和薇罗——那天经历的感情波动太强烈，我必须要与妻子分担。但我觉得，那个时刻将史蒂夫的个性完美呈现了出来，因此便在墓园里为大家回忆起这段往事：史蒂夫把我拉到一边，我们一起走过园区。他把一只胳膊搭在我身后，对我讲述他的境遇。他认为我有权利得到这条极其私密的坏消息，因为这可能会对我和迪士尼有所影响，而他也希望能够完全坦诚相待。他满怀深情地提起儿子，说必须活着看到儿子从高中毕业，等他以成年人的身份揭开人生序幕。

葬礼过后，劳伦走过来告诉我："我还从来没有从我的角度讲过这件事呢。"她描述了史蒂夫当晚回家的情景。"我们吃完晚饭，孩子们离开餐桌后，我问史蒂夫：'你告诉他了吗？''告诉了。'然后我问：'我们能信任他吗？'"我们就站在那里，身后便是史蒂夫的坟墓，而刚刚埋葬了丈夫的劳伦，馈赠了一份我从那天起几乎每天都会回想的礼物。也是从那天起，史蒂夫每天都会浮现在我脑海。"我问他我们能不能信任你，"劳伦说，"然后史蒂夫回答说：'我敬爱这个人。'"

而我对他，也有同感。

到库比蒂诺与史蒂夫商讨漫威一事时，他问我还有没有考虑其他公司，我提到了卢卡斯影业。他说："你应该直接给乔治打个电话。"史蒂夫从乔治·卢卡斯手中买下了皮克斯，两人也是多年的密友。“说不定，”他说，“乔治会感兴趣的。我们两个应该约一天去他的牧场，和他一起吃顿午餐。”

这顿午餐我们终归是没有吃上。史蒂夫不久后便病入膏肓，对迪士尼事务的参与也渐渐减少。收购了漫威之后，卢卡斯影业就一直排在我们收购清单的榜首，我也一直在思考，该如何用一种不唐突的方式接近乔治，并提议他把自己亲手打造的奇幻世界卖给我们。

早在20世纪80年代中期，迈克尔·艾斯纳就和乔治签订了一份授权许可，在我们的主题乐园里搭建星球大战和夺宝奇兵主题的娱乐设施。在经过了长达一年的翻新之后，2011年5月，我们重新开放了奥兰多迪士尼世界和加州迪士尼乐园的星球大战设施（名叫“星际遨游”）。我知道，出于对我们公司和幻想工程部友人的人情，乔治将到奥兰多为“星际遨游”进行再次揭幕，而我也决定加入。除了少数例外，我一般会把新娱乐设施的揭幕留给主题乐园和度假区部门的负责人处理，但我觉得，这次活动可能会给我一次机会，至少能跟乔治简单提几句我的构想，试探一下他到底有没有可能考虑把公司卖给我们。

我和乔治的友谊要回溯到我在ABC娱乐担任总裁的时候。《双峰镇》获得成功之后，一些好莱坞最有名望的导演开始表达出与我们合作电视剧的兴趣。我与乔治见了一面，他跟我介绍了一个电视剧的概念，内容是让观众跟随年轻时的印第安纳·琼斯一起环游世界。他说："每一集都是一堂历史课。"在剧中，琼斯可以与丘吉尔、弗洛伊德、德加[1]、玛塔·哈丽[2]等历史人物一起交流互动。我很快应允，于是在1992年，我们便把《少年印第安纳琼斯大冒险》搬上了周一晚间档，在《周一橄榄球之夜》之前播出。这档节目开播时取得了很高的收视率，但一段时间之后，观众开始对历史知识失去了兴趣，评分也逐渐下降。即便如此，乔治还是兑现了他所有的承诺，我因为他的言出必行，也因为他的资历和能力，认为这档节目应当再推出一季，重燃观众的兴趣。这个愿望虽然没有实现，但乔治仍然对我当时能再给节目一次机会而心存感激。

奥兰多的"星际遨游"重新开放的当天，我在附近迪士尼好莱坞影城的布朗德比饭店预订了早餐。这家饭店通常不在午前开业，但我要求他们只为我和乔治安排一张桌子，好让我们能在不受干扰的环境中交谈。当乔治和他当时的未婚妻麦勒迪·霍布森（Mellody Hobson）到场时，两人惊奇地发现，整个饭店除了我以外竟没有一个客人。我们坐下来共享了一顿美味的早餐，大约吃到一半时，我询问乔治是否考虑过出售公司。当时的他已经六十八岁

1　Edgar Degas，法国印象派画家、雕塑家。

2　Mata Hari，20世纪初知名交际花，一战期间与欧洲多国军政要人、社会名流都有关联，后因间谍罪被法军枪毙。

了，我尽量在避免冒犯他的前提下把话说得直截了当。我说："乔治，我不想听上去像个宿命论者一样，如果你不想继续谈下去，尽可以打断我，但我觉得有些话还是值得放在台面上说的。你对未来有什么打算？你没有任何能帮你运营公司的继承人。或许有人会掌控公司，但却不能帮你运营公司。你是不是应该找人来保护或继承你的传统了？"

乔治在我说话的间隙不时点头，他说："我其实还没有出售公司的准备，但你说得对。如果我真的决定出售，那么除了你之外，我谁也不想卖。"他回忆起《少年印第安纳琼斯大冒险》的往事，对于我能给一档收视率不佳的节目第二次机会，他表达了感激之情。接下来，他说到了我们对皮克斯的举措，想必史蒂夫之前一定跟他提起过。"这件事你们做得很对，"他说，"你们将心比心地对待他们。我如果有一天想通了，只会把电话打给你一个人。"

除此之外，他还说了一番话。之后每次与他交谈，这番话都会在我脑中浮现：我死的时候，讣告的第一句话一定是：《星球大战》的创始人乔治·卢卡斯……《星球大战》已经成了他不可分割的一部分，这一点我当然知道，但他直视我的双眼，语气诚恳地说出这番话时的样子，成了这次谈话中最浓墨重彩的一笔。这不是一场关于收购公司的讨论，而是一场关于选择乔治遗产保管人的讨论，而我，则需要时时刻刻对此保持最为高度的敏感。

就像漫威一样，卢卡斯影业与迪士尼的企业战略完美契合，因而深得凯文·梅尔以及其他几位迪士尼高管垂青。但让他们恼火的是，在佛罗里达与乔治交谈之后，我却决定不再主动找他。如果谈话要继续推进，也只是因为乔治愿意继续推进。我对乔治尊敬和喜爱有加，也必须让他们明白这件事的主动权在他手里。因此，我们便选择了等待。那次早餐过了七个月后，乔治给我打来电话："我想和你吃顿午饭，深入聊聊我们在奥兰多谈过的那件事。"

我们约在伯班克的迪士尼共进午餐，我让乔治来主导谈话的内容。他很快就切入主题，说他一直在思考我们的谈话，也做好了考虑出售公司的准备。然后他表示，想要按照"皮克斯协议"往下进行。听到他愿意探索收购的可能性，我非常兴奋，但也明白他所说的"皮克斯协议"意味着什么，因此立即看出这次协商不可能太轻松。我们虽然已经意识到卢卡斯影业对我们有重大的潜在价值，但至少从当时的分析来看，这家公司并不值74亿美元。当我们向皮克斯示好之时，皮克斯已经有六部电影进入了制作的不同阶段，其发行档期也大概确定。这也就意味着，这些电影很快就能带来收入和利润。同时，皮克斯也带来了一大批世界一流的工程师和经验丰富的导演、艺术家、编剧以及一套实实在在的制片基础设施。而卢卡斯影业虽然拥有大批以科技人员著称的杰出员工，但除了乔治之外却没有别的导演，而且据我们所知，公司也没有一套前期开发或影视制作的流水线。我们估算过卢卡斯影业的价值，凯文和我就出价进行过几次讨论，但由于这不是一家上市公司，因此其财务信息并不公开，很多情况我们不了解或接触不到。我们通过一系列的猜测得出分析结果，并试着以此为基础搭建财务模型——无论是卢卡斯影业的影视素材、出版和可授权的资产、以《星球大战》为主导的品牌本身，还是乔治在几年前为给自家电影添加绚丽效果而成立的特效部门工业光魔，我们都一一估值。

接下来，我们又预测了收购公司后可能采取的策略，而这一切纯粹基于臆断。我们猜想，在收购后的前六年，每隔一年都可以制作并发行一部《星球大战》系列的电影，但由于我们没有发现任何正在开发中的内容，因此启动阶段也需要额外的时间。这次分析是在2012年年初进行的，因此我们估计，如果抓紧时间收购，那么第一部《星球大战》影片可以赶在2015年5月推出，后续电影则会在2017年和2019年陆续推出。然后，我们又预估了这几部影片能够带来的全球票房收入，上一部影片《星球大战：西斯的复仇》的上映要追溯到七年前的2005年，因此，我们对票房的估算就更是凭空臆断了。凯文给了我一份卢卡斯影业之前推出的所有影片的影评以及票房的清单，于是，我们将前三部影片的全球票房定为每部至少十亿美元。

接下来，我们对对方的授权业务进行了估值。《星球大战》在孩子们中一直很有人气，尤其是那些仍然着迷于用乐高玩具搭建千年隼号和舞弄光剑的小男孩们。将其授权业务加入我们的消费产品业务中，的确能增添很多价值，但是，授权产生的实际收入到底是多少，我们并没有渠道获取。最后，我们已经向卢卡斯影业支付了“星际遨游”娱乐设施在三家主题乐园中的使用费，鉴于此，我们还考虑了这方面能够进行的业务对接。我本来对可修建的设施规划了宏伟的蓝图，但由于未知因素太多，我们暂定，先不计入这部分业务带来的价值。

在乔治看来，卢卡斯影业与皮克斯一样值钱，但即便通过我们无甚根据的分析，前者的价值还是远远不及后者。卢卡斯影业或许终有一天能够赶上皮克斯，但这需要经过好几年的努力，而其间我们仍担负着推出优秀电影的责任。我无意冒犯乔治，但也不想给他许诺空头支票。在开始协商的时候，认为能够取悦对方而暗示或承诺某些条件，后来又不得不改弦易辙，这是最糟糕的做法了。从开始起，你就要明确自己的立场在哪里。我知道，如果只是为了开始讨价还价或维持协商的继续进行而误导乔治，那么我最终定会引火烧身。

因此，我坦言：“乔治，我没办法给你开出皮克斯的条件。”然后我向他解释了原因，回述了我早期参观皮克斯的经历以及在那里发现的丰富创意。

他一时间有些语塞，我以为我们的谈话或许要就此终止了。没想到，他却发话说："好吧。那么，我们该怎么办呢？"

我告诉他，我们需要对卢卡斯影业进行密切观察，也需要他提供帮助。我们可以签署一份保密协议，然后用不在公司内部引起太多疑问的方式进行调查。"我们只需要你的首席财务官或其他懂得公司财务架构的人来介绍一下情况，"我说道，"我可以派一支小团队进入你们的公司，快速完成调查。我们会对此事严加保密。除了少数几个人之外，你的员工是不会察觉到我们在四处窥探的。"

一般来说，我们购买资产时所付的价格，不会与最开始对其价值的预估有太大出入。压低起价，以期能以比你的估价低出许多的价格买入资产，这虽然往往能行得通，但在过程中也有失去对方信任的风险。我告诉乔治："在这种事情上，我是不会耍心机的。"我们会尽快得出一个价格——这个价格不仅要与卢卡斯影业的价值相符，也要让我能够说服公司的董事会、股东以及华尔街。无论这个价格最终是多少，我都表示："我不会开出低价，然后试图协商出一个折中的价格。我当时如何对待史蒂夫，现在就会如何对待你。"

乔治给我们提供了所需的方便，但调查完成之后，我们仍然难以得出一个确切的估值。我们的大部分担心，都是出于难以评定自己是否具有尽快开始制作优秀影片的能力。我们还没有在这个项目上安排专门的创意者，因此还没开始制订长远的创作愿景。其实，我们什么准备都没有做，这也就意味着我们要在创意上承担巨大的风险，而遵守我们为自己定下的时间表，也就成了一项艰巨甚至不可能完成的任务。可这时间表，偏偏又是我们制做财务分析的依据。

最终，我打电话找到了乔治，告诉他我们已经缩小了价格区间，还需要时间确定具体的出价。这个数字，将会在35亿美元到37.5亿美元之间。乔治已经从他的“皮克斯收购价”作了很多让步，但我能感觉到，他绝不会接受任何低于漫威的收购价。我和凯文及其团队会面，再次审阅分析报告。我们不愿虚抬票房估价，但即便是以我向乔治开出的区间最高价计算，我们也有一些加价的空间，只是这样做会给电影的制作时限和票房成绩施加更大的压力。我们能在六年里做出三部电影吗？这些可是《星球大战》系列影片，我们一点也马虎不得。最终，凯文和我决定出价40.5亿美元收购卢卡斯影业，这个价格比我们购买漫威的出价还要稍高一些，乔治也立即答应了。

然而，乔治在创意上的具体参与是个更难界定的话题。接下来，这轮谈判开始了。对于皮克斯而言，整个收购的前提条件，便是约翰和艾德不仅要继续参与皮克斯的业务，还要开始参与迪士尼动画的管理。约翰虽然成为了皮克斯的首席创意官，但仍需直接向我汇报工作。在收购漫威时，我与凯文·费奇及其团队的其他成员见了面，也知道他们有哪些项目正在筹备之中，我们大家紧密合作，共同规划未来推出的漫威电影。而对于卢卡斯影业而言，公司拥有创意控制权的只有乔治一人。他希望保留控制权，也不愿成为迪士尼的员工。如果在掷下40亿美元重金后放话说，“这家公司还是你的。去吧，按照你能遵守的时间线去随心创作电影吧”，我便无异于玩忽职守。

在电影行业中，像乔治一样德高望重之人可谓凤毛麟角。一直以来，《星球大战》都是他一个人的宝贝。出售公司和保留创意控制权无异于南辕北辙，无论乔治从理性上有多么理解这一点，但他浑身上下的每个细胞却还是认为，自己一手打造了可称为我们时代中最伟大的神话史诗。这样的创举的确很难拱手让人，而我也非常能够体恤这一点。我最不愿意看到的结果，就是让乔治感觉受到了冒犯。

但我也知道，我们是没法花下这笔钱，然后让乔治牵着走的，我也明白，这话一出口，整个协议便会岌岌可危了。而事实也正是如此。我们很快就在价格上达成了协议，但却为了乔治的角色进行了几个月的来回往复。乔治难以放弃他对不断壮大的《星球大战》系列的控制权，如果控制权不在我们手里，这场收购也就没有意义。我们围绕同样的话题进行了一轮接一轮的协商——乔治表示，他就是没法把自己的毕生心血交给别人，而我们则争论，买下版权却没有控制权是不合情理的。其间，我们甚至两次中止谈判并取消协议（第一次是我们先放弃的，第二次则是乔治）。

在谈判过程中，乔治告诉我，他已为三部新电影制定了完整的大纲，并同意寄给我们三份复印件：一份给我，一份给艾伦·布雷费曼，一份给刚刚受雇成为迪士尼影业主席的艾伦·霍恩。艾伦·霍恩和我读完乔治的大纲后，决定将版权买下，但也特地在购买协议中注明，我们没有义务遵守乔治铺设的剧情。

最终，资本收益相关法律中一个即将出台的变化，挽救了这场谈判。如果我们到2012年底还不能完成交易，那么，完全持有卢卡斯影业的乔治便要在售价上砍掉5亿美元。如果乔治想要把公司卖给我们，那么从价格方面来讲，他就承受着一些不得不尽快达成协议的压力。他知道我会在创意控制权上坚守立场，这对他而言不是一件容易接受的事。因此他勉强答应，会在我们提出要求的前提下与我们共同商量构思。我则答应他，我们会对他的想法持开放接受的态度（作出这个承诺并不困难，我们当然会接受乔治·卢卡斯的想法了），但就如对待他的故事大纲的态度一样，我们没有义务遵循他的想法。

2012年10月30日，乔治来到我的办公室，我们坐在办公桌前，签署了迪士尼收购卢卡斯影业的协议。虽然乔治全力掩饰，但从他的声音和眼神中，我能感觉到他在这一刻是多么百感交集。毕竟一笔落下，《星球大战》的版权便从此出让给了别人。

达成协议的几个月前，乔治雇佣了制片人凯西·肯尼迪（Kathy Kennedy）来负责卢卡斯影业的运营。凯西曾联手丈夫弗兰克·马歇尔（Frank Marshall）和史蒂文·斯皮尔伯格创立安培林娱乐，并制作了数十部叫好又叫座的大热影片，其中包括了《E.T.外星人》和《侏罗纪公园》系列。乔治的这个举动让人出乎意料。我们正在准备收购公司的节骨眼儿上，他却突然定下了运营公司并最终将会负责接下来影片制作的人选。这一举动并没有让我们感到气愤，但确实让我们措手不及，同样地，发现自己答应运营的公司即将卖给别人时，凯西也大吃了一惊！凯西是一位传奇制片人，也是一位优秀的合作伙伴，将信任的人安排在监管人的位置上，这也是乔治为保护他毕生心血而使出的最后一招。

2012年末签订协议后，凯西、艾伦和我便开始寻找创意团队。我们最终说服了J.J.艾布拉姆斯来执导我们的第一部《星球大战》影片，并雇请了《玩具总动员3》和《阳光小美女》的编剧迈克尔·阿恩特（Michael Arndt）创作剧本。J.J.决定接受项目后不久，我和他一起吃了一顿晚餐。我还在ABC任职时，我们就已经相互认识——我们的《双面女间谍》和《迷失》等作品就出自他手。这个项目所承载的赌注，比我们俩之前做过的任何项目都要高，与他坐下来把这件我俩都心知肚明的事情摆在桌面上，对于我来说有着重要的意义。吃晚餐时，我开玩笑说这是一部“价值40亿美元的电影”——意指整个收购的成败都要看这部电影的表现，J.J.后来告诉我，这个玩笑一点也不好笑。

与他一样，我也在这个项目中押下了巨大的赌注。为第一部不出自乔治·卢卡斯之手的《星球大战》挑梁的责任，我也能与他一起分担。我知道，他对此颇感欣慰。从关于故事应该如何展开的初期讨论，到参观拍摄场地和到剪辑室审片，在我和J.J.的所有交流中，我都努力向他表明我是这个项目中的合作伙伴，而不只是一位敦促他交出质量上乘、票房大卖的影片的首席执行官。我们两人肩上都扛着重担，而我希望让他知道，无论遇到什么棘手的问题，他都可以随时给我打电话讨论，而我如果有灵光闪现，也会打电话告知他。我是他的资源、他的合作者，而不是出于虚荣心、职位或职务所迫而必须在电影中打下我烙印的推手。幸好，我们有着相仿的风格和品位，对于哪里存在问题和哪里进展顺利几乎看法相同。开发和制作过程先后辗转了洛杉矶、伦敦制片厂、冰岛、苏格兰和阿布扎比，在这漫长的过程中，J.J.用事实证明了自己是一位优秀的合作伙伴，无论是在乔治、《星球大战》迷、媒体或是我们的投资人面前，他都没有辜负这个宏伟的项目或项目中所承载的重任。

没有什么规章手册能告诉你该如何应对这样的挑战，但你通常需要试着认识到，面对一个牵涉重大利益的项目，往项目工作人员的身上施压是收效甚微的。将你的焦虑投射到团队的身上，往往适得其反。表达你与团队分担压力，和大家共同奋战，以及表达你需要大家拿出好的结果以减轻你的压力，这二者之间的区别虽然很小，但却能造成完全不同的效果。对于这个项目而言，没有人需要被告知其中的利害关系。我的职责，便是让大家在创意和实践上遇到困难时不忘终极目标，帮助大家通过最合适的途径找到解决方法。这有时意味着调派更多的资源，有时意味着对新一稿剧本继续探讨，有时意味着观看没完没了的样片和不计其数的剪辑版本。而通常来说，我需要做的只是提醒J.J.、凯西·肯尼迪以及艾伦·霍恩，我信赖他们中的每一个人，也坚信他们是制作这部电影的不二人选。

这并不是说这部电影的制作从一开始便顺风顺水。制作的初期，凯西曾带着J.J.和迈克尔·阿恩特到乔治在北加州的牧场，一起探讨两人对于这部电影的构想。两人开始描述剧情，乔治却很快愤愤不平起来，因为他意识到，我们并没有使用他在协商期间给我们递交的故事。

实际上，凯西、J.J.、艾伦和我已经讨论了故事应有的走向，我们一致认为，这个走向与乔治所勾勒出的故事并不相符。乔治明白，合同上并未规定我们需要使用他的故事，但他认为我们购买故事大纲，其实就是默认会按此进行制作，因此对自己的故事被弃一事颇为失望。自从我们的第一次交谈，我就一直小心翼翼，生怕以任何方式对他造成误导，虽然现在我也不认为自己当时误导了他，但我的确可以把这件事处理得更妥当。我应该安排他与J.J.和迈克尔见面，并将我们之间的讨论告诉他，让他知道我们觉得故事应该采取不同的走向。我应当与他把这件事情说清楚，尽可能不给他制造意外，避免惹他不悦。没想到，在与乔治探讨《星球大战》未来走向的初次会议上，他就已经觉得自己受到了背叛，虽然这整个过程对他而言不可能轻松如意，但我们却不小心在一开篇就闹出了一场本可避免的僵局。

除了乔治对于《星球大战》的感情牵绊之外，我们还遇到了其他的问题。迈克尔在打磨剧本上花了几个月的心血，但最终J.J.和凯西作出决定，选用与乔治合写过《星球大战：帝国反击战》和《星球大战：绝地归来》的拉里·卡斯丹（Larry Kasdan）（除此之外，他还创作过《夺宝奇兵》和《大寒》等多部影片），将迈克尔替换了下来。拉里和J.J.以较快的速度写出了一稿剧本，我们在2014年的春天开始了拍摄。

我们最初计划在2015年5月推出电影，但由于最初几稿剧本的延迟以及后续的一些其他问题，电影直到12月才最终上映。于是，这部电影就从我们的2015财年挪到了2016财年。无论是我在收购前对董事会的发言，还是公司对投资者的信息披露，都保证公司在2015年就能开始看到投资回报，而这些承诺最后都没能兑现。数亿美元的资产[1]从上一个财年进入了下一个财年，这虽然不是太大的问题，但也必须加以处理。

根据我的观察，制片公司所犯的最大错误，便是先锁定一个上映日期，然后任创意决策被这个日期牵着鼻子走，还时常会在准备完善之前仓促开始制作。我非常注意，尽量不被时限缚住手脚。为了把电影打磨得更好而放弃上映日期，这才是上策，而我们也一直努力坚持将质量摆在一切因素的首位，即便这意味着对公司的利润造成短期的冲击。在这部影片上，我们最不想做的，就是推出一部达不到《星球大战》粉丝预期的片子。这是一群忠诚狂热的粉丝，我们必须奉上能让他们真心喜爱并感觉不枉投入的作品。如果我们的第一部《星球大战》影片没能达到这个效果，那就等于破坏了与观众之间的信任，亡羊补牢，谈何容易。

在全球首映之前，凯西为乔治放映了《星球大战：原力觉

---

1 《星球大战：原力觉醒》制作成本2.45亿美元，全球票房约20.68亿美元。

醒》。他并没有掩饰自己的失望，还说："完全没有新东西。"在三部前传之中，乔治确保每部都要推出新世界、新故事、新角色和新技术。按他的话说，在这部作品中，"视觉或技术上的飞跃不够显著"。这话虽然没错，但他并没有考虑到，为了给热心影迷们呈现出一部原汁原味的《星球大战》影片，我们承受了多少压力。我们特地打造了一个从视觉和风格上与前几部影片相契合的世界，以避免太过背离观众的热切期盼，而乔治却偏偏在我们努力达成的效果上挑毛病。经历了几年的时间和几部《星球大战》的制作经验，回溯往事，我相信J.J.建起了一座完美衔接过去和未来的桥梁，完成了这个几乎不可能完成的任务。

除了乔治的反馈之外，媒体和死忠粉们也对我们将如何对《星球大战》进行"迪士尼化"作了诸多揣测。就像对漫威采取的措施一样，我决定不在影片任何地方加入"迪士尼"的标志，也不对《星球大战》的商标进行任何修改。从动画品牌推广的视角来看，"迪士尼-皮克斯"这个品牌有其独特的意义，但我们要让卢卡斯的粉丝们确信，我们本身也是从影迷出身，我们尊重原作者，意在拓展而非篡改他的传统。

虽然乔治对影片心怀不满，但我仍然认为让他参加《星球大战：原力觉醒》的首映式有其重要意义。刚开始的时候，乔治并不愿意到场，但在乔治现任夫人麦勒迪·霍布森的帮助下，凯西还是说服了他。在马上要签署协议之前，我们讨论的最后一批事项中，涉及一条非贬低条款。我要求乔治同意，他不能在公众面前批评我们所制作的任何一部《星球大战》影片。我提出这一条款后，他表示：“我就要成为华特迪士尼公司的一名大股东了，对你们或你们所做的任何作品加以贬低有什么好处呢？你得相信我。”就这样，我相信了他的话。

现在的问题，就是该如何安排首映式。我想让全世界知道，这是J.J.的电影，是凯西的电影，也是我们的第一部《星球大战》电影。毫无疑问，这是我在担任公司首席执行官后推出的制作成本最高的影片。我们在颁布奥斯卡金像奖的杜比剧院进行了一场盛大的首映礼，我首先登台，在请出J.J.和凯西与我同台之前，我发言说：“我们大家之所以能在这里，全是因为一个人，是他，创造了我们这个时代最伟大的神话故事，并将其托付给了华特迪士尼公司。”乔治当时正坐在他的座位上，人们站起身来，为他长时间热烈鼓掌欢呼。坐在乔治身后一排的薇罗，用相机记录下他被几千名起身致敬的嘉宾包围其中的美好一刻。事后翻看这张照片，看到乔治面对这热烈奔涌的崇敬之情时是多么欣慰和感激，我心里也美滋滋的。

影片甫一上映，便打破了一系列的票房纪录，大家也终于松了一口气。我们的第一部《星球大战》电影已经完成，而忠实粉丝们也明显对影片喜爱有加。然而，影片上映后不久，一则乔治在几周前接受查理·罗斯（Charlie Rose）访谈的视频却被播了出来。乔治谈到了他对我们没能采用他的大纲的沮丧，还说将公司卖给迪士尼，就像是将自己的孩子卖给了“拐卖儿童为娼的人贩子”。用这样的方式来形容将自己看作心头肉的东西卖给别人的感觉，不但不当，而且不雅。我决定不发声，让这件事就这样过去。发表任何的公开声明或是进行反驳，都是无甚裨益的。麦勒迪给我发了一封电子邮件致歉，解释说整件事对于乔治而言是多么难以接受。然后，乔治也给我打来了电话。“我做得太出格了，”他说，“我不应该用那样的措辞。我只是想要传达放手公司对于我来说有多么困难。”

我对乔治表示了理解。四年半前，我与乔治坐下来共进早餐，试着让他相信我理解这件事对他而言有多么难以接受，同时也想让他知道，如果准备好出售公司，他大可以相信我。我们先是交涉价格，而后又探讨他对《星球大战》的持续参与问题，这些所有的交涉，都是一种对平衡点的摸索。我尊重乔治的成就，也理解他对整个项目的深情，但我对我们公司负有责任，因而，我必须平衡这些因素。我能够感乔治所感，但不能对他的条件全盘接受。这期间的每一步，我都必须一面明确表达自己的立场，一面体恤整个过程给他施加的感情负担。

回看皮克斯、漫威以及卢卡斯影业的收购，三者之间贯穿的一条主线（除此之外的另一个共同点，便是这三家企业一起改变了迪士尼），便是每次收购都以与一个控权实体之间搭建的信任为基础。每次收购的协商过程中都会牵扯复杂的问题，而负责每次并购的团队都会为最终协议的达成花费大量的时间。然而，每次收购中牵扯到的个人情感，才是协议达成与否的决定因素。史蒂夫需要相信，我会坚守尊重皮克斯精髓的承诺。艾克需要理解，我会对漫威团队予以重视，也会提供让他们在新公司里茁壮成长的机会。而乔治则需要肯定，他视为“孩子”的心血之作，会在迪士尼得到精心的呵护。

第十二章

拼死创新

三大并购案的最后一家尘埃落定后，我们开始更加关注公司传媒业务所经历的剧变以及我们所感受到的颠覆性改革。这些行业的未来发展已经开始真真切切地引起了我们的担心，我们得出结论：通过创新和先进方式传播内容的时机已经来到，我们要避开中介机构，将内容直接放在自己的科技平台上。

放在我们面前的问题是：我们能否找到助力我们实现目标的科学技术，成为变革的领军人，而不是牺牲者？为了开始搭建新的商业模型，我们是否有胆识开始剥离那些仍处盈利状态的业务？我们能够自我颠覆吗？在公司实行现代化和变革的过程中，损失将不可避免，华尔街是否能够容忍呢？

我很确定，这件事我们必做不可。说来说去，这还是那个需要持续创新的老话题。因此，接下来的问题就是：我们应该重新搭建科技平台，还是购买别人的呢？凯文·梅尔警告我，搭建平台需要花费五年的时间和大笔的投资。选择购买能够让我们实现快速转型，而且所有事物发展的速度已经向我们表明，选择耐心等待是行不通的。当我们寻找并购对象时，谷歌、苹果、亚马逊以及脸书这些巨型公司显然不在考虑范围，而且据我们所知，这些公司也没有收购我们的意向（但我相信，如果史蒂夫还在世，那么我们一定会合并各自的公司，或至少会非常认真地探讨这种可能性）。

剩下的并购对象便是色拉布[1]、声田[2]和推特[3]了。这几家公司从体量而言均可消化，但是其中哪家有意出售，且可提供让我们能以最快速有效的途径触及消费者的性能呢？最后，我们选定了推特。之所以对推特感兴趣，若说是因为这是一家社交媒体公司，不如说因为这是一家可触及全球用户的新型发布平台，可用来推出电影、电视、体育和新闻等内容。

2016年的夏天，我们对推特抛出了橄榄枝。他们虽然感兴趣，但也觉得有义务先入市场“试水”。我们虽不情愿，但还是通过竞

1 Snapchat，一款“阅后即焚”的照片分享应用。

2 Spotify，一个正版流媒体音乐服务平台。

3 Twitter，美国社交网络及微博客服务网站，全球互联网访问量最大的十个网站之一。

价方式拍下了推特。到了初秋时分，我们的交易已基本完成。推特董事会对出售公司表示了支持，10月的一个周五下午，我们的董事会也批准让我最终敲定协议。然而，在那个周末，我却决定放弃收购。进行之前的几次收购时，直觉都告诉我这样的选择对公司而言是正确的，其中尤以皮克斯最为突出，如果说这些收购都是基于我的直觉，那么推特的例子则截然相反。我心中总感觉有什么东西不对劲。汤姆·墨菲多年前告诉我的话在脑海中反复回响："如果什么事情让你感觉不对，那么这件事情可能就不适合你。"我虽然能清晰地看到推特将如何服务于我们的新目标，但是一些品牌相关问题却让我心中备受煎熬。

推特对于我们来说的确是一个潜在的强大平台，但我无法忽视随之而来的挑战。这些挑战和争议太多，无法在此一一列举，包括如何管理散播仇恨的言论，如何对涉及言论自由的复杂问题加以判断，如何处理不断自动发布影响选举结果的政治"讯息"的虚假账号以及如何应对平台上不时显露的公众泄愤和文明缺失。这些终将转嫁给我们的问题，是我们之前从未面对过的，而我也感觉，迪士尼品牌会因此而遭到重创。在董事会刚刚批准我完成推特收购之后的周日，我给所有董事会成员发了一封短信，告诉他们我"临阵退缩"，并解释了反悔的缘由。接下来，我拨通了推特首席执行官杰克·多西（Jack Dorsey）的电话。杰克也是迪士尼董事会的一名成员，听到消息，他虽然很吃惊，但依然礼貌回应。我祝福杰克好运，然后挂上电话，如释重负。

大约在开始与推特协商时，我们对一家叫作BAMTech的公司进行了投资，这家公司原先隶属于美国职业棒球大联盟旗下，拥有一套完善的流媒体技术，可供球迷们订购在线服务，实时观看他们最钟爱的球队的所有比赛直播（HBO在尝试自己搭建流媒体平台失败之后找到这家公司，让其在极其紧张的时限下打造出HBO Now[1]，赶上了《权力的游戏》第五季的播出）。

2016年8月，我们同意出资约10亿美元，购买BAMTech 33%的股票，并拥有2020年控股的优先购买权。最开始的计划，是通过打造与ESPN电视网节目配套的订购服务，应对其他平台对ESPN收视的威胁。但随着科技公司对其娱乐订阅服务投资力度的加大，对于我们而言，将为体育节目推出的DTC[2]套餐推广到电视和电影业务，也变得刻不容缓。

十个月之后的2017年6月，公司在奥兰多华特迪士尼世界举办了我们当年的董事会拓展活动。这一年一度的活动其实就是一场

1 免费在线流媒体服务，任何人都可以使用兼容设备直接订阅。

2 direct-to-consumer，直接面对消费者的营销模式，包括任何以终端消费者为目标而进行的传播活动。

加长版的董事会，我们在会上发表包括财务状况预测在内的公司五年计划，并讨论具体的战略问题和挑战。我们决定，将2017年的整个会议用来讨论颠覆性变革，我让每位业务负责人向董事会讲解他们所见到的颠覆，并让他们预测这些颠覆可能对其业务造成的冲击。

我知道，董事会可能会要求我们给出解决方案，一般来说，只抛出问题而不提供解决方案不是我的作风（我也是这样敦促我的团队——你可以带着问题找我，但也请提供可行的解决方案）。于是，在详细解释了我们经历和预见到的挑战之后，我们向董事会提出了一个大胆、激进、全面的解决方案：我们将会尽快推进购买BAMTech控股权的速度，然后利用其平台推出迪士尼和ESPN的DTC/OTT[1]视频流媒体服务。

董事会不仅对这个计划表示了支持，还表示“速度是关乎成败的关键”，催促我尽快做出行动［这个例子同时也证实，能自信提出明智看法且对当下市场态势有直接相关经验的人，适合安排在董事会中。对于我们公司而言，耐克公司的马克·帕克（Mark Parker）以及通用汽车公司的玛丽·博拉（Mary Barra），便是两个完美的例证。两人都在其行业中目睹了翻天覆地的颠覆性改革，也

1 over the top，源于篮球比赛中“过顶传球”一词，电视业上指通过公共网络向用户提供内容分发业务，这种服务由运营商之外的第三方提供。

都非常清楚不尽快适应变化会带来怎样的危机]。拓展活动之后，我立即与团队会面，并将我所得到的反馈信息转达给他们，我指示凯文尽快购买BAMTech的控股权，并告知其他所有人做好准备，迎接涉足流媒体业务所带来的巨大战略转型。

2017年8月的财报会议上，我们宣布了加速执行购买BAMTech控股合约的消息，也公布了推出两款流媒体服务的计划：于2018年和2019年先后推出ESPN和迪士尼流媒体平台——如同命中注定一般，正巧在两年前，由于我在财报会议上对颠覆性变革的直言不讳，我们曾眼睁睁地看着公司的股价暴跌。而这一次，我们的股价却节节蹿升。投资者们理解了我们的战略，也认识到了变革的需求以及面前的机遇。

这次声明标志了华特迪士尼公司重启的肇始。只要公司电视频道的传统业务能够持续产生可观的收入，我们就会对其继续提供支持，我们也会继续在全球各地的影院银幕上映我们的影片，但我们现在也将全心致力于成为发行方，将自家内容直接传播给消费者，而不通过中介机构。实际上，我们等于是在加速自家业务的颠覆，并会由此引发不可忽视的短期亏损（举例来说，将皮克斯、漫威以及星球大战在内的所有影视内容从奈飞平台撤下，并统一整合在自己的订阅服务平台上，意味着要损失数亿美元的授权费）。

这些年来，我曾提到过一个“利用新闻发布进行管理”的概念——意思是说，如果我用非常有说服力的方法对外界发布了某消息，那么这则消息也往往会在我们公司内部引起巨大反响。投资界在2015年的态度极其消极，但开诚布公地承认现状，不仅打破了我们的自欺欺人，也鼓舞迪士尼内部的同仁们得出“他是认真的，所以我们最好也拿出干劲来”的结论。2017年的财报会议发言，也起到了类似鼓舞人心的效应。团队本来就知道我对改革的决心，但听到这个理念在以投资人为首的群体中广泛传播，并亲眼目睹人们对此的反应，每个人前进的动力和决心都被点燃了。

在宣布消息之前，我本推断公司会迈着婴儿般的小步朝新模式转型，慢慢打造一些应用程序，并逐步摸索出什么样的内容才能在这些平台上存活。而今，由于收到了如此积极的反馈，整个策略的紧迫性便上了一个台阶。现在，我们的肩上有了不可辜负的期望。这虽然意味着额外的压力，但也给我在公司内部提供了一个有力的沟通渠道——对于如此巨大而突然的变化，公司内部自然存在着一些阻力。

对总体现状良好但前景不定的业务进行颠覆——或者说有意承担短期亏损，以期获得长期增长，这样的决定背后，需要巨大的勇气。常规流程和优先事项被颠覆，职位出现变化，职责也被重新分配。传统工作的方式开始被取代，新的模式逐渐显露，这种时刻人们很容易感到焦虑不安。从个人角度而言，这种情况很难管理，与员工同在的需求也愈加被凸显了出来——这在任何情况下都是一项重要的管理技能。面对员工的个人问题和疑虑，不少领导者都很容易发出日程过满或时间太过宝贵的信号。但是，与你的员工并肩同在并确保让他们知道你会伸出援手，这对于一家公司的士气和效益来说，至关重要。对于一家有着迪士尼规模的公司而言，这可能意味着辗转世界各地，与我们五花八门的业务团队定期举行职工大会，与他们沟通我的想法，并回应他们的担忧。但这同时也意味着对于直接下属汇报的一切问题，我也要进行认真的思考并给出及时的回应——包括回电话和邮件，腾出时间探讨具体问题，细心体恤人们所感到的压力等。而踏上这条不确定的新道路之后，所有这些因素在我工作中的比重更加大了。

8月的财报会议过后，我们紧锣密鼓地开始了两方面的工作。在科技方面，BAMTech团队与迪士尼既有的一支团队携手，共同为我们的新服务平台ESPN+和Disney+搭建用户界面。在接下来的几个月里，我、凯文与BAMTech的团队在纽约和洛杉矶会面，对应用程序的不同迭代版本进行了测评：分析标题的大小、颜色和位置；优化浏览应用程序的体验，使之变得更加符合用户习惯和易于使用；确定算法和数据收集如何运作以及我们的内容和品牌应该以何种形式呈现。

与此同时，我们也在洛杉矶组建了一支团队，研发和制作可放在Disney+平台上的内容。我们拥有一个包含电影电视素材的大型资料库（但这几年来，我们也不得不买回一些授权给第三方的影视版权），但关键问题在于我们该在这些新的服务平台上打造哪些原创内容。我和我们的影业公司以及电视部门负责人会面，确定正在开发的项目中有哪些即将在影院上映或在我们的电视频道播出，而哪些则应该放在应用程序上。对于这些应用程序，我们该专门打造哪些包括原创星球大战、漫威以及皮克斯故事在内的新项目，并使之与我们其他作品一样有冲击力？我将公司所有工作室的资深高管召集在一起，告诉他们："我不想新设一个专为Disney+打造内容的制片部门，这件事，我想让你们来做。"

这些高管都为其业务的蓬勃发展而受过多年历练，每个人的薪酬都与其创造的利益直接挂钩。我等于是在突然告诉他们："我希望你们能少关注一些自己成功经营的业务，多把注意力放在新业务上。顺便说一声，你们要与来自其他团队能力超强的同仁们一起打造新业务，而他们的利益与你们的不一定契合。还要补充一点，新业务在短期内不会赚什么钱。"

为了让大家全都参与进来，我不仅要强调这些变革为何必要，还要打造出一个全新的奖励机制，以便对大家的努力予以回报。我不能因大家对各自业务的有意削弱和颠覆而施加惩罚，不仅如此，评定新业务“成功”与否的初期损益指标也尚未建立。按照我们的要求，各位高管付出的努力要比之前多出许多，不仅如此，如果使用传统的回报方式，他们的薪酬反倒会减少。这种模式是行不通的。

我找到公司董事会的薪酬委员会，向他们解释了这个两难问题。在创新的时候，不仅创造或发行产品的方式需要改变，所有的一切都需要变化。公司里的许多惯例和结构也需要调整，而在这件事上，也就包括了董事会对公司高管提供奖励的方式。我提出了一个大胆的想法——大意就是我准备根据各位高管对于这一新业务的贡献度来决定薪酬，由于不能根据收益简单测量出成果，因此，这种方式要比我们平常支付报酬的方式主观了许多。我提议说，我们可以给这些高管提供无偿配股，我会评估他们是否对新业务的成功作出了贡献，并以此为依据决定配股的分配和变现。刚开始的时候，委员会对此心存疑虑，因为我们从来也没采取过这样的方法。“一些公司之所以创新失败，其中的原因我知道，”我告诉他们，“原因就是传统。在创新之路的每一步上，传统都会制造巨大的阻力。”我谈到了投资界，公司在任何情况下出现利润下降，往往都会遭到投资人士的惩罚，这就经常会导致各行各业谨小慎微，做事墨守成规，从而不投入资源实现长远发展或适应变化。“还有你们，”我说道，“作为委员会，你们连怎么授予配股都不知道，因为我们之前只尝试过一种方法。”在公司发展的每一阶段，我们都在逆流而上。我告诉大家：“选择权在你们手里。你们是想陷入‘创新者的窘境’[1]，还是想要与之对抗？”

其实，就算没有这次煽动性的讲话，委员会也很可能会采取行动（我与我们的董事会关系很好，他们也支持我所作的几乎所有选择）。就在我言辞激烈的讲话接近尾声的时候，委员会的一位成员发话说“我表示同意”，而另一位成员也立马支持。就这样，我的提议通过了。我回头找到我们的高管团队，向他们解释了新股票计划的实施机制。我会在每年年末决定分配多少股票，而评判的依据不仅包括利润的多少，也要看大家在一起合作的效果如何。我说：“这件事至关重要，我不想看到任何的勾心斗角。这是为了整个公司的利益，也是为了你们的利益。我需要你们拿出行动来。”

8月的财报会议和购买BAMTech控股的声明过后不到两周，默多克打来电话，让我傍晚到他家去小酌一杯。默多克住在贝莱尔[2]

1 美国经济学家克里斯坦森认为，领先企业倾向于在高利润率的产品上追求精益求精的创新，而对于新技术，则态度保守，投入谨慎。在精益求精的创新过程中，性价比高的类似产品会追赶上来，新产品市场会错失竞争优势，于是企业会在遭遇市场变化或技术变革之时走向衰退。

2 位于加州洛杉矶西部，是豪华高级住宅区。

一幢建于20世纪40年代的豪宅中，俯视着他的莫拉加酒庄。我跟他的背景截然不同，辈分不同，所持政见也相左，但长久以来，我们都相互仰慕对方在商业上的判断力。他白手起家建立起媒体娱乐帝国的创举，也一直让我叹服。

2005年我成为首席执行官之后，默多克和我偶尔会聚在一起吃饭或小酌。我们都是Hulu[1]的合伙人，因此有时会在一起探讨具体业务。但更多的时候，我们要么是在一起讨论媒体环境的变迁，要么就是聊聊彼此的近况。

当默多克邀请我去他家里的时候，我怀疑他意在试探我是否考虑在2020年参加白宫竞选。坊间已有不少传闻，说我对政治感兴趣，也有可能尝试参与总统竞选。包括凯莉安妮·康韦（Kellyanne Conway）和安东尼·斯卡拉姆奇（Anthony Scaramucci）在内的特朗普政府中几位成员，已经对我们公司内部的人员提出了这个问题，因此我猜想，默多克想要亲自弄清楚这是不是真的。

一直以来，我都对政治和政策感兴趣，也常设想在离开迪士尼之后为国家效忠。几年来，很多人都在我的脑海中植下各种各样的想法，包括我应该竞选哪个政府部门，甚至是否应该竞选总统。我对竞选总统抱有好奇，但也觉得此事有些荒谬。在2016年的总

1　美国一家视频网站，由美国国家广播环球公司和福克斯在2007年3月共同注册成立。

统大选之前，我坚信美国已经做好了选举政治体系外的人做总统的准备，美国民众对于传统政治和政党怨声载道，就如我们的行业一样，政府和政治也在经受着彻底的颠覆（唐纳德·特朗普的获胜，从一定程度上说明我的预感是正确的）。

与默多克见面的时候，我的确在探索竞选总统的可能，但我也知道，成功的概率微乎其微。我与二三十名民主党内的重要人士进行过交谈，其中有几位之前是奥巴马政府的成员，还有几位是国会议员和票选专家以及前几次总统选举的募款人、政府职员。另外，我也开始废寝忘食地学习，从医疗保健到税收制度，从移民法到国际贸易政策，从环境问题到中东历史再到联邦利率，我将各类报刊和文章读了个遍。我也开始阅读历史上一些最伟大的演讲稿，包括里根总统在诺曼底登陆40周年纪念日的演讲，肯尼迪总统于马丁·路德·金遇刺后在印第安纳波利斯的即兴演讲，罗斯福总统和肯尼迪总统的就职演讲，奥巴马总统在南卡罗来纳州查尔斯顿以马内利非裔卫理公会教堂枪杀案后的演讲，还有丘吉尔数不胜数的演讲。我甚至把《宪法》和《权利法案》也重读了一遍（我会梦见自己站在辩论台上却感觉毫无准备，然后半夜从噩梦中惊醒，不知这征兆是在告诉我该还是不该参加竞选）。另外，我也努力让自己不要自以为是。我的确运营着一家大型国际公司，但这并不一定意味着我有资格成为美国总统，不会为我铺设一条清晰而平坦的通往成功的道路——因此，我完全没有铁下心来做这件事（实话实说，民主党是否有意愿和能力为一位成功的商人提供支持，我对此也打着问号）。

走进默多克的家，我们立刻坐下，一名助手为我们倒好酒后，默多克张口便问："你是不是要参加总统竞选？"

我心想：好吧，看来我的感觉是对的。但是，我完全不想向他坦白心中的想法，生怕我的话会被放到福克斯新闻上。因此我回答说："不，我没有此意。很多人都跟我聊过这件事，我也稍微思考过，但这个想法太疯狂了，我做尝试的概率微乎其微。"我补充说，"另外，我妻子对这个想法非常反感。"这是实话。薇罗曾经跟我开玩笑说："你想竞选任何部门都行，但是别把我也扯进来。"她非常了解我的秉性，因此知道竞选总统的挑战对我而言很有吸引力，但她也非常担心由此对我们的家庭和生活带来的影响（她后来告诉我说，两人结婚就要"祸福与共，因此如果你觉得必须走这条路，我虽然带着十万个不情愿，但也会支持你"）。

我不知道默多克在接下来的时间里还会跟我聊些什么。在接下来的一个小时里，他用大部分时间跟我讨论了我们各自行业所面临的威胁：大型科技公司的异军突起、事物的飞速变化，还有规模化的重要意义。很显然，他对二十一世纪福克斯的前途感到担忧。他数次提道："我们不具备规模化，你的公司是唯一一家具备规模化的。”

当天晚上与他道别的时候，我不禁感觉到，他是在暗示有兴趣尝试不可想之事。开车回家的路上，我打通了艾伦·布雷费曼的电话：“我刚刚和默多克见了面，我觉得他可能有兴趣出售公司。”

我让艾伦制作一份清单，将福克斯的所有资产从监管角度分为能和不能购买的两类，然后我又给凯文·梅尔打了电话，告诉他我与默多克见面的情况并咨询他有何看法。我也让凯文准备一份清单，开始思考收购福克斯全部或部分资产是否可行。

翌日，我给默多克打电话跟进情况：“假如说我读懂了你的意思，再假如说，我告诉你我们有兴趣购买你的公司或公司绝大部分资产，你有兴趣接受吗？”

默多克回答说：“有。你们真的有兴趣收购吗？”我告诉他，我的确有兴趣，但也请他给我一些时间思考。他接着说：“除非你同意在现定退休期限之后仍任原职，否则我是绝不会出售的。”当时，我原定的退休期限是2019年6月。我告诉默多克，除非我延长任期，否则，我觉得公司董事会是不会考虑如此大规模的收购的。因此在通话最后，我们同意几周之后再次讨论。突然之间，我觉得我的人生将要出现改变，而引发改变的缘由，并不是参选总统。

在接下来的几周里，艾伦、凯文和我开始认真思考收购福克斯是否可行，以及此举可能对我们带来的影响。艾伦一下子就将福克斯的几项资产排除在外。根据规定，在美国同时拥有两家无线电广播网是不被允许的（这个规定在当今环境下有些过时和不合理，但规定就是规定），因此福克斯电视网便被排除在外。我们与福克斯的两家主要体育电视网处于竞争关系，拥有这两家电视网会导致我们的行业市场占有率过高，所以，这二者也不在我们的考虑范围。

接下来考虑的就是福克斯新闻。这是默多克视若珍宝的财产，因此我也不寄望他主动出售。另外，我觉得购买的理由也不成立。如果按照现状运营福克斯新闻，那么我们会成为左派的眼中钉，如果我们胆敢将其往中立方向移动，那就又变成了右派的肉中刺。但是，我对福克斯新闻的看法并不重要，因为默多克是绝不会将其拿来出售的。

以上就是我们不能收购的大型资产，除此之外还有一些较小的资产。这样一来，我们就得出了一个内容丰富的投资组合：包括福克斯探照灯影业在内的电影公司；福克斯在Hulu的股权——这也让我们成为了这家公司的最大股东；FX有线电视网；地方体育电视网（我们后来不得不选择了剥离）；国家地理频道的控股权；以印度为首的一批遍布全球、内容各样的国际公司；欧洲规模最大且最具影响力的卫星广播公司“天空电视”39%的股权。

凯文负责对这些资产进行财务和战略分析。用最简单的术语来解释，这意味着组建一支团队对所有业务进行一次周密细致的测评，不仅要涉及这些业务在当时的业绩，也要预测业务在未来的走势及其在我们当下所目睹的剧变中的表现。另外，我们也迎来了新任命的首席财务官克莉丝汀·麦卡锡（Christine McCarthy），没有参加公司前几次并购案的她，已经迫不及待地想一试身手，这对她而言，也将是一次极限挑战。

对福克斯业务当下和未来的价值有了把握之后，接下来的问题便是：这两家公司合并后的价值会是多少？我们该如何通过合并这两家公司挖掘出更多的价值呢？联合运营两家公司的优势显而易见。假如说，现在的我们拥有了两家制片公司，而二者同处于一把伞下，那么管理起来也就会更加高效。除此之外，我们也能以更强大的杠杆力撬动市场。一下子拥有了更多地方性资产，能够让我们怎样更好地深入当地市场呢？举例来说，福克斯在印度的业务做得很大，也早已在当地的DTC业务上投入了大量资源，而我们在那里的业务却仍处萌芽时期。另外，福克斯在印度还有一家很厉害的电视制片公司并在创意人才的培养上大举投入，而我们却无法望其项背。就像对待其他收购一样，我们也对福克斯的人才进行了评估。将这些人带进迪士尼，能够为我们的业务带来更多的成功吗？答案不仅是肯定的，而且是掷地有声的。

最后的结论是，根据我们的预估，两家公司合并后的价值，将会比二者单独价值之和多出几十亿美元（随着企业税法的变化，这个数字变得更可观了）。凯文给我提供了一个相当全面的看法，然后告诉我说："鲍勃，这里的确有一些很有价值的资产。"

我回答说："我知道福克斯的资产很多。但是我们该怎么把这个故事讲圆呢？"

"这就要看你了！"凯文说。协商还没有开始，凯文大脑中的零部件就已经开始运转了起来。"高质量的内容，科技因素，全球用户。这故事看你怎么讲了。"他还说，透过我们的新战略视角，所有这些资产的价值就更可观了。这些资产，甚至可能成为影响公司未来成长的关键。虽然此次收购的规模要远超皮克斯、漫威以及卢卡斯影业三者的总值，但凯文、艾伦和克莉丝汀全都支持我与默多克推进此事。未来的潜力给人一种几乎无可估量的感觉，但风险也同样深不可测。

第十三章

诚信无价

与我们为公司制定全新的战略方针一样，默多克之所以决定出售福克斯，也是出于对同一种力量的直接回应。在考虑到自己的公司在瞬息万变的世界中应如何发展时，他得出结论，最明智的选择就是出售公司，以便给他的股东和家人一个机会，将二十一世纪福克斯的股票转换成迪士尼股票。因为他相信，迪士尼的定位更有利于抵抗剧变，两家公司强强联手，会变得更加坚不可摧。

我们行业中这股颠覆浪潮来势凶猛，几乎怎么形容都不为过，而默多克决定将自己白手起家建立起来的公司拆分，也很好地证明了这次颠覆的必然性。签订这笔规模庞大的协议，花费了将近两年的时间，也撼动了整个传媒业的格局，就在默多克和我准备进入协议的初期协商阶段时，一场社会变革也拉开了序幕，而这场变革，要比我们之前经历的巨大科技变革更加深刻。针对令人发指的恶行的严厉指控铺天盖地地爆出，其中尤以我们所在的行业为甚，而这也将一个早就该采取的举措搬上了台面。人们声讨性侵行为，也开始要求好莱坞和全球各地的女性得到与男性平等的机遇和薪资。针对哈维·韦恩斯坦令人发指的行径[1]的指控证据确凿，如同打开了洪水闸门，让许多人有勇气站出来讲述自己的受虐经历。在娱乐圈中，几乎每家公司都不得不对内部的申诉作出回应和裁决。

在迪士尼，我们一直坚信，创造和维持一个让人们感觉安全的环境是至关重要的。但我们现在也清楚地意识到，我们需要作出更多的努力，确保每个性侵事件的受害者或目击者都能够站出来，并确信有人会对自己的申诉用心倾听、认真对待、严肃处理并保护他们免遭报复。我们觉得，评估公司的标准和价值是否得到遵守已是刻不容缓之举，因此，我安排公司人力资源部门进行一次全面透彻的调查，包括在公司各个层级开展对话和安置流程，让人们能够吐露心声，并巩固我们对所有勇敢站出来的人员进行保护的承诺。

2017年秋天，我们听到了皮克斯的员工们对约翰·拉塞特的控诉。他们表示，约翰曾对他们有过不当的身体接触。人人都知道

1　好莱坞著名制片人哈维·韦恩斯坦涉嫌多起性骚扰案。

约翰是个爱拥抱的人，虽然许多人都将此看作无伤大雅之举，但事实很快证明，这种看法并不一致。几年前，我曾与约翰探讨过此事，但新近出现的控诉却变本加厉，我意识到，我必须要对此事加以处理了。

那年的11月，艾伦·霍恩和我与约翰会面，我们一致决定，对他而言最好的选择就是休假六个月，一来反省自己的过错，二来也给我们时间对事件作出评定。在离开前，约翰向他的团队发表了一份声明，他写道："你们大家就如同我的一切，如果我辜负了你们的期望，那么我在这里表示深深的歉意。我尤其想向那些曾经不情愿地被我拥抱的，或是接受过我任何形式的其他过分举止的人道歉。虽然这些举动出于善意，但每个人都有权利划定自己的界线，让别人尊重他们的界线。"

约翰不在的时候，我们在皮克斯和迪士尼动画搭建了一个领导架构，也与两家动画公司的人员进行了数十次谈话，一起商讨最适合公司未来发展的道路。

接下来的六个月，是我职业生涯中最具挑战性的一段时间，我不仅要制定公司的DTC战略，处理众人皆知的人事问题，还要对福克斯的收购案进行分析和协商。我越来越坚信，从内容、全球覆盖、人才和科技方面而言，福克斯都会对我们产生改革性的意义。

如果能够尽快而且顺利地收购福克斯并将其融入公司，同时将我们在DTC领域的目标落到实处，那么，迪士尼便能站在一个前所未有的稳固阵地来迎接未来的挑战——但是，这一切都依赖于一大串让人茫然的“如果”。

随着协商的进行，默多克有三点考虑。第一点，在可能有兴趣收购福克斯的公司中，迪士尼提供的渠道，最有可能通过监管审批。第二点，迪士尼股票的价值。他可以选择继续拥有福克斯的控股权，看着公司在规模大得多的竞争者间苦苦挣扎，或者选择在合并后更加生机盎然的公司中分一杯羹。第三点，他坚信我们能够顺利地将两家公司融为一体，让合并后的新公司踏上一条朝气蓬勃的道路。

2017年的整个秋天，我都在与默多克进行协商，在他所面对的诸多挑战中，其中之一便是处理他和两个儿子拉克兰（Lachlan）和詹姆斯（James）之间的争端。从孩童时期开始，两个人就看着父亲将这家公司搭建起来，也希望和推测自己有朝一日成为公司的继承人。而现在，他却在计划将公司卖给别人。这个情况对于他们中的任何人而言都是难以接受的，而我从一开始就坚定了立场，让默多克处理好家事，并将注意力放在我们协商中的商业因素上。

那年秋天，凯文·梅尔和我同默多克及其首席财务官约翰·纳伦（John Nallen）见了几次面。我们决定以每股28美元——

即总价524亿美元——的价格全股票收购福克斯。在我们与默多克第一次交涉之后的几个月中，他正在考虑出售公司的消息不胫而走，也让其他几家公司开始打起收购的算盘。康卡斯特成为了我们的最大竞争者，用比我们高出很多的价格进行竞拍，也是以全股票形式。我们自信，虽然康卡斯特的出价更高，但福克斯董事会仍会偏向我们，其中一部分原因，是康卡斯特在监管上很可能遇到麻烦（除了美国最大的一家发行公司之外，康卡斯特旗下已有NBC环球集团，因此很可能面临严格的监管审查）。

感恩节周末快要过完的时候，凯文和我同默多克、约翰在贝莱尔的酒庄再次会面。我们四人穿过一排排的葡萄架，走了很长的时间。散步接近尾声之时，默多克告诉我们，他是不会接受少于每股29美元的出价的，这就比我们打算出的价格要高出了大约50亿美元。我猜，他可能是认为康卡斯特的出价让我乱了阵脚，因此感觉需要在出价上加码。我虽然很想促成这笔生意，但也愿意选择放弃。我对福克斯公司的许多业务都很痴迷，甚至开始具体地构想起这些业务对我们的新公司意味着什么，然而，实际的落地仍会带来巨大的风险。想要让一切顺利运转，需要大量时间和精力的投入。即便我们能够将合同谈成，通过监管部门批准并成功将两家公司融为一体，市场中仍然存在着大量让我感到担心的未知因素。另外，我对在公司多待三年的选择也感到左右为难。这样的选择，对我和迪士尼而言真的有利吗？我并不完全确定，也没有足够的时间去认真思考。会议结束时，我觉得我们必须从这笔交易中获得所有可能的价值，因此在离开时我对默多克说："每股28美元是我们的上限。"

不知我的坚守立场有没有让默多克感到吃惊，但是凯文担心，我们会因拒绝抬价而失去这次机会。然而，我依然坚信我们会最终胜出，因为选择康卡斯特带来的风险实在是太大了。周一早晨来到办公室的时候，我让凯文给纳伦打电话，告诉他我们需要在当天下班之前得到一个答案。那天下班时，默多克打来电话，接受了我们的出价，并邀请我再次到他的酒庄去庆祝协议达成——他的儿子拉克兰也在那里，不知道他对整件事作何感想。我们用接下来的两周时间梳理细节，之后，我飞往伦敦参加12月12日的《星球大战：最后的绝地武士》首映礼。在伦敦的时候，我来到默多克的办公室，和他在阳台上拍了一张我们握手的照片，作为与12月14日的声明一起发布的附图。

我在12月13日飞回洛杉矶，傍晚落地后，便直接去参加翌晨发布会的准备会议。按照计划，我要于东部时间早晨7点[1]在《早安美国》露面。这就意味着，我要在太平洋标准时间凌晨3点到达迪

1　美国横跨西五区至西十区，共六个时区。太平洋标准时间比东部时间晚3个小时，洛杉矶采用太平洋标准时间。

士尼影棚，为清晨4点的直播作化妆准备。准备会议进行到一半的时候，我们的首席人力资源官杰妮·帕克（Jayne Parker）走进来，问我ESPN总裁约翰·斯奇帕（John Skipper）是否跟我通过话。

我回答说：“没有。出什么事了吗？”

杰妮脸上的表情说明有什么事情不对，我立即问她，这问题必须马上应对，还是可以等到我们第二天发布消息后再处理。“情况很糟，”杰妮回答，“但是可以等等。”

在我的职业生涯中，12月14日是被划分成最多块的一个日子。回看日历中的笔记，我看到这样的内容：清晨4：00在《早安美国》上发布声明；清晨5：00投资人电话会议；清晨6：00CNBC直播；清晨6：20彭博新闻；清晨7：00投资人网络直播；从上午8：00开始直到中午，先是与议员查克·舒默（Chuck Schumer）和米奇·麦康奈尔（Mitch McConnell）通话，然后还要与南希·佩洛西（Nancy Pelosi）和其他几位国会议员通话，看看即将颁布的监管规定的情况如何。终于，杰妮在当天下午来到我的办公室，跟我商谈我们前一天没时间讨论的话题。她告诉我，约翰·斯奇帕已经承认吸毒，滥用毒品不仅给他的生活带来了许多其他棘手的麻烦，也有危及公司的可能。我安排时间与约翰在第二天通话，然后便回了家，跟母校伊萨卡学院的几位学生进行Skype视频会议，一起讨论娱乐和传媒产业的未来趋势——这次会议的时间是我早前预定的，当时我完全没有料到这一大堆事会赶在同一时间发生。

第二天早晨，约翰和我通话。他承认自己遇到了很棘手的个人问题，我告诉他，基于杰妮的描述以及他自己承认的情况，我们需要他在下周一提出辞职。我很尊敬约翰，他既聪明，又有丰富的生活经验，还是一位既有才干又待人忠诚的高管。一家公司的诚信，是以其员工的诚信为基础的，这件事就是一个明显的例证。虽然我从个人层面上非常喜爱也很关心约翰，但他毕竟作出了违反迪士尼政策的决定。无论是公司还是我个人，都迎来了我担任首席执行官之后最富挑战的时期，而偏偏在这时，ESPN和迪士尼动画这两个我们最重要的业务，却处于群龙无首的境地。即便如此，让约翰离开的决定虽然痛苦，但仍是正确的选择。

与默多克的协议，也开启了申请监管批准的复杂过程。我们需要向美国证券交易委员会提交一系列报告，详细介绍合约的细节和两家公司的财务情况，还有一只嘀嗒作响的“闹钟”，清晰地叙述着协议的进展（在这次协商中，与默多克的首次会议以及之后的所有谈话，也都被记录了下来）。证监会批准档案文件之后，两家公司各自向股东寄出一封委托书，其中包括档案文件中的所有信息，以及每家公司董事会建议股东批准协议的推荐信。信中也规定，全部投票将在股东大会上进行统计，这次大会，也将是投票的最后期限。整个过程最多可能需要六个月的时间，在此期间，其他的机构仍能够进行竞拍。

这笔协议虽然复杂，但我们推断，得到监管部门批准的道路应该是顺畅无阻的（当初福克斯董事会接受我们的出价而拒绝康卡斯特，一部分考虑也出于此），在预定于2018年6月召开的福克斯股东大会上，股东们便会批准协议生效。可能出现的阻碍只有一个。在一切向前推进期间，美国司法部对AT&T[1]提出诉讼，试图阻止其对时代华纳[2]的收购案，此案正在受纽约的一位地方法院法官审理，而康卡斯特也对此案进行着密切关注。如果法官宣布司法部获胜，并阻止这次并购，那么康卡斯特便会推断自己也会面对类似的阻碍，对福克斯进行再次竞标的希望也将被浇灭。如果AT&T获胜，那么康卡斯特便会认为，福克斯的董事会和股东不会再因监管方面的障碍而犹豫不决，因此将带着更高的出价气势汹汹地卷土重来。

我们能做的，就是带着能够收购福克斯的假设继续前行，并开始着手为此作准备。与默多克达成协议后不久，我就开始专注思考如何将两家大型公司合并在一起的具体问题。我们不能单纯把福

1　美国电话电报公司，全美第二大移动运营商。

2　Time Warner Inc.，美国一家跨国媒体企业，其事业版图横跨出版、电影与电视产业，包括《时代》杂志、体育画报、《财富》杂志、CNN、HBO、DC漫画公司、华纳兄弟等具有全球影响力的媒体。

克斯安插在已经存在的结构中，而是应该小心地将其融入进来，以便保护和创造价值。因此我问自己：新的公司应该或能够呈现怎样的样貌呢？如果现在要抹去历史，利用眼前所有资产打造出完全崭新的公司，那又该如何组织架构呢？圣诞节假期过后，回来上班的我拉来一张白板放在办公室旁的会议室里，开始进行创意和构思（上次站在白板前，还是2005年与史蒂夫·乔布斯一起呢！）。

我所做的第一件事，便是将“内容”与“科技”拆分开来。我们将会拥有三个内容板块：电影（华特迪士尼动画、迪士尼影业集团、皮克斯、漫威、卢卡斯影业、二十一世纪福克斯、福克斯2000、福克斯探照灯）、电视（ABC、ABC新闻、我们旗下的各家电视台、迪士尼频道、Freeform有线电视网、国家地理频道）以及体育（ESPN）。我将所有这些内容都写到了白板的左侧。白板的右侧写的是科技板块的内容：应用程序、用户界面、消费者获取和保留、数据管理、销售、发行等等。我的想法很简单，就是让内容创造者专心于创意，科技人员则要专心研究如何发行内容，在大多数情况下，还要专注于如何通过最有效的途径创造收入。然后，我在白板的中间写下了“实体娱乐和产品”几个字，其中包含了多个遍布全球的大型业务：消费者产品、迪士尼商店、公司所有的全球衍生品和授权协议、游艇、度假村以及六家主题乐园业务。

我后退了几步，看着白板想道：就是这样。这才是一家现代媒体公司应有的样子。只是看着这幅图景，我就已经干劲十足。接下来的几天，我自己对这一架构作了进一步完善。那周周末，我将我的团队请来一起见证成果——凯文·梅尔、杰妮·帕克、艾伦·布雷费曼、克莉丝汀·麦卡锡以及我的“谋士”南希·李（Nancy Lee）。“我想给你们看些不一样的东西，听听你们的看法，”说完后，我便把白板展示给大家看，“这就是新公司未来的样子。”

“这是你刚完成的吗？“凯文问。

“没错。你有什么想法？”

他点点头。没错，行得通。现在的任务，就是将合适的名字安排在合适的地方。不难理解，从发布并购协议的那一刻起，究竟该由谁运营哪个板块，谁向谁汇报工作，谁的职权会扩大或缩小以及程度如何，这些问题都让两家公司的人员忧心忡忡。整个冬天和春天，为了会见福克斯的高管，我奔波于洛杉矶、纽约、伦敦、印度以及拉美之间，以图对这些高管及其业务加以了解，解答他们的问题，缓解他们的担忧，并将他们与在迪士尼对应的同级作对比。假设AT&T的裁决不按康卡斯特的意愿发展，股东们一旦投票，我就要在很短时间内作出很多艰难的个人选择，我需要做好准备，以备立即开展公司的重组。

时间来到5月末，法官的裁决即将出炉，福克斯董事的投票也将紧随其后展开。一天早晨，我在7点不到时来到办公室，打开了一封ABC总裁本·舍伍德（Ben Sherwood）发来的电邮。电邮中包含一条罗珊·巴尔[1]（Roseanne Barr）在当天凌晨发出的推文，她在推文中说，奥巴马政府前顾问瓦莱丽·杰瑞特（Valerie Jarrett）是“穆斯林兄弟会和人猿星球”的产儿。本在邮件中说：“我们眼前的问题很严重……这样的言论恶毒至极，完全不可容忍。”

我很快回信说：“问题的确很严重。我就在办公室，我不确定她的电视剧能躲过这一劫。”

一年前的2017年5月，我们宣布将《我爱罗珊》重新搬回ABC的黄金档。我对此感到很兴奋，其中一部分原因是，我在20世纪80年代末到20世纪90年代初担任ABC娱乐总裁时曾和罗珊共事，也对她越发喜爱；另一部分原因是，这部剧反映了人们对当下争议性话题的各种政治反应，因此也深得我心。

在考虑将这部电视剧重新搬回ABC之前，我并未关注罗珊以前发布的引起争议的推文，但电视剧一开播，罗珊又重拾发推特的爱好，针对各种话题发表了一些轻率且偶尔带有攻击性的言论。如果继续发展下去，问题便不容忽视了。在发布瓦莱丽·杰瑞特推文前几周的4月，我曾和她一起吃过午饭。这是一次让人非常愉悦的

1　美国女演员、作家。情景喜剧《我爱罗珊》节目播出后一炮而红。

体验。罗珊带来了专门为我烤的曲奇饼，她回忆说，从很久以前，我就是站在她一边的少数人中的一员，还表达了她一直以来对我的信赖。

午餐临近尾声时，我对她说："你得离推特远点儿。"《我爱罗珊》获得了优异的收视率，看到她重整旗鼓，我自己也为她感到开心。"你现在事业飞黄腾达，"我说，"别把好事搞砸了。"

她用她那幽默而拖长的鼻音回答："好的，鲍勃。"她对我承诺，说她再也不会上推特了，吃完午餐离开的时候，我还很有把握地以为，对于自己当时享受的成功是多么不可多得而稍纵即逝，她已经深谙于心了。

然而，不知是我无意忘记还是有意忽视，罗珊一直以来都是一个难以捉摸且反复无常的人。在担任ABC娱乐总裁的初期，我们俩的关系甚密。我在第一季时便接手了这部剧，在我看来，罗珊是一位才华横溢的演员，但通过近距离接触，我也目睹了她的多变和喜怒无常。有几次，她因为过于抑郁而卧床不起，而我和泰德·哈伯特有时便会到她家跟她聊天，直到把她劝回片场。也许是我父亲的抑郁症让我对她心生同情，让我觉得自己有照顾她的责任，而她对此也很感激。

读完本的邮件后，我联系了泽尼亚、艾伦、本以及ABC娱乐当时的总裁钱宁·唐吉（Channing Dungey），问他们我们能够采取的措施有哪些。他们考虑了各种回应措施，有人主张停职停薪，也有人提议严重警告和公开批评。所有这些举措都不够严厉，虽然没有人提出开除罗珊的提议，但我知道，大家心里都有这个声音。“我们现在别无选择，”我最后表态，“我们必须作出正确的选择。这不是指政治意义上或商业意义上的正确，而是真正意义上的正确。我们的任何一个员工如果像她一样发布了那样的推文，是一定会被开除的。”我鼓励大家尽管反驳我的看法，或直接指出我的不近人情，但是没有人吱声。

泽尼亚起草了一份声明，最后由钱宁发布。我给瓦莱丽·杰瑞特打电话致歉，并告诉她我们刚刚决定取消《我爱罗珊》，还会在十五分钟后发布声明。她向我表示了感谢，过了会儿又回电给我，说由于星巴克在当天关闭全美门店进行反种族歧视培训，她已定好当晚在MSNBC[1]频道上露面，参与关于种族歧视的讨论。她问：“我能在节目上提你给我打电话的事吗？”我表示同意。

接下来，我给迪士尼董事会发了一封电子邮件：“今天一早，大家一睁眼就看到了罗珊·巴尔的推文，在文中，她将瓦莱丽·杰瑞特说成是穆斯林兄弟会和人猿星球产下的孩子。无论推文是在何种背景下写成的，我们都觉得这则评论不可容忍，应受

1 微软全国广播公司，由美国全国广播公司和微软公司联合开办。

到坚决的谴责，因此，我们决定取消罗珊的电视剧。我无意自命不凡，但作为一家企业，无论政治和商业环境如何，一直以来，我们都在努力去作我们感觉正确的选择。换句话说，要求我们的所有人员坚守品质，所有产品保证质量，都有着举足轻重的意义，对于通过任何方式使公司形象受损的公然越界行为，我们不给第二次机会，也没有容忍的余地。罗珊的推文违反了这条原则，我们唯一的选择，就是做出符合道德之事。针对此事的声明，很快就会发出。”

说实话，这个决定非常简单。我从没有问过这件事会带来什么金钱上的后果，也全然不以为意。就如前文所说，没有什么要比人员的品质和产品的质量更重要的了，面对这样的时刻，你必须忽略商业上或大或小的损失，让这条原则引导你前进。对于这条原则的坚守，才是一切的基石。

在当天和接下来的一周里，我收到了大量的赞美，也遭受了一些人的抨击。赞美之词来自社会各界，这让我大受鼓舞：电影公司的总裁、政客，还有包括新英格兰爱国者球队老板罗伯特·克拉夫特（Robert Kraft）在内的体育界人士。瓦莱丽·杰瑞特很快给我写了一封信，表达了她对我们所采取的措施的感激之情。前总统奥巴马先生也向我发来感谢之词。但特朗普总统却在推特上对我进行炮击，质问我欠他的道歉在哪里，还提到了我们在ABC新闻上对他进行的“恶意”报道。凯莉安妮·康韦联系了ABC新闻的总裁詹姆斯·格尔德斯顿（James Goldston），问他我有没有看到特朗普的推文，还问我是否要作出回应。我的回答是：“有看到，不回应。”

大约在罗珊事件发生的同一时期，也是我们在追求二十一世纪福克斯的道路上缓慢前行之时，约翰·拉塞特的六个月假期也即将结束。经过几次交谈之后，我和他一致同意，完全退出迪士尼才是明智之选，我们也同意对此决定的具体内容严守口风。

这是我所做过的最艰难的人事决策。约翰离开后，我们任命皮特·多克特担任皮克斯的首席创意官，而华特迪士尼动画的首席创意官，则由《冰雪奇缘》的编剧和导演詹妮弗·李（Jennifer Lee）担任。他俩都才华横溢、深得人心且能给人启发，两人的领导为公司的黑暗时期带来了一线光明。

第十四章

核心价值

2018年6月12日，曼哈顿下城区的一位地方法官作出宣判，批准AT&T收购时代华纳。第二天，布莱恩·罗伯茨便宣布了康卡斯特的最新出价：以每股35美元的全现金形式（640亿美元）与我们每股28美元的出价竞争。不仅每股的股价高出许多，而且对于许多比起股票更喜欢现金的股东而言，全现金的形式是非常具有吸引力的。突然之间，这笔在过去六个月让我们魂牵梦绕且花费了大量精力的协议，却可能被人后来居上了。

福克斯董事会一周后在伦敦安排了一次会议，将在会议期间对康卡斯特的开价进行投票表决。我们可以再次出价，且必须尽快确定具体的数字。我们可以把价格抬到一个比康卡斯特稍低一些的数字，期望即便在AT&T案的裁决之后，福克斯的董事会仍会坚信，选择与我们同行会让获得监管部门批准的道路变得更加平坦。我们还可以开出与康卡斯特相同的价格，期望虽然很多投资者比起股票更喜欢现金，但福克斯不会为同样的出价破坏我们的协议。或者，我们可以开出高于康卡斯特的价格，然后期望康卡斯特没有太多继续加码的余地。

我们找到许多高管和银行家讨论解决方案。所有人都建议我开出低价，最高也不能超过康卡斯特的出价，然后寄望于监管形势仍会对我们有利。但我下定决心给对手致命一击，而董事会也批准我提价，给对方一个下马威。与此同时，艾伦·布雷费曼一直在与司法部进行交涉，努力打通一条获批的道路，以备我们在福克斯的竞拍中获胜。

在福克斯董事会定好为康卡斯特投票表决会议的前两天，我们与艾伦、凯文、克莉丝汀以及南希·李一起飞赴伦敦。我确保只将我们的出价透露给团队中的少数几人，并告诫每个人一定要严守信息。关于抬高出价的计划，我们不想让康卡斯特有丝毫的觉察。我们用假名在伦敦一家从未入住过的酒店预订了一个房间。不知消息是否确切，有人曾经告诉我，说康卡斯特有时会追踪竞争者私人飞机的行程，因此我们没有飞赴伦敦，而是先到了贝尔法斯特，然后又在那里包租了另一架飞机，去往不远处的伦敦。

在我们马上要登上前往伦敦的飞机之前，我给默多克打了一通电话："我明天想跟你开个会。"第二天傍晚，我和凯文一起来到默多克的办公室，与他和约翰·纳伦会面。我们四人围在他光亮的大理石桌旁坐下，看着窗外我和他在去年12月一起合影的阳台。我直切主题地说："我们想要以每股38美元的价格收购公司，一半现金，一半股票。"我告诉他，这是我们能力范围内的上限。

关于每股38美元的价格，我的考虑是，康卡斯特可以轻易拿出比他们之前的价钱更高的数字，如果我们出价35美元，他们就会抬高到36美元。如果我们出价36美元，他们就会抬到37美元。且每一次他们都会告诉自己，价格只是抬高了一点而已，直到最后，我们双方都会将价格抬至40美元一股。然而，如果我们以38美元起价，对方就要为每股至少3美元的提价而三思了（由于他们走的是全现金渠道，这就意味着要贷更多的款，从而大幅增加其负债）。

康卡斯特本以为福克斯的董事会会在翌晨对其出价进行投票，但是，默多克却把我们的最新出价告知董事会并获得了他们的批准。会议结束后，福克斯将接受我们最新出价的消息告知康卡斯特，我们也立即共同将此消息公之于众。我们需要向投资人说明这一新的变动，但因为不想被任何人发现行踪，因此没有在伦敦安排会议室。就这样，我们在我的酒店房间里拿了一台免提电话，就在房间里与投资人召开了电话会议。我们一群人聚集在一间酒店客房里，克莉丝汀和我与投资人进行着对话，而身后的电视上，CNBC正在播放着我们刚刚发布声明的消息。这场景，真是恍如梦境。

最后一次出价之后不久，我便开始催促艾伦·布雷费曼，看他能否与司法部就这次收购达成协议。他知道我们在电视体育领域势力很大，因此收购福克斯地方性体育电视网会是个大问题。我们决定，将这些电视网剥离以求尽快与司法部达成协议，才是较为明智的选择，而事情的发展也如我们所愿。这样一来，我们与康卡斯特相比就有了巨大的优势，除了需要拿出高出我们38美元每股的出价之外，他们仍然身陷复杂而漫长的美国监管审批流程之中。短短两周的时间里，我们就从司法部得到保证，只要同意抛售体育电视网，对方就不会提出上诉阻碍我们的收购。事实证明，这个保证事关重大。

福克斯董事会的投票过后，一封新的委托书被寄送给了福克斯的股东，其中还包括由董事会一致建议投票支持这次收购的推荐信。投票时间安排在7月下旬，这就给康卡斯特带着更高出价卷土重来留足了充裕的时间。这几周，我的神经一直紧绷着。每次打开电脑、查看邮件或是调到CNBC频道，我都觉得自己一定会看到康卡斯特开出高价的消息。7月底的时候，我和凯文一起到意大利开了三天的会议，然后从那里回到伦敦。

在伦敦的车上，我接到了CNBC《华尔街直播室》主持人大卫·费伯（David Faber）的电话。电话接通后，大卫问我：“你对这次声明有没有什么评论？”

“什么声明？”

“康卡斯特的声明。”

我的焦虑一下子飙升了起来。“我不知道他们发了什么声明。”我回答说。

于是，大卫把刚刚爆出的新闻告诉了我：“布莱恩·罗伯茨宣布，他们退出了。”

我本以为康卡斯特铁定会拿出高于我们的出价，因此，一句“我的老天”便脱口而出。我缓了一口气，然后给了他一个更加严肃的回应：“你可以告诉你的观众，你已经把这件事告诉我了。”大卫果然照做了，然而他也告诉观众，我的回应是“我的老天”。

在签订协议之前，我们还需要解决国际监管流程问题，在新公司业务于美国之外涉及的几乎所有区域，我们都要获得监管批准，其中包括俄罗斯、中国、乌克兰、欧盟、印度、韩国、巴西以及墨西哥等。在接下来的几个月里，我们一个个拿到了全部地区的批准。最终，在2019年3月，也就是我与默多克进行首次交涉的19个月后，我们正式签署合约，开始以一家公司的形式阔步前进。

一切都发生得很及时。4月11日，我们在迪士尼总部片场召开了一次推介会，通过这次精心设计、用心制作、苦心排练的活动，为投资者们详细展示我们最新的DTC业务。如果没能及时与福克斯签署合约，那么这次活动的情况便会截然不同。在那次活动中，几百名投资者和媒体人士到场，让我们一间摄影棚中的几排看台座位都座无虚席，在他们的面前，是一个搭着幕布的巨型舞台。

我们已经向华尔街承诺，一旦做好准备，我们就会将公司最新流媒体服务的一部分信息公布出来。而公布的信息到底应该有多详细，这在公司内部引起了一次讨论。我想把一切信息都展示给大家，过去，我们对于摆在面前的挑战一直很坦率——在2015年那次引起轩然大波的财报会议上，我就曾经对大家面对的颠覆直言不讳。为了迎接和接受这次颠覆并转型为颠覆者，我们采取了一系列举措，而对此我依然想以坦诚的态度与大家分享。无论是我们打造出的内容，还是我们开发的内容分发平台，我都想呈现给大家。福克斯与新的战略完美契合，并提供了巨大的助推力，为大家阐释这一点，也是至关重要的。除此之外，将新战略的成本及其在短期内对我们财务带来的亏损以及我们预估的长期收益坦诚相告，也同样意义重大。

我站上舞台，进行了大约一分半钟的简短发言。在发言后播出的是一部我们精心打造的影片，展示了迪士尼和二十一世纪福克斯这两家新合并的公司的历史。我们以这种方法告诉大家：虽然踏上了一条新路，但创意仍是我们的业务核心。多年以来，这两家公司都创造出了精彩绝伦而不可磨灭的娱乐内容，而今两家公司将携手共进，在这份事业中发出前所未有的强音。

若说我在2004年与迪士尼董事会的第一次面谈是序曲，那么这次会议便堪称尾章。会议内容聚焦于未来，而我们的未来，则以三个优先事项作为基础：创造高品质的品牌内容、拥抱科技以及实现全球性增长。当时的我无从预料，现在公司所做的每件事都将源于那个模板，而我也无论如何都想不到，在我们阐释公司的未来计划之时，这三大基石竟被如此赫然地展示在大家面前。

公司诸多业务的负责人一个接一个地站上舞台，向大家介绍即将登陆我们全新流媒体服务的原创和精选内容。迪士尼、皮克斯、漫威、星球大战、国家地理频道……我们将会发布三部漫威全新原创剧集以及两部卢卡斯影业的全新剧集，包括有史以来第一部《星球大战》真人连续剧《曼达洛人》。我们还会推出一部皮克斯剧集、几部新的迪士尼剧集以及包括《小姐与流浪汉》在内的原创真人电影。总体来看，单是第一年预定在平台发布的内容就包括了超过二十五部全新剧集和十部原创电影或特别节目，所有这些内容的量级与品质，都与我们曾经制作的任何一部电影或电视剧不相上下。平台上的内容涵盖了几乎整个迪士尼影视资料库，包括自1937年《白雪公主和七个小矮人》后推出的每一部迪士尼动画电影，另外，包括《惊奇队长》和《复仇者联盟4：终局之战》在内的几部漫威电影，也会在平台推出。而福克斯的加入，意味着我们还会将《辛普森一家》大约六百集的全部内容呈现给用户。

推介会进行到下半场时，我们新上任的亚洲区总裁乌迪·尚卡（Uday Shankar）走上舞台，为大家介绍印度最大的流媒体服务平台Hotstar。我们曾决心向DTC模式转型，而现在，由于收购了福克斯，这家世界上最为关键和繁荣市场中最大的DTC业务，也被我们收归旗下。这便是全球性增长。

凯文·梅尔也登上舞台，为大家演示如何在智能电视、平板电脑以及手机上使用这款应用程序，在这一时刻，我不禁想起史蒂夫在2005年拿着新款视频iPod模型站在我办公室中的场景。虽然惹得行业中其他人一片哗然，但当时的我们仍然坚持拥抱改变，现在也一如既往。我们对将近十五年前对自己提出的一些问题进行了探讨：在日新月异的市场中，高质量的品牌产品是否会变得更加弥足珍贵？我们该如何通过更深入人心的富有创意的方式，将产品传递给消费者？有哪些新的消费习惯正在形成，而我们又该如何适应这些习惯？我们该如何利用科技，才能使之成为推动增长的强大创新工具，而不是被其带来的颠覆和毁灭压垮？

编写应用程序和创造内容的成本，加上削弱自家传统业务所造成的损失，意味着我们要在最初几年间承受数十亿美元的利润缺失。想用利润衡量业绩，还需一些时间。在刚开始的时候，我们的业绩将以订阅用户作为衡量标准。我们希望这项服务能够被全球尽可能多的用户所使用，按照制定出的价格，我们预估可以在最初五年间吸引到6000万到9000万的全球用户。当凯文宣布我们将会以每月6.99美元的价格出售时，房间里传来一阵惊叹声。

华尔街的反应更是超出了我们的所有想象。2015年，由于我对颠覆的发言，公司的股票一落千丈。而今，股价却扶摇直上。投资者大会的第二天，股价大涨11个百分点，达到历史新高。到了4月底，股票已上涨近30个百分点。2019年的整个春天，是我首席执行官任期中最为美好的一段时间。我们推出了《复仇者联盟4：终局之战》，此片最终登上了史上最高票房影片的宝座。不久后，我们的“星球大战：银河边缘”项目在加州迪士尼乐园开幕。在此之后，我们签署协议，收购康卡斯特剩余的Hulu股票，以期把Hulu打造成我们的另一款付费流媒体平台，将Disney+平台上没有的内容放在上面。而此举，也再次得到了投资者的大力支持。若说我从过去汲取到了任何经验，那就是：对于一家规模如此之大、对世界影响如此之深且员工如此之多的公司而言，意料之外的事情总有发生；坏消息是不可避免的。但是现在，过去十五年的辛勤工作仿佛终于有了回报，这感觉美好得难以形容。

在与福克斯展开协商之前，2019年6月原本是我从华特迪士尼公司退休的日子（之前，我也曾经有过几次退休的打算，但都没能按原定计划实现，而这次，从加入ABC开始已经工作了四十五年的我，是真的下定了离开的决心）。我不但没能退休，与担任首席执行官的十四年相比，我反而工作得更加卖力，觉得肩上的责任更重了。这并不是说我对这份工作没有全心投入或得不到满足，只是，我对自己六十八岁时生活的想象并非是现在这个样子。然而，工作虽然紧张，一股淡淡的忧伤依然悄然爬上心头。我们正如此充满激情地规划和打造的未来，将在没有我的情况下逐渐展开。我新的退休日期是2021年的12月，但这一天已经近在眼前。不经意间，我不时会想起这个日子。这虽然不足以让我分心，但也能够提醒我，这段旅程将要走向终点了。几年前，我的几位密友开玩笑地送给我一个牌照夹，我立马就装在了车上，上面写着："离开迪士尼后，生活还能继续吗？"答案当然是肯定的，但与之前相比，这个问题让我感觉更有实际意义了。

最近几年，我越来越相信一件事情，也因此感到宽慰——对于一个人来说，在太长时间里拥有太大的权力并不总是件好事。即便一位首席执行官既高效又出成果，但对于一家公司而言，顶层的变动仍是必要的。不知其他的首席执行官们同不同意这个看法，但我发现，随着在这个职位上权力的积累，对于如何使用这权力也就越发难以把控了。一些细节开始出现潜移默化的改变。你的自信很容易就会越界成为自大，继而变成一种累赘。你或许会觉得没有什么提议是自己没有听过的，因此对他人的看法变得缺少耐心或不屑一顾。这不是有意为之，而是这个职位的必然产物。你必须刻意努力倾听，去关注各种不同的意见。保险起见，我已经向和我在工作中关系最紧密的高管们提出了这个问题：如果发现我表现出不屑或不耐烦，那就一定要告诉我。他们的确会偶尔提醒，但我希望这种事不要发生得太频繁。

若说迪士尼在我任期内所获得的一切成功，都是我从一开始就抱有的愿景完美落地的结果；若说我早就知道，撇去其他因素而关注三个核心战略，能够带领我们走到今天这一步，在这样一本书中，做出这样的姿态并不难。但实际上，我们只有在回望往事时才能将故事拼凑完整。真实的情况是，当时的我必须要为领导公司制订一个未来计划。我相信，质量才是重中之重。我相信，我们需要接受科技和颠覆，而不是对其退避三舍。我也相信，向新的市场拓展有着重大的意义。然而，尤其是在当时，我并不知道这段旅程会将我带向何处。

没有实战经验，我就无法确立领导的原则，但是，我拥有一流的导师。迈克尔当然要算一位，在他之前的汤姆和丹以及在他们之前的鲁尼都是我的导师。每个人都是各自领域的大师，而我也从他们身上汲取了一切我能汲取的营养。除此之外，我相信自己的直觉，也鼓励身边的人相信他们的直觉。直到后期，这些直觉才开始自行凝结，形成我能用语言表达的具体的领导特质。

最近，我把担任首席执行官首日给迪士尼全体员工发的电邮重读了一遍。在邮件里，我谈到了公司未来战略中的三大基石，分享了童年时观看《迪士尼奇妙世界》以及《米老鼠俱乐部》的回忆，以及童年的我曾经怎样幻想着有朝一日参观迪士尼乐园的情景。另外，我也回想起自己初入ABC的岁月，在1974年夏天入职时的自己，是多么手足无措。我写道："我从未想到，有一天，自己竟然可以领导这家为我打造了如此多童年最美好回忆的公司，我也想不到，我的职业旅程竟能最终把我带到这里。"

从某种意义上来说，我至今仍然不能完全相信这一切是真的。从某个角度而言，我们人生的故事是按照逻辑展开的，这想法很奇妙。一天连着一天，一个工作接着一个工作，一个人生选择引出另一个人生选择。这条故事线连贯流畅，从未间断。然而，一路上却有许多个瞬间，可以让人生出现不同的转向。如果不是由于好运降临，有导师指路，或是直觉告诉我做此弃彼，我也就不会在这里讲述这个故事了。成功也要靠运气，对此我如何强调也不为过，一路走来，我也非常受幸运女神的眷顾。回望前路，这一切都显得有些梦幻而缥缈。

那个坐在布鲁克林区的起居室里观看安妮特·费奈斯洛（Annette Funicello）[1]和《米老鼠俱乐部》的小男孩，那个和祖父祖母一起去电影院观看人生中第一场电影《灰姑娘》的小男孩，那个在几年之后躺在床上不停回想着电影《大卫·克洛克特》[2]中的场景的小男孩，竟在多年之后，成为了为华特·迪士尼的遗产保驾护航的人，这一切，是怎么发生的呢？

或许我们中的很多人也有同感：无论取得何种头衔或成就，我们仍会觉得，从本质上来说，我们还是很久以前的那个纯真孩童。不知为何，我觉得这也是领导的一个技巧，无论世界说你有多强大和多重要，你都要牢牢守住这份对自己的认识。一旦开始被这些信息冲昏了头，一旦看到镜中自己的额头上刻着你的头衔，你就已经迷失了方向。这或许是最易忽视但也最需铭记于心的一点：无论走到旅程中的哪一阶段，你，仍是那个一直以来的自己。

1　美国女演员和歌手，是第一版《米老鼠俱乐部》里最闪耀的一位童星。

2　Davy Crockett，美国政治家和战斗英雄，因参与得克萨斯独立运动中的阿拉莫战役而死。

附 录

领导原则

在这本关于领导力的书的结尾，我突然意识到，将这些主题衍生内容全部集结在一处，或许能够方便读者。其中有的原则是具体规定好的，有的则更宽泛一些。阅读这些归纳起来的智慧点滴时，我觉得它们就像一幅过去四十五年的地图：这是这个人每天教会我的东西，这是我从那个人身上学到的东西。这个问题我当时不理解但现在搞懂了，那个问题只能在积累了经验后才能领悟。我在整本书中讲述的故事，也是为了给这些原则提供一些背景信息和增加一些分量，希望这些原则能引起大家的共鸣，也能让你们将自己的经历与之联系起来。这些经验和教训塑造了我的职业生涯，而我也希望它们能为你的职业生涯带来启发。

· 想要讲述精彩的故事，你就需要杰出的人才。

· 拼死创新，这一点放在今天更加适用。如果将对新事物的恐惧作为行动的出发点，那么创新就无从谈起。

· 我常会谈起“追求极致，追求完美”这条原则。在实际操作中，这一原则涵盖了许多内容，也难以下定义总结。相较于一套准则而言，这实际上更像是一种思维模式。这条原则并不是指不惜一切代价地追求完美，而是要创造出一个让人们拒绝接受平庸的环境来。我们需要去战胜那些觉得“足够好”“已经足够”的惰性。

· 在犯错时勇敢承担责任。无论是在工作还是生活中，如果能承认自己的错误，那么周围的人便会对你更加尊敬和信任。错误是不可避免的，我们能够做到的，就是认识错误，从中学习经验并让大家看到，偶尔犯错是无伤大雅的。

· 以善待人。用公平的态度和同理心对待每一个人。这并非让你放低期望，也不是让你传达犯错无足轻重的信息，而是让你打造出一个环境，让人们知道你会倾听他人讲述事情原委、情绪稳定而处事公平，且会在别人犯下无心之过时给对方第二次机会。

· 卓越和公平并不一定是互相排斥的。我们要朝着完美奋进，但也要时刻注意，不要跌入只关心产品而忽略员工的陷阱中。

· 真正的诚信——对自己有自知之明，对正误有明确分辨，并将此作为行为的准则——是领导力的一把秘密武器。如果信任自己的直觉，并且以敬待人，那么久而久之，你所遵从的价值观也将逐渐在公司中体现出来。

· 相比经验，更要重视能力，把人员安排在能够激发当事人尚不自知的潜能的职位上。

· 提出你必须提出的问题，不带任何歉意地承认自己不懂的东西，做好功课，尽快学到必须学习的东西。

· 管理创意是一门艺术，而不是科学。在分享见解或提出批评时，要细心体恤创意者为项目付出的心血和肩负的风险。

· 不要在消极条件下开始着手某事，也不要从小处入手。人们往往会把注意力放在细枝末节上，以此来掩盖他们对清晰连贯的大格局缺乏把握。如果你着眼小处，那么格局也就会显得狭隘。

· 在第一年管理ABC黄金档节目的工作中，我所学到的最重要一课便是接受创意并不是一门科学。另外，我也越来越适应失败——这失败并非不够努力所致，而是出于一个不可避免的事实：如果想要创新，那就需要创造允许失败的空间。

· 不要因害怕冒险而踟蹰不前，而要为创造伟大提供可能。

· 不要让抱负脱离摆在眼前的机会。如果一心执着于未来的工作或项目，你就会对现在的环境失去耐心。如果不把足够的注意力放在自己实际拥有的职责上，抱负便起到了适得其反的效果。抓住其中的平衡点很重要——把手中的工作做好；有耐心；寻找能够有所贡献的机会，并从中实现拓展和成长；利用你的态度、活力和专注，成为一个上司在机遇出现时觉得必须将之交付予你的人。

· 我的前老板丹·伯克曾经给过我一张字条，上面写着："不要做制造号油的生意。你或许会成为世界上最棒的号油制造商，但话说到底，全世界每年消费的号油也只有几升而已！"他这是在告诉我，不要在耗损公司和我的资源但回报甚微的项目上投资。时至今日，这张字条我仍放在办公桌里，在与迪士尼高管讨论哪些项目值得争取和该如何分配精力时，我还会把它拿出来。

· 当位于公司一、二把手的两个人关系出现了问题，两人之下的整个公司也不可能继续正常运转。这就好像是拥有一对争吵不休的父母一样，孩子们觉察到了这股剑拔弩张之气，于是把敌意反射回父母身上，而且还会互相泄愤。

· 作为管理者，如果不尽自己的职责，那么周围的人很快就会察觉到这一点，而他们对你的尊敬也便化为乌有了。你必须做到专心致志。即便遇到想要中途离场的会议，也必须坚持开完。你要倾听别人的困难，并帮助他们寻找解决方法。这些，都是一名杰出管理者的必备特质。

· 我们都愿意相信自己是不可取代的。你要拥有足够的自知之明，不要固执认为你是唯一一个能做这份工作的人。从本质上来说，杰出领导力的重点并不在于你的不可取代，而是要帮助他人做好有天继任你的职位的准备——也就是给予他人与你一起制定决策的机会；辨识出他们需要开发的能力并帮助他们实现进步；有的时候，如果对方还没有做好迎接下一步的准备，你也要开诚布公地指出来。

· 一家公司的声誉，就是其人员行为及其产品质量的总和。你要时时刻刻要求员工坚守诚信并保证产品的质量。

· 迈克尔 · 艾斯纳曾说："人们低估了微观管理的价值。"我同意他的观点，但凡事都要有度。对细节的精益求精能够体现你对事情的重视。毕竟，所谓"伟大"往往就是由一些微小细节拼凑而成的。但是微观管理也有其缺点，不仅会让对方感觉自己愚蠢无用，也会让与你共事的人觉得你对他们缺乏信任。

· 我们行动的出发点，往往会落在恐惧而非勇气上，我们固执己见地试图建起壁垒，保护在即将来临的剧变中无望存活的老旧模式。为了迎接即将来临的变化，破坏自己现有的，甚至正处于盈利状态的模式，下这样的决心，并不简单。

· 如果你终日在大厅里徘徊，逢人就说"天要塌下来啦"，那么久而久之，一股前景暗淡的阴霾便会在公司里弥漫开来。不要向周围的人传递你的悲观情绪，这会对士气带来毁灭性的打击。没有人想要成为悲观者的信众。

· 悲观主义会导致妄想偏执，进而发展为戒备多疑，再进一步则会导致对风险的全盘规避。

· 乐观源于你对自己以及为你效力的人的信任。这并不意味着你要在事态糟糕时撒谎说一切都好，也并不意味着要向大家传达“船到桥头自然直”的盲目信心。而是说，你要对自己和他人的能力抱有信心。

· 有的时候，人们会在第一步还没迈出之前就说服自己放弃，这也是他们怯于大胆冒险的原因。高风险事物的风险，其实往往并不像表面看起来那么高。只要有足够的精力、思考以及责任感，即便是最为大胆的想法，也能变为现实。

· 你需要清楚表达并反复强调你的优先事项。如果你无法清晰传达你的优先事项，那么身边的人们也就不清楚自己的优先事项是什么。这会造成时间、精力以及资本的浪费。

· 只要把日常生活中的臆测因素剔除，你就能有效地提升身边人（进而推广到他们身边的人）的士气。许多工作不仅错综复杂，还需要投入大量专注和精力，但这样的信息却能为人拨开迷雾：这是我们想要到达的目的地，这是通往目的地的路。

· 科技的发展终将会淘汰老旧的商业模式。你可以选择哀怨伤怀，尽一切努力维持原来的现状；或者，你也可以拿出比你的竞争者更胜一筹的高涨热情和创意，努力理解和接受新的格局。

· 过去已逝，未来才是重点。

· 当每个人都在夸赞你时，想要保持乐观是很容易的。但当你的自我认知受到挑战的时候，保持乐观就更困难，也更必要。

· 在谈判中，尊敬待人是一笔财富，而且其价值往往被人低估。一点点的尊敬，有之便能四两拨千斤，缺之却往往会造成惨重的代价。

· 你必须做好功课和准备。举例来说，不搭建必要的模型来帮你判断某个协议是否合理，你自然不能进行重大的收购，但你也要认识到，100%的确定性是不存在的。无论你获取的数据有多少，但话说到底，风险仍然存在，是否要冒这个险，就要靠一个人的直觉判断了。

·如果什么事情让你感觉不对，那么这件事情可能就不适合你。

·在并购其他公司时，很多公司都无法体会自己真正买到的是什么。他们感觉自己获得的是实体资产、工业资产或是IP（某些行业要比其他行业更甚）。但一般而言，他们真正获得的，其实是人才。在创意行业中，人才才是价值的真正所在。

·作为一家公司的领导者，你就是公司的门面。我的意思是说：你的价值观——你的正直、得体、诚信以及你在人前的一举一动，都是公司价值观的体现。无论你领导的机构是7个人还是25万人，这条原则同样适用：别人对你的看法，就是他们对你企业的看法。

·这些年来，我有过不少次不得不将坏消息带给优秀人才的经历，他们中有的人是朋友，有的则没法在我为他们安排的位置上做出成绩来。我会尽可能直接地切入问题本身，清楚而简明地解释问题出在哪里，阐明我为何觉得事情不会再有起色。在解雇员工时，人们往往会使用一种委婉含蓄的职场用语，而我却一直认为这种语言是不尊重人的表现。如果尊重对方，那么你就有责任把自己作出这种决定的原因解释清楚。这样的谈话不可能不伤人，但我们至少可以做到以诚相待。

· 在雇佣人才的时候，努力把自己置身于不仅擅长自己的专业，而且必须为人正派的群体之中。真正的正直，就是发自内心的公平坦诚和尊重待人，在生意场上，这种特质可谓一种非常稀缺的商品。你需要在你雇佣的人身上寻找这一特质并在为你效力的人身上培养这一特质。

· 对于任何协商而言，从一开始，你就要阐明自己的立场在哪里。对于当初描绘的图景出尔反尔，从而使信任感久久不能修复，这是任何短期利益都没法弥补的。

· 将你的焦虑投射到团队的身上，往往适得其反。表达你与团队分担压力、和大家共同奋战，与表达你需要大家拿出好的结果以减轻你的压力，这二者之间的区别虽然微妙，收效却完全不同。

· 绝大多数的协议都会牵扯到个人感情。当协商涉及对方亲手打造的产品时，则更是如此。对于任何一次协议，你都要明确自己想要得到的是什么，但是为了达到目的，你也必须体恤对方面临着怎样的顾虑。

· 如果你的工作是打造产品，那你要做的就是去创造伟大。

· 对于总体现状良好的业务进行颠覆，需要拿出不少的勇气。这意味着你要有意承担短期亏损，并寄望长期的风险终有回报的一天。常规流程和优先事项被颠覆，职位出现变化，职责也被重新分配。随着新模式的发展，传统的生意方式被一点点地边缘化和削弱，开始造成经济上的亏损。对于企业的文化和思维模式而言，这都将带来艰难的考验。在整个职业生涯中，你的员工都是按其传统业务的业绩为标准而获得薪酬的，一旦下决心颠覆，就等于是在告诉他们："不要把过多精力放在以前的业务上了，多想想新业务吧。"然而，新业务暂时还没有什么盈利，在短期内也不会有起色。想要应对这种不确定，我们就要回归基本原则：把你战略上的优先事项阐释清楚。在未知因素面前保持乐观心态。对那些职业生活被颠覆打乱的人们，要做到友善相待和公正评判。

· 在太长时间里拥有太大的权力，并不是件好事。不知不觉中，你自己的声音变得越来越大，压过了屋里的其他人。在听取你的意见之前，人们往往对自己的意见缄口不提，这种情况渐渐成了常态。人们不敢将他们的想法告诉你，他们害怕持不同意见，也害怕起冲突。这些情况，即便在最有善意的领导者身上也有可能发生。你必须积极而刻意地努力，以抵制权力带来的有害影响。

· 面对工作和生活时，请保持一种发自内心的谦卑感。我所收获的成功一部分是缘于自身努力，但是外界的万千因素，许多人的努力、支持和榜样以及在我掌控之外的命运之轮，也都起到了重大的作用。

· 无论世界说你有多强大和多重要，也要牢牢坚守对自己的认知。一旦开始被这些信息冲昏了头脑，一旦看到镜中自己的额头上刻着你的头衔，你就已经迷失了方向。

致 谢

有句古老的谚语说：成功多父亲，失败独孤雏。而对于我来说，成功不仅“多父亲”，而且也“多母亲”。在过去十五年间，我们在迪士尼所取得的每一个成就，都是无数人团结一致努力的结果：我们的高管团队，成千上万的迪士尼员工（我们称他们为“演职人员”），以及我们创意业务中的数千人员——导演、编剧、演员以及其他才华横溢的创意大军，为了讲好我在书中频频提及的故事，倾注了大量时间和心血。

如果将需要感谢的人一一列出，我可以洋洋洒洒写上好几页，但是在这里，我只将名单限制在以下这一小部分人，没有他们的努力，我和迪士尼也就无从享受今天的成功。

感谢斯蒂芬妮·沃尔兹（Stephanie Voltz），感谢这段旅程从头到尾有你的陪伴，感谢你在把工作处理得井井有条之外还做了这么多，也感谢你多年来给我的无数笑容和无尽支持。

在这段旅程中全程陪伴我的，还有艾伦·布雷费曼和泽尼亚·穆哈，对于我和公司而言，两人都是无价之宝。

凯文·梅尔是一位大师级的策略家和谈判家。作为一位首席执行官，像这样优秀的战略伙伴，真是不可多得。

杰妮·帕克已经在公司担任了十年的首席人力资源官。若是在人力资源部少了这样一位得力干将，公司就不可能顺利运转。而杰妮，更是远远超出了职位所需。

汤姆·斯泰格斯、杰伊·罗苏洛（Jay Rasulo），以及克莉丝汀·麦卡锡这三位杰出的首席财务官，都曾为我提供了重要的帮助。我们的许多成就，都少不了他们的智慧和远见以及战略和财务洞察力。

在我们的消费者产品和主题乐园业务的运营上，包正博功不可没。在上海迪士尼乐园开幕前的准备阶段，他的贡献是不可估量的。

乔治·博登海姆（George Bodenheimer）和吉米·皮塔罗（Jimmy Pitaro）是两位正直诚信、精明能干的领导者，感谢他们对ESPN的管理。

艾伦·霍恩是我雇佣过的最合适的人选。他对我们影业公司的管理，让我们取得了商业和艺术上的双丰收。

感谢约翰·拉塞特和艾德·卡特姆以及他们杰出的导演和动画师团队，感谢他们保持了皮克斯的勃勃生机和丰富创意，也感谢他们让迪士尼动画重获新生。

感谢鲍勃·魏斯（Bob Weis）和一千多名幻想工程师共同设计和打造出上海迪士尼乐园，这座乐园，是愿景、激情、创意、耐心以及艰苦努力和无私奉献砌成的伟大成果。

在任的这将近十五年的时间里，我有幸与数位我所谓的杰出“谋事”共事（直到我正式把此头衔改为“谋士”）：莱斯利·斯坦恩（Leslie Stern）、凯特·麦克林（Kate McLean）、阿格尼丝·朱（Agnes Chu）以及南希·李，你们对我的帮助如同无价之宝。还要感谢你，海瑟·吉瑞亚科（Heather Kiriakou），感谢你这些年来对我的所有帮助。

另外，我也欠华特迪士尼公司董事会的许多成员一份诚挚的谢意，特别是乔治·米切尔、奥林·史密斯（Orin Smith）以及苏珊·阿诺德（Susan Arnold）。感谢你们对我们的愿景的支持，也感谢你们的每一句建议和鼓励。成功的企业有一个共同点——也就是管理层和董事会之间坚不可摧的伙伴关系，而我们之间的默契，对华特迪士尼公司的成功有着至关重要的作用。

在四十五年的职业生涯中，我受到了许多位上司的领导。其中一些人的名字，我已经在书中提及，但在这里，想要特别感谢每一位上司对我的引导和信赖：

哈维·卡尔芬（Harvey Kalfin）

迪特·琼克尔（Deet Jonker）

帕特·希尔（Pat Shearer）

鲍勃·阿普特（Bob Apter）

欧文·韦纳（Irwin Weiner）

查理·拉威利（Charlie Lavery）

约翰·马丁（John Martin）

吉姆·斯宾斯（Jim Spence）

鲁尼·阿利奇

约翰·西亚斯（John Sias）

丹·伯克

汤姆·墨菲

迈克尔·艾斯纳

最后，还要感谢我的出版团队：

乔尔·洛弗尔（Joel Lovell），我要对你的协作和友谊表示深深的谢意。能与你共享这些经验、回忆以及体验，是一件很美好的事情。

感谢埃斯特・纽伯格（Esther Newberg）的引导，也感谢你说服我写成了这本书。你说写这本书是小菜一碟，但你真是大错特错了！

还有安迪・沃德（Andy Ward），你的指导、建议和鼓励，都让我为之叹服而深怀感激。

关于作者

罗伯特·艾格是华特迪士尼公司的董事长兼首席执行官。从2005年10月起，他开始担任公司的总裁兼首席执行官，之前他曾在2000年到2005年之间担任总裁兼首席运营官。1974年，艾格在ABC开启了他的职业生涯，作为ABC集团的董事长，他先是负责广播电视网、电视台以及有线电视资产的运营，之后又领导了大都会/ABC和华特迪士尼公司的并购案。1996年，作为迪士尼旗下ABC集团的董事长，艾格正式加入迪士尼高管团队，在1999年受托兼任华特迪士尼国际部总裁。在这个职位上，艾格将迪士尼的业务拓展到美国以外的地区，为迪士尼公司现今的全球化发展奠定了基础。

图书在版编目（CIP）数据

一生的旅程：迪士尼CEO自述批量打造超级IP的经营哲学/（美）罗伯特·艾格，（美）乔尔·洛弗尔著；靳婷婷译. -- 上海：文汇出版社，2020.5

ISBN 978-7-5496-3144-5

Ⅰ. ①一… Ⅱ. ①罗… ②乔… ③靳… Ⅲ. ①罗伯特·艾格－自传 Ⅳ. ① K837.125.38

中国版本图书馆CIP数据核字（2020）第039092号

一生的旅程：迪士尼CEO自述批量打造超级IP的经营哲学

作　者 / ［美］罗伯特·艾格　乔尔·洛弗尔
译　者 / 靳婷婷

责任编辑 / 徐曙蕾
特邀编辑 / 洪　刚
封面装帧 / 吴　琪

出版发行 / 文匯出版社
上海市威海路755号
（邮政编码200041）
经　销 / 全国新华书店
印刷装订 / 北京中科印刷有限公司
版　次 / 2020年5月第1版
印　次 / 2020年5月第1次印刷
开　本 / 880mm × 1230mm　1/32
字　数 / 202千字
印　张 / 11.25

ISBN 978-7-5496-3144-5
定　价 / 88.00元